全国教育科学"十二五"规划教育部重点课题"青少年学校幸福感提升的实验研究"
（课题批准号DHA120261）研究成果

青少年的幸福教育

梁剑玲 编著

·广州·

图书在版编目（CIP）数据

青少年的幸福教育/梁剑玲编著. —广州：广东高等教育出版社，2017.12（2025.1 重印）

ISBN 978－7－5361－6073－6

Ⅰ. ①青… Ⅱ. ①梁… Ⅲ. ①德育－教学研究－中小学 Ⅳ. ①G631

中国版本图书馆 CIP 数据核字（2017）第 289366 号

出版发行	广东高等教育出版社 社址：广州市天河区林和西横路 邮编：510500　　营销电话：（020）87557232 http://www.gdgjs.com.cn
印　　刷	广东信源文化科技有限公司
开　　本	787 毫米×1 092 毫米　1/16
印　　张	14.75
字　　数	350 千
版　　次	2017 年 12 月第 1 版
印　　次	2025 年 1 月第 2 次印刷
定　　价	38.00 元

前 言

让青少年学生在学校教育中获得幸福和提升幸福，是青少年学生教育的重要组成部分。“青少年幸福教育”课程是一门应用性课程，旨在促进学生对幸福拥有正确的认识和态度，培养青少年快乐的心态，提高对生活中各领域体验的满意度。“青少年幸福教育”课程引导学生感知幸福、创造幸福和享用幸福的能力，是构成青少年学生完整、和谐和可持续发展的人生走向基础的一部分。

基于这样的目的，“青少年幸福教育”课程的基本内容是从不同的维度培养青少年学生发现幸福、感受幸福和创造幸福的能力。课程以青少年学生的幸福感结构质性研究为依据，以幸福感理论和课程理论为理论基础，以满足青少年学生的身心需要为基础，以培养青少年学生积极心理品质和幸福感，完善的人格为终极目标，从培养和提升青少年学生的幸福感入手，提升他们积极的情感与对自身目标和意义的认识，增加他们校园生活的快乐感和充实感，使他们投入学习，享受校园生活。本书既可以成为学校心理健康教育课程的一个重要组成部分，也可以独立成为学校幸福力提升的特色课程。

全书共五章，第一章是青少年幸福教育的背景，介绍青少年幸福教育的内涵与发展；第二章是青少年幸福教育课程体系，根据研究中探求到的小学生、初中生、高中生幸福感多元结构，从幸福感多元结构中的各个因子出发，构建不同类型学校在不同因子着力的幸福感提升主题课程以及幸福教育课程的组织、管理与评价。小学、初中和高中各个不同学段学生的幸福教育课程框架以幸福感多元结构中的因子为课程主题，通过汲取国内外学者在青少年幸福教育上的卓有成效的探索成果，充分发挥中山市中小学校心理教师的积极性和创造性，设计主题课程的规划。规划包括主题课程从哪些方面进行切入、每一主题课程内容结构如何、安排几个课时和每一个课时教学目标的确立。第三章至第五章是小学生、初中生和高中生幸福课程的设计，是分别对小学、初中和高中每一主题课程中每一课时的教学设计，包括课时教学目标、重点、难点、教学方法、教学过程（包括设计意图、依据等）和板书设计等。

“青少年幸福教育”课程是基于中国文化背景下，聚焦于青少年学生的认识幸福、获得幸福和提升幸福力的幸福教育课程。课程具有以下特点：

（1）综合性。课程目标体现了认知、情感态度价值观和方法能力的整合；课程内容有机融合了发展心理学、认知心理学和积极心理学等方面内容。教学活动体现了青少年学生心理成长特点、知识方法学习和态度能力之间的相互促进，引导青少年学生认识自我、发展自我，形成积极的心理品质。

（2）阶段性。课程内容根据不同年龄阶段青少年学生的身心发展特点，从实际的生活需要出发，做到循序渐进，设置分阶段的具体教学内容。

（3）体验性。课程学习是知与行相统一的过程，学习中以体验和活动为主。在体验和探究中，让青少年学生感受美好的情感，感悟冲突解决的方法。

（4）实践性。课程核心目标是引导青少年学生积极的应对学习和生活中遇到的问题，逐步培养青少年学生获得幸福和提升幸福的能力，促进青少年学生身心和谐健康发展。

本书是全国教育科学“十二五”规划2012年度教育部重点课题“青少年学校幸福感提升的实验研究”的重要成果，是中山市中小学心理教师探索积极心理学理论在学校的应用成果，在此向参与了课程设计和实施的中山市心理教师们表达深深的感激。由于各种主客观原因，本书存在各种不足或不当之处，请广大学者、专家和读者不吝批评指正。本书的出版得到了中山市教育教学研究室领导和广东高等教育出版社领导的大力支持，感谢编辑的细心指导和辛勤付出！

梁剑玲

2017年12月25日

目 录

MULU

第一章 青少年幸福教育的背景

一、青少年幸福教育的内涵与发展

（一）幸福的概念

如果让一千个人来回答什么是幸福，答案就会有一千种，因为每个人的个体体验的差异和感受不同。从古至今，幸福受到了哲学、经济学、社会学和心理学等学科的关注。

古希腊哲人亚里士多德说："善就是幸福。"他认为人类的幸福是贯穿一生的遵循美德的活动。德国古典哲学家康德的幸福是"偏好的满足，也是自我满意的状态"，说明了人不仅追求幸福，同时也有实现幸福的可能。而且在康德看来，真正值得追求的幸福是理智世界中的幸福，它既不是单纯的偏好满足，也不是自我满意的状态，而是基于德行而获得的幸福[①]。对现代社会有较大影响的功利主义幸福观的代表人物密尔认为，幸福不仅在于对金钱、名望、权势的追求，而且更重要的是崇尚德行、追求健康、热爱音乐以及追求个体的自由发展[②]。

经济学的研究主要关注收入和幸福之间的关系，从"能带来社会进步的富裕才会使人民更加幸福和快乐"到美国经济学家伊斯特林发现著名的"幸福悖论"，即"经济增长和人均收入的提高并不一定会带来相应的国民幸福程度的上升"，现在越来越多的经济学家开始主张"幸福才是经济增长的终极目标"。[③]

在现代社会中，人类追求的终极目标是幸福，它是以与道德一致为原则的。以幸福作为终极目标，德福一致作为原则，就是说人们不能仅仅满足要生活得更好，而且要社会道德的好[④]。

孙英认为可以在三个层次上把握幸福概念。首先，幸福是人生重大的快乐；进一步说，是人生重大需要和欲望得到满足的心理体验，是人生重大目的得到实现的心理体验；

---

① 苏娅. 康德哲学中的幸福概念［J］. 甘肃高师学报，2011，16（1）：10－13.

② 刘姝. 关于幸福问题的伦理学考量［D］. 杭州：浙江大学，2008.

③ 曾遥. 浅谈幸福经济学与幸福指数［J］. 科技信息，2012，04：173.

④ 卢娟. 试论幸福的内涵与类型［D］. 太原：山西大学，2006.

最终是达到生存和发展的某种完满的心理体验。①

近十年来，积极心理学的崛起更是推动了幸福的研究。目前对于幸福感的定义大致可分为三种观点：（1）主观幸福感（Subjective well-being，SWB）。这种观点以享乐主义（hedonic）为基础，认为幸福就是对生活的满意度，同时拥有更多的积极情感和更少的消极情感。（2）心理幸福感（Psychology well-being，PWB）。该观点以实现论（eudemonia）为基础的，认为幸福是人的潜能得以充分实现的生存状态。（3）综合性幸福感。这种观点认为幸福应该同时包括积极情绪体验和良好的心理机能，应包含多个结构成分。如塞利格曼（Seligman）的幸福 PERMA 模型认为，幸福是一个多元结构，包含五个可测量的元素：积极情绪、投入、人际、意义和成就；而 Diener 也在 2010 年更新了其幸福模型，在其传统主观幸福感的基础上增加了人生目的，良好的人际、投入、能力感、自尊和乐观等维度。

通过上面的综述可以看到，心理学的研究者们对幸福的概念界定已逐渐放弃了单一取向（如主观幸福感取向或心理幸福感取向），逐渐采纳多元整合的取向去界定幸福；对幸福的测量也相应地从单纯考察主观幸福感或心理幸福感走向同时考察积极的情绪体验和良好的心理机能。我们的研究认同幸福是多元的，幸福是积极情绪体验和良好的心理机能的综合评估。

（二）青少年的幸福是什么

心理学的研究表明，培养学生获取幸福的能力至少有以下益处：减少并预防学生抑郁和焦虑症状的出现，减少危险行为（如攻击、犯罪）的发生，提高学生生活满意度，且有助于学生更高效的学习，培养学生更具创造性的思维方式。鉴于这样的益处，2009 年，塞里格曼等提出了积极教育（positive education）的理念。这一理念明确提出教育不仅要给学生传授传统的知识技能，同时还应该教授学生获得幸福的能力。随着积极教育理念的传播，青少年学生的幸福逐渐成为幸福研究的一个热点问题。与此同时，国内的心理学者也开始介绍、推广积极教育的理念，呼吁关注并促进中国学生的幸福。

幸福是积极情绪体验和良好的心理机能的综合评估。青少年的学生幸福是作为学校生活主体的学生，对以社会关系和学校学习为主要成分的生活的积极情绪体验和良好的心理机能的总体评价。文化心理学的研究表明，不同文化可能会塑造不同的幸福的观念，进而影响人们获取幸福的途径。现有的幸福理论模型大都建立在西方文化背景下。另外，现有的幸福多元理论模型适用对象多以成人为主，国内、外的研究表明其未必完全适合青少年学生群体。这也从侧面反映了不能直接将现有的幸福多元理论模型套在青少年学生身上。

鉴于此，本研究以学生这一特定群体为研究对象，考查学生幸福感来源的结构成分。本研究认同幸福是一个由多个成分组成的概念，且事先不预设学生幸福这一多元概念的结构成分，而是通过开放式问卷调查，由质性的分析方法构建其结构成分，并以质性研究结果为基础，编制适用于我国学生的幸福感来源结构问卷。

---

① 孙英．幸福是什么［J］．伦理学研究，2003（5）：83－87.

研究中还考虑到不同年龄段学生群体身心发展和需求的差异，把学生群体分为小学生、初中生、高中生和高职生四类。开放式问卷的问题设置借鉴了塞利格曼建立幸福PERMA多元模型所采用的方法。基于这样的方法，开放式问卷设计2个题目：①对你而言，生活中哪些方面给你带来了幸福的感觉？②如果你的幸福水平还能再增加一些，你希望哪些方面发生积极的改变？

利用QSR Nvivo 10.0软件对开放式问卷的回答进行文本资料的归档、整理、分类。文本资料的分析采用解释现象学的方法，通过文本接触、主题确定、主题聚类三个步骤，最终形成一个关于不同学生群体幸福感结构内容的高级主题列表。通过对学生的回答进行主题分析，最终发现小学生、初中生、高中生幸福感来源结构维度，并以此为基础形成了小学生、初中生、高中生幸福感多元结构的预试问卷。对预试问卷进行探索性和验证性因素分析，得到小学生、初中生、高中生幸福感因子结构，从而了解到中国文化背景下学生这一特殊群体的幸福感结构特征。结果表明：

小学生幸福感是一个包括家人情感支持、同伴支持、教师支持、学业成就、生活自主、家人学业支持六因子模型。

初中生幸福感是一个包括家庭温暖、同伴支持、教师支持、学业成就、生活自主五因子模型。[①]

高中生幸福感是一个包括家庭温暖、同伴支持、教师支持、学业成就、生活充实、生活自主六因子模型。[②]

（三）青少年的幸福教育

理想的教育是：培养真正的人，让每一个人都能幸福地度过一生，这就是教育应该追求的恒久性、终级性价值。随着积极心理学的兴起，幸福受到了越来越多的研究者关注。而积极教育的兴起，则让青少年学生的幸福受到了越来越多心理学者、教育工作者和家长的关注。塞利格曼等提出了积极教育的理念，这一理念明确提出教育不仅要给学生传授传统的知识技能，同时还应该教授学生获得幸福的能力。学生的幸福成长是学校的教育职责和价值承担，也是人们对学校教育的一种基本的价值期待和价值要求。幸福既是一种教育理想，也是一种教育实践。在这种体验过程与追求的过程中，除了需要学生对幸福拥有正确的认识和态度外，还需要他们具有感知幸福和创造幸福的能力以及享用幸福的能力。让青少年学生在学校教育中获得幸福、提升幸福，应该是青少年学生教育的重要部分。在学校中开展幸福教育，促进学生积极乐观、和谐幸福是学校心理健康教育的重要组成部分。在学校中开展幸福教育，就是为学生的人生奠基，为孩子今后人生走向构成完整而和谐、可持续发展的人生基础。

---

① 张均华，梁剑玲．初中生幸福感来源结构及问卷编制［J］．心理技术与应用，2016，4（8）：465－472.

② 梁剑玲，张均华．高中生幸福感来源结构及问卷编制［J］．中小学德育，2017（1）：56－59.

（四）幸福教育课程开发的现状

20 世纪 70 年代开始，美国积极教育研究小组花了近 15 年的时间，运用严密的研究方法进行了调查，研究幸福是否应该教授给学校的学生。积极心理学家塞里格曼（Seligman）博士与他的研究小组专为小学生和初中生精心设计的小组型干预课程——美国宾夕法尼亚大学的韧性项目（Penn Resilience Program 或 PRP），主要关注如何引导学生的认知行为，以及如何提高学生社会问题的解决技能。积极心理学核心发起人彼得森和塞林格曼通过调查研究，将人类个人优势归结为智慧、勇气、仁爱、公正、节制、卓越 6 大类 24 小类。20 世纪末，在美国掀起了积极教育运动，强调在教育中要以学生外显和潜在的积极力量为出发点，构造良好的教育环境，以增强学生的积极体验和培养其积极人格。随着积极心理学理论体系的逐渐完善，积极心理学已开始成为许多学校的一门正式课程，如美国哈佛大学很早就把积极心理学作为一门重要的公共选修课程，这门课还曾在 2006 年被评为哈佛大学最受学生欢迎的课程。英国、澳大利亚等地开展了积极教育研究，其主要的方法就是对中学教师进行培训，提高这些教师识别、发展学生的积极品质及积极力量的技能。

中国香港地区从 20 世纪 90 年代开始实施“共创成长路”计划，该计划的根本目标是“让每个孩子幸福、正面地成长”，近年来，该项计划也被教育专家从香港引进内地。如上海 50 多所学校，在积极心理学理论基础和“共创成长路”实践基础上，以正式课程形式为学生开课，开展落实了“青少年正面成长计划”。该计划提出了青少年正面成长所需要发展的 15 种关键能力：与健康成人和益友的联系能力、社交能力、情绪表达与控制能力、认知能力、采取行动能力、分辨是非能力、自决能力、自我效能感、抗逆能力、亲社会规范、心灵素质、明确及正面的身份、建立目标和抉择能力、参与公益活动和正面行为的认同等。

我国学者孟万金教授把积极心理学的理念运用到心理健康教育领域，提出了“积极心理健康教育”的概念，并编制了大、中小学生积极心理品质量表，为积极心理健康教育的实施提供了测评手段，并且探索了大、中小学生积极心理健康教育的方法，在学校和区域进行了积极心理健康教育的实践。使得积极心理健康教育进入了实操化和大规模实验与推广阶段。2008 年，孟万金教授的《积极心理健康教育》专著系统介绍了积极心理健康教育实践体系，推动了积极心理学在我国心理教育中的实际运用。山东淄博和北京等地成为积极心理健康教育的实验基地，并取得很大成效。东北、华北、西北、西南、华南、华东和华中全国七大行政区的 15 个实验区近 300 所学校也投入到了“中小学积极心理品质调查与数据库建设”中。

由此我们看到，国内外的幸福教育更多的是从积极人格和积极品质培养着手，而且针对大学生的课程较为完善，聚焦于学生特别是小学和中学生的幸福认识、获得幸福、提升幸福力的幸福教育课程仍然未成体系。近年来，国内的一些研究者致力于把积极心理学的理论应用在中小学生的幸福教育上，如潘进强在《中学生的幸福教育研究》中构建了中学生的幸福教育理论体系。他通过端正幸福认识，构建中学生幸福知识体系，引导中学生树立健康合理科学的幸福观；在增加幸福情感的途径上，从寻求情感动力出发，培养他们积极的幸福情感，从而端正学习和生活态度；培养幸福能力方面，除了认识幸福之外，还要提高他们体验幸福和创造幸福的能力。① 付秋梅在《小学高年级儿童幸福教育专题教案设计与实践》硕士论文中，以积极心理学理论为基础，联合拓延—建构积极情绪理论、团体动力学理论和社会学习理论等，针对小学高年级儿童展开幸福教育专题的教案设计，选择三个典型特质乐观、抗逆力和宽恕三个主题共设计八个课时。②

因此，以积极心理学理论体系为基础，基于中国文化背景下，构建青少年学生群体的幸福教育课程体系仍然是必需的和迫切的。

（五）幸福教育课程建设的原则

通过幸福感的干预来培养人们快乐幸福的心态，提高其对各生活领域的满意度，令其体验到更多的积极的心理状态，这无疑会对改善和提高人们的生活质量，塑造良好的心理素质，促进身心的健康成长具有积极的影响作用③。

青少年幸福教育课程以中小学生的幸福感结构质性研究为依据，以幸福感理论和课程理论为理论基础，从不同的维度培养学生发现幸福、感受幸福、创造幸福的能力作为课程的基本内容，提高学生积极情感与对自身目标和意义的认识，增加学生校园生活的快乐感和充实感，使他们投入学习，享受校园生活并取得成就。它具有综合性、阶段性、体验性和实践性。

综合性：本课程目标体现认知、情感态度价值观和方法能力的整合；课程内容有机融合了发展心理学、认知心理学和积极心理学等；教学活动体现学生心理成长特点、知识方法学习与态度能力的相互促进，引导学生认识自我、发展自我，形成积极的心理品质。

阶段性：本课程内容根据不同年龄阶段学生的身心发展特点和学生实际的生活需要出发，做到循序渐进，设置分阶段的具体教育内容。

体验性：本课程学习是知与行相统一的过程，注重学生在体验、探究中，感受和体验美好的情感，发现和感悟冲突解决的方法，学习中以体验和活动为主。

实践性：本课程目标并不是要学生掌握系统的心理学理论，核心目标是引导学生积极的应对学习和生活中的问题，逐步培养学生维护自身心理健康水平的能力，促进学生身心和谐发展。

（六）幸福教育课程的总体目标

使学生的全面发展和积极的幸福感成为教育的核心目标。正如美国中小学生必修课程《健康与幸福》④ 译校者寄语中所说，“幸福，不仅是快乐的情感体验，也是自我实现

---

① 潘进强．当代中学生的幸福教育研究［D］．南昌：江西师范大学，2010.

② 付秋梅．小学高年级儿童幸福教育专题教案设计与实践［J］．南昌大学学报，2015（3）：399.

③ 肖少北，袁晓琳．主观幸福感研究综述［J］．国际精神病学杂志，2010（2）：118－122.

④ 米克斯，海特．美国中小学生必修课程：健康与幸福［M］．王永丽，译．杭州：浙江教育出版社，2012.

心理潜能的优化，是良好心态、宁静心灵的和谐统一。”积极心理学致力于研究“如何获得幸福”，以发展潜力、提升幸福感为目标，倡导了一场“幸福革命”。其体系围绕关注幸福、解析幸福、提升幸福展开，其目标是建立一个综合、均衡、新型的心理科学体系，把对积极品质和特性的研究与对痛苦与消极心理的研究综合起来，从而使每个人都能顺利地走向属于自己的幸福彼岸。[①] 因此，青少年幸福教育课程的总体目标就是建立一个科学的幸福教育体系，以满足学生的身心需要为基础，从培养和提升学生的幸福感入手，以培养学生内在的积极心理品质、完善的人格和积极的幸福感为终极目标的学校心理健康教育课程。

---

① 苗元江，陈浩彬，朱晓红. 探索幸福的科学：积极心理学［J］. 中小学心理健康教育，2008（10）：4－6.

第二章 青少年幸福教育课程体系

一、青少年幸福教育课程的构建

青少年幸福教育课程从文献研究入手，主要由三个部分组成：一是在《中小学心理健康教育指导纲要（2012年修订）》的全面指导下，通过对目前国内外学生幸福感方面的文献进行尽可能全面的了解，构建青少年学生学校幸福课程纲要，确立好学生幸福课程性质、课程理念、课程设计思路；二是根据研究中探求到的小学生、初中生、高中生幸福感多元结构，从学生幸福感结构中的各个因子出发，构建不同类型学校从不同因子着力的幸福感提升主题课程；三是采用实证研究的方法，将上述主题课程付诸实践，在学校教育中验证方案的有效性（详细步骤见图2-1“青少年学校幸福课程构建与实施流程图”）。

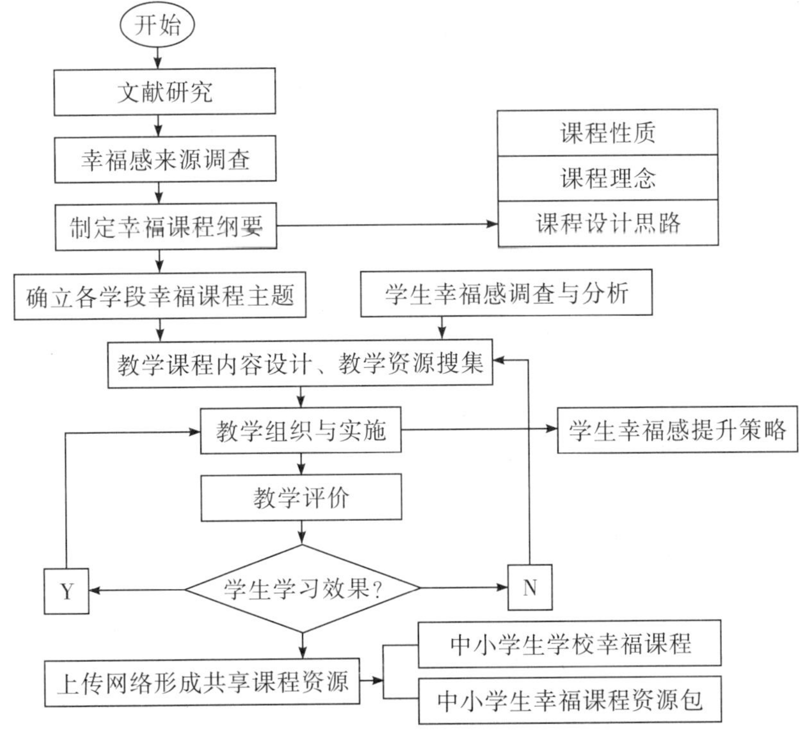

图2-1 青少年学校幸福课程构建与实施流程图

二、青少年幸福教育课程的框架

以小学生、初中生、高中生幸福感来源结构为基础，构建起不同类型（小学、初中、高中）幸福教育课程框架：

（一）小学生幸福教育课程框架

1. 模块一："家人情感支持"课程规划

美国心理学家布朗芬布伦纳的生态系统理论认为，一个人发展会受到五个系统的影响，即微系统（Microsystem）、中系统（Mesosystem）、外系统（Exosytem）、宏系统（Macrosystem）和时间系统（Chronosystem）。个体与环境相互作用的程度大小取决于环境离个体生活范围的远近，离个体生活最近的环境与他的发展互动作用最大。而且，环境系统之间还存在着不停止的交互作用。从生态系统观来看，对青少年儿童心理健康影响最大的环境因素是家庭和学校[①]。

家庭是个体成长的第一环境，个体在家庭环境中成长、接受父母教育、学习知识、发展心理、形成人格。家庭的气氛、经济状况、家庭结构以及父母教养方式和父母的受教育程度直接影响小学生的幸福感。

国内外大量研究发现，持久家庭不和、不良的家庭气氛、家庭密切度差、情感表达差、家庭矛盾程度大和家庭暴力与儿童行为问题的发生具有密切关系[②]。Webster-Stratton研究发现矛盾冲突多的家庭的子女行为问题的发生率明显高于和睦家庭[③]。Victoria 研究发现，家庭亲密度对子女心理健康有影响，母亲评定的家庭密度对子女的注意问题和内隐问题有积极的改善作用[④]。

国内研究也有类似的结论。俞国良研究表明，一般儿童的家庭心理环境优于学习不良儿童，家庭心理环境是造成学习不良现象的一个重要原因[⑤]。魏宝玉、苏林雁研究表明，家庭亲密度、情感表达、组织性与社会能力呈显著正相关。另外，情感表达与内向性行为问题呈现显著负相关，表明家庭成员直接表达情感程度低的儿童易出现退缩、躯

---

① 刘杰，孟会敏. 关于布朗芬布伦纳发展心理学生态系统理论［J］中国健康心理学杂志，2009，17（2）：250－252.

② MCGEE R，SILVA P A，WILLIAMS S. Perinatal，neurological，environmental characteristics of seven-year-old children with stable behavior problems［J］. Journal of Child Psychology and Psychiatry，1984，25（4）：573－586.

③ WEBSTER-STRATTON C，HAMMOND M. Marital conflict management skills，parenting style，and early-onset conduct problems：processes and pathways［J］. Journal of Child Psychology and Psychiatry，1999，40（6）：917－927.

④ LUCIA V C，BRESLAU N. Family cohesion and children's behavior problems：a longitudinal investigation［J］. Psychiatry Research，2006，141（2）：141－149.

⑤ 俞国良. 学习不良儿童的家庭心理环境、父母教养方式及其与社会性发展的关系［J］. 心理科学，1999（5）：389－393.

体主诉、焦虑抑郁等问题①。

马斯洛需要层次理论认为，人有低层次的需要和高层次的需要，只有当低层次的需要（生理需要、安全和归属需要）得到了满足才会出现更高层次的需要（自尊、爱、自我实现）。家庭是每个人的港湾，一个人是否能感受到家庭的温暖，与其安全和归属的需要是否得到满足有极大的关系。对于小学生而言，父母是家庭的核心成员，也是影响儿童成长的关键因素，家庭的结构和家庭的氛围以及父母的教养方式都直接影响儿童的心理健康状态。

结合以上文献参考，本研究中的“家人情感温暖”，主要是指来自家庭的幸福感受。据此，特设计主题为“温暖的家”系列心理健康教育活动课程，课程总共三节课，每节课40分钟，课程专题与教学目标如表2－1所示。

表2－1　温暖的家幸福课程内容与目标

课程专题	教学目标
我和我的家	认知目标：了解自己的家，了解自己在家庭中感受到的爱和家庭存在的冲突矛盾 能力目标：运用心理绘画和家导图引导学生充分认识自己的家庭结构和家庭功能 情感目标：在活动中体验家庭的温暖以及家庭中的矛盾和冲突在生活中的影响
家有温暖	认知目标：学会在日常生活的细节中感受来自家人的爱的能力目标：增强学生的感受力和敏锐度，发现生活中点点滴滴的幸福 情感目标：感受父母和其他家人带给自己的爱，感恩他们的付出和努力
幸福我家	认知目标：认识到家里的每一件小事自己都是有责任和有义务，自己能通过自己做一些力所能及的事为家庭付出 能力目标：增进家长和孩子们对彼此的理解力，学会换位思考，互相信任更能使家温暖 情感目标：在游戏中体验为家人付出的喜悦和快乐，感受到自己也能通过自己的努力使得家人更快乐，家庭更温暖

2. 模块二：“同伴支持”课程规划

社会关系作为主观幸福感研究的客观变量，已有很多相关研究。已有的研究表明：良好的社会关系可以增加人们的幸福感，而劣性的社会关系则会降低幸福感②。同伴关系作为小学生的一种重要社会关系，是指年龄相同或相近的儿童之间的一种共同活动并相互协作的关系，或者主要指同龄人间或心理发展水平相当的个体间在交往过程中建立和发展起来的一种人际关系③。同伴交往是小学生日常生活的重要组成部分，同伴的接纳度，同伴关系的和谐与否，对其身心健康有着重要影响。以往的研究表明，同伴关系与

① 魏宝玉，苏林雁．家庭环境与ADHD儿童行为的相关性［J］．中国临床心理学杂志，2004，12（2）：145－146.

② 段建华．主观幸福感研究概述［J］．心理学动态，1996，14（1）：46－51.

③ 张文新．儿童社会性发展［M］．北京：北京师范大学出版社，1999：133.

自尊、友谊、情绪问题、学业成就和学校适应等方面关系密切。良好的同伴关系可以促进儿童社会认知和社会技能的发展，帮助儿童与他人和谐相处，从同伴中得到支持和关怀，从而满足其情感需求和社会需求，获得安全感和归属感，进而对自己的生活质量产生积极的评价，并体验到更多积极愉悦的情绪。可见，同伴关系是小学儿童主观幸福感的一项重要来源。同伴接纳度影响儿童对自己生活满意度的评价、认知以及情绪情感的体验。良好的同伴关系有利于提升儿童的生活满意度，促进其主观幸福感的发展。因此心理健康教育工作者可以通过改善同伴交往状况来提高小学儿童的主观幸福感和心理健康水平。

同伴支持（peer support）是一种社会情感支持，属于互助性行为，由人们之间通过共享一种相似的心理健康状态以带来期望中的人格的改变。米德（Mead）和希尔顿（Hilton）等更是进一步指出，同伴支持是一种基于尊重的原则、分享责任以及互助性意见的达成而建立的一种给予和接受帮助的系统①。通过提供支持、友谊、移情、责任共享，严重心理失调者经常遭受的孤独感、抑郁感、被歧视和挫折感都会慢慢在这种支持中得以化解。失去支持会使人感到孤独、失落，这种消极情绪持续时间久会使人产生疾患，这也是心理疾病产生的根源之一。因此，同伴支持无论是对于健康者还是心理失调者都不失为一种维护心理健康的有效渠道。

关于同伴的社会支持功能，沙利文（Sullivan）提出友谊的功能是互相证实或互享兴趣、希冀和分担恐惧，肯定自我价值，提供爱和亲密袒露的机会。②

结合以上的文献参考，本课题研究中的“同伴支持”，主要是指来自朋友、同学的关心、支持等所带来的幸福感受。据此，特设计主题为“朋友一路同行”的系列课程，如表2－2所示。

表2－2　“朋友一路同行”幸福课程设计与目标

课程专题	教学目标
交朋友	认知目标：学生能了解交朋友的基本方法与技巧 能力目标：将活动延伸到日常学习与生活中，培养学生良好的结交朋友的能力 情感目标：感受交朋友的重要性，体会到友谊的宝贵
我能化解小矛盾	认知目标：让学生了解“换位思考”和“真诚道歉”是化解矛盾的好方法 能力目标：能运用多种方法积极化解同伴间的各种矛盾 情感目标：激发学生对同伴间和谐相处的向往，能深刻体会到换位思考、真诚道歉和宽容的重要性
感恩有你	认知目标：认识到朋友间的支持和帮助是相互的 能力目标：提高学生对他人的支持与帮助的感知能力和感恩能力 情感目标：感受朋友间的支持与帮助，感恩朋友给自己付出的点滴

① 王华，王静. 同伴支持与心理健康研究［J］. 湖南第一师范学院学报，2009，9（4）：139－141.
② SULLIVAN H S. The interpersonal theory of psychiatry［M］. New York：Norton，1953.

3. 模块三："教师支持"课程规划

教师作为学生的引导者，与学生的接触最为频繁，可以说教师就是一个很重要的支持源，他对学生的学业发展具有稳定且积极的作用。很多研究者认为教师支持是学生在学校环境中的社会支持之一，对学生的学业投入和适应具有重要的意义。

欧阳丹认为教师支持由学习支持、情感支持与能力支持三个部分组成①。

有研究表明教师支持尤其是情感支持对学生学业自我效能感与学习投入的影响较大，学生感知到老师对自己学习、能力与情感的支持能够显著预测他们的学业自我效能感与学习投入，尤其是教师提供的情感支持对学生的学习能力效能感、学习行为效能感以及学习投入的活力、奉献与专注均有极其显著的正向影响。也就是说，教师对学生的鼓励、关心、关注、认可、理解与尊重等情感方面的支持能够显著增加学生完成学业的自信心与对学习的投入程度②。

另外，"关系教育学"的观点认为，情感在学生学习活动中有着重要作用，师生间的情感沟通与互动交往能够让人真正地敞开心扉，从而使学生的学习兴趣和积极性等被充分调动起来。因此，要想更好地提高学生的学业自我效能感和学习投入，教师需要在教学互动中有意识地提高自己对学生情感方面的支持。

教师的态度、眼神、语气等一切言行举止都影响着师生关系及学生对老师的看法。然而，"老师不让我回答问题""老师有时很凶""老师太严格"等常常让学生误解老师及老师对自己的态度。因此，需要从这些方面进行引导。

结合以上文献参考，本研究中的"教师支持"，主要是指来自教师的学习支持、情感支持与能力支持三个方面对其所带来的幸福感受。

对于小学五年级的学生来说，"教师支持"这个因子主要涉及的是语文、数学、英语三科教师对学生的支持，而整个学校幸福感并不是某个施教老师个人能影响的，它将涉及所有科任老师的共同支持，所有任教老师都要对学生关心、认可、肯定、鼓励与支持。同时据我们观察与调查，学生是否感受到老师关心、认可、肯定、鼓励与支持，跟学生本身的感受能力有关系。据此，特设计专题课与相关的实践活动，同时与实验班级的所有科任老师沟通交流有关《小学生生活感受调查》之"教师支持"的调查结果、分析及对教师提出适当的建议与要求。专题课由心理老师执教，课程总共三节课，每节课40分钟。实践活动有四个，由班主任及心理老师负责跟进，如表2-3所示。

---

① 欧阳丹. 教师期望、学业自我概念、学生感知教师支持行为与学业成绩之间的关系研究［D］. 桂林：广西师范大学，2005.

② 杨振芳，陈庆文，陆铁素. 城乡接合部小学生感知教师支持对学习投入的影响研究［J］. 现代中小学教育，2016，32（4）：66-71.

表 2－3 “教师支持”幸福课程设计与目标

<table>
<tr><td>专题课</td><td>负责人</td><td>实践活动</td><td>负责人</td></tr>
<tr><td>我的发现</td><td rowspan="4">心理老师</td><td>我是谁</td><td rowspan="3">班主任
心理老师</td></tr>
<tr><td>假如我是老师</td><td>一家之言</td></tr>
<tr><td rowspan="2">遇见老师</td><td>我的老师</td></tr>
<tr><td>给老师的一封信</td><td>班主任</td></tr>
<tr><td>课程专题</td><td colspan="3">教学目标</td></tr>
<tr><td>我的发现</td><td colspan="3">认知目标：认识自己，了解老师
能力目标：懂得内化“我是谁”，会重新看待老师
情感目标：增进对老师的了解，促进认识，拉近距离</td></tr>
<tr><td>假如我是老师</td><td colspan="3">认知目标：知道老师也有自己的不易
能力目标：会站在老师的角度理解老师
情感目标：体会老师的处境和感受</td></tr>
<tr><td>与老师的美好遇见</td><td colspan="3">认知目标：能认识对老师了解需要全面的眼光，不能以偏概全
能力目标：师生相处时懂得以主动沟通、开放接纳的状态走近老师，增进与老师的交流
情感目标：师生交往时学会欣赏和分享，遇见美好的彼此</td></tr>
</table>

4. 模块四：“学业成就”课程规划

学习是小学生日常生活中最重要的组成部分，乐学的情感，想学的动机，善学的能力，对其学业成就有着不言而喻的影响。众所周知，小学高年级学生是一个特殊的群体，他们正处于非常关键的成长阶段。在这一阶段，他们不仅要面对自身生理、心理和外界环境的重大变化，还要承受着学习难度加大、开始感觉到小升初的压力、父母期待等学习问题。如何提升小学生的学业成就，进而提升其学校幸福感对小学高年级学生而言有着莫大的意义。

《辞海》中没有对“学业成就”这一词语作明确的定义，但对“学业”的解释为：①学问，②学校的课业，如学业成绩；对“成就”的解释为：①成功、成立，②成全、造就，③指事业的成绩。研究者们在进行相关研究的过程中，结合自己研究的特点及研究目的，从不同的角度出发，对学业成就给出了相应的界定：金志成和隋洁分别从广义角度和狭义角度界定了学业成就。他们认为学业成就从广义上讲，指有一定的学习动机，智力正常，没有感官障碍的学生在口头表达、听力理解、书面表达、基本阅读技能、阅读理解、数学运算和数学因果关系分析等方面所表现的水平。从狭义上讲，仅指学习成绩。周旭玲认为学业成就指学生在教师的指导下，通过学习活动所获得的成果，具体包括学生对知识、技能的掌握与应用、能力的提高以及学习态度、学习兴趣等非认知品质的发展。学业成就应包括三个部分：知识与技能、能力、学业情感。其中，知识与技能是基础，学业情感是动力，能力是核心，三者相互作用，相互促进。诺尔曼士·格朗伦德则认为学业成就指教学中学生取得预期学习效果的程度。董研和俞国良说："学业成就是评价一个学生学习好坏的最重要的指标之一。"崔允漷等学者认为学业成就指学生学习的结果，是通过测验和评价衡量出来的学生个体所取得的学习结果。学者们对学业成就达成比较一致的认识是：认为学业成就是学生的学习结果之一，他们认为学业成就涵盖学生能力、学习态度、学习兴趣、学习成绩等在内的方方面面的结果；学业成就是对学生进行评价的标准之一，是对学生进行甄别、分类、遴选的依据之一；但是对于学业成就所包含的具体内容，以及应该评价哪些内容目前还没有达成一致的认识①。综上，要想增强小学生的学业成就感，可以从学生的学业情感、学业动机、学业能力等多方式实施教育。

结合以上文献参考，本研究中的"学业成就"，主要是指小学生在学习生活中取得的进步或成功所带来的幸福体验。据此，特设计主题为"越学越有劲"的心理健康教育活动课程，课程总共三节课，每节课 40 分钟，课程专题与教学目标如表 2－4 所示。

表 2－4　"越学越有劲"幸福课程设计与目标

课程专题	教学目标
学习真有趣	认知目标：认识到学习的意义与乐趣 能力目标：努力做到快乐地学习，学会在学习中解决困难 情感目标：保持学习的愉快的情绪体验，喜爱学习
我的学习动力气球	认知目标：了解到主动、积极学习的重要性，好的学习理由的力量 能力目标：主动地投入到学习当中，保持对同学对学习的积极心态，提升学业成就感 情感目标：感受到好的学习理由给个体带来强劲而持久的动力
考试君，我们做朋友吧	认知目标：认识到考试是学习的一个环节，考试也是一次自我展示与反思的机会 能力目标：发掘自身应对考试的潜力 情感目标：体验到自身应对考试及学习的巨大潜力，增强应对考试的信心，提升学业成就感

5. 模块五："生活自主"课程规划

生活自主反映的是学生在学习生活之余，可自主安排时间去做自己喜欢做的事情，从而满足其自主的需要。塞利格曼的幸福 PERMA 模型中意义与投入两大维度并未在小学生身上得到明显表现，取而代之的是"生活自主"维度。爱德华·德西（Edward Deci）和理查德·德恩（Richard Ryan）的内部决定论（SDT）认为，自主性（autonomy）、关系（relatedness）和能力（competence）是人的三种先天心理需要，当自主性得到满足

① 陈道雪．小学生学习动机与学业成就相关研究：以锦江区大观小学为例［D］．成都：四川师范大学，2014.

时，个体的内在动机就更容易得到激发，并促进个体从事感兴趣的、有益于能力发展的行为，从而利于个体自我发展。自主性是三者中最关键的，个体在无法体验自主性需要的环境中，表达内在动机和事实上伴随个体成长的能力也可能受到抑制。因此生活自主的实现，是获得幸福感以及个体成长的重要渠道。小学高年级学生处于自我意识增强的阶段，自主需要的满足与否直接影响着其幸福的体验。

要做到生活自主，首先要明确什么是自己喜欢做的事情，即明确自己的兴趣。兴趣是一个人力求接触、认识、掌握某种事物和参与某种活动的心理倾向。人们若对某件事物或某项活动感兴趣，他就会热心于接触、观察这件事物，积极从事这项活动，能够从过程或结果中获得积极的情绪体验。有同学说，“我没有兴趣”或“我不知道我的兴趣是什么。”这种情况下怎么办呢？积极心理学之父马丁·塞利格曼教授在《真实的幸福》一书中写道：“幸福的生活就是找出你的优势并发挥它”，当小学生去完成“自己擅长做的事情”时，可能会受到外界的称赞、关爱和注意，当这些外部动机转化为内在的个人价值感时，我们也会有相应积极的情绪体验，于是“特长”就可能在一定程度上向兴趣转化。还有同学说“我知道自己的兴趣，但我没时间做它，或者总是做不好怎么办呢?”可以从两方面入手，一方面是培养时间规划能力，掌握时间任务管理的原则；另一方面培养意志力，最关键的是坚持，如果不坚持，再好的兴趣也难以得到发展，再好的计划也会泡汤。

五年级学生学习活动的兴趣范围逐步扩大，从课内的学习兴趣扩大到课外的学习兴趣，从阅读童话故事的兴趣扩大到阅读文艺作品的兴趣，从对玩弄小玩具的兴趣扩大到对科技活动的兴趣等。小学生的兴趣范围是扩大了，但还未形成中心兴趣。教师应注意培养他们的中心兴趣，指导他们围绕中心兴趣扩大兴趣范围，增长知识，开阔眼界①。当今小学生的现实是课业较重；且在家长望子成龙心态下，小学生课余的周末与寒暑假被安排了各种各样的学习补习班或兴趣班，所以学生真正能够自主安排的、属于自己的时间非常有限。时间具有不可变性、无存储性和无可替代性。在有限的自主时间里只有做好计划，合理规划好休息和兴趣的时间段，才不会虚度和浪费。学会管理和利用自己的时间决定了是否能做自己感兴趣的事情。但是当前小学五年级学生时间规划能力是低效、无计划和缺乏策略的，表现在缺乏时间管理的意识和方法②。然而，即使发现了兴趣，也规划好了时间，在实施兴趣活动的过程中，学生由于拖延、惰性，尤其在兴趣活动中遭遇失败时，缺乏意志力，难以坚持，容易半途而废。而意志是人自觉地确定目的，并根据目的调节支配自身的行动，克服困难，去实现预定目的的心理过程。小学五年级学生意志品质中主动性、自觉性、果敢性和坚持性较差，在一定程度影响了兴趣活动的坚持。但这一时期学生意志力的可塑性大，他们的意志力行动需要教师的启发和培养③。

结合以上文献参考，本研究中的“生活自主”，主要是指有时间、能坚持做自己喜欢的事情。据此，特设计主题为“我的生活我做主”心理健康教育活动课程，课程总共

---

① 殷炳江. 小学生心理健康教育［M］. 北京：人民教育出版社，2003.

② 沈建华，张敏. 小学生学习时间的自我管理［J］. 教学与管理，2008（20）：8－11.

③ 胡永萍. 小学生素质教育中意志力的培养［J］. 赣南师范学院学报，1998（6）：120－122.

三节课，每节课40分钟，课程专题与教学目标如表2－5所示。

表2－5　“我的生活我做主”幸福课程设计与目标

课程专题	教学目标
兴趣发布会	认知目标：认识到兴趣有重要意义，让我们生活更快乐，学习更高效 能力目标：我们擅长的地方可以发展成为我们的兴趣爱好 情感目标：发现自己感兴趣的方面
做时间的主人	认知目标：了解时间的特点以及自己不合理的作息安排，认识科学管理时间的方法 能力目标：初步掌握科学管理时间的方法，学会合理分配学习与休闲娱乐时间 情感目标：体会管理时间对学习生活的重要意义
坚持坚持再坚持	认知目标：了解坚持品质，了解自己的意志力状态 能力目标：磨炼遇到问题时的坚持性，学会促成坚持的方法，培养坚持的习惯 情感目标：理解坚持对成功的重要意义，树立面对困难时坚持不懈的精神

6. 模块六：“家人学业支持”课程规划

父母是孩子的第一任老师。在日常的亲子互动中，孩子的语言认知、情感价值观和行为习惯无时无刻不受到父母的熏陶和感染，家庭教育对孩子习惯的养成、态度价值观以及学业成就都有着重要的作用。大量研究表明，家庭功能的发挥、家庭参与、父母教养方式[①]、教养态度、教养观念、亲子关系[②]、家庭社会经济地位以及父母的职业和受教育程度[③]等对儿童的身心健康发展均有重要意义。可见，家庭是影响儿童青少年幸福感的重要因素之一[④]。

依据儿童身心发展规律，小学生处于受教育的早期阶段，身心发展还不成熟，但是小学阶段是培养各种认知能力、心理品质和行为习惯的关键期，因此来自家庭的支持等显得尤为重要。目前，关于“家庭支持”还没有统一的定义。霍格伍德（Hoagwood）等人认为家庭支持是指为了满足儿童需要，减少他们的孤独感、压力和自责感，向其提供教育或信息，教授技能，赋予权利以促进其更有效地应对社会生活，是个体最重要的社会支持系统之一[⑤]。台湾学者李素菁、黄俐婷等人把家庭支持定义为家庭中其他成员对个人在面临压力情境时互相协助的情形，即提供照顾、关怀、并能提供个人情感的安慰与鼓励、回应或建议、以获得实在性、讯息性及情感性支持的程度。大陆学者朱卫红认为家庭支持是指父母或主要抚养者为了一定的教养目的，在某种特定的家庭教养氛围下，

---

① 陈永亮，张辉东．家庭环境与教养方式对学生幸福感的影响［J］．甘肃教育，2015（7）：75－75.

② 李宗国，张鹤，焦燕．青少年家庭教养方式、应对方式对主观幸福感的影响［J］．中国健康心理学杂志，2016，24（6）：840－844.

③ 阎欣．家庭教育与幼儿幸福感的培养［J］．管理学家，2012.

④ 曹飞．小学生幸福感评价指标体系研究［J］．教育导刊，2011（1）：35－38.

⑤ 李茂平．小学生家庭学习支持问卷的编制及应用［D］．杭州：浙江师范大学，2012.

在子女成长过程中对其提供的物质支持、生活信息支持、教养氛围支持、情感支持以及人际支持等①。

李茂平等人在朱卫红等对家庭支持研究的基础上，结合小学生学习的具体情况，提出“家庭学业支持”的概念，即父母或抚养者为使自己的孩子获得学业的成功，在某种家庭教养氛围下，对子女或被监护人在学习过程中提供相应的学习方法和策略、情感及物质条件等方面的帮助与指导。家庭学业支持是家庭支持的一部分，更是家长参与儿童学习的一种方式。研究发现家庭学业支持与学生自尊，学习投入②，以及学习倦怠③有很大相关，是影响小学生学业成就的一个重要因素。家庭对小学生学习上的支持主要表现在学习方法与策略辅导、学习困难问题应对、缓解学习压力、培养学习兴趣和习惯、给予物质上的支持等等。在此基础上李茂平等人编制了家庭学习支持问卷，将家庭学业支持分为以下五个维度。

（1）学习方法与策略辅导。家庭（父母）对小学生在课程学习上方法和策略方面的辅导。如“我的家人常会教我一些有用的学习方法”“完成作业后家人总是对我的作业进行检查并指导我订正”。

（2）独立和困难应对支持。反映学生独立性和遇到困难时从家庭成员中得到的心理支持，如“家人对我做的决定都给予支持”“在我遇到困难时我的家人会安慰我、关心我”。

（3）家庭宽松气氛营造。主要反映家人为学生营造良好的家庭学习氛围，以促进孩子的学习，缓解学习压力，如“家人总是不厌其烦地听我抱怨”。

（4）学习条件提供。主要反映家长为孩子的学习提供一定的物质条件，如“家人经常给我买课外读物”。

（5）健康生活风格培养。主要反映家长对学生的习惯养成和兴趣培养，如“我有良好的作息习惯”。

根据上述五个因子的具体内容，我们可以发现家庭为小学生学业方面提供的支持可以分为精神支持和物质支持两个方面。精神支持主要表现为学习方法策略指导、学习习惯及兴趣培养、学习挫折与困难应对、缓解学业压力、营造良好学习氛围等；物质支持体现在衣食住行各个方面，提供学习用品、购买课外书等。

结合相关参考文献与“小学生幸福课”的总体框架，我们认为“家人学业支持”主要包括父母在物质上和精神上对学生学业的支持和帮助。据此，设计了主题为“爱的支持”的心理健康课，课程共两节课，每周一节，每节课40分钟，课程专题与教学目标如表2－6所示。

---

① 李茂平，陈瑜. 小学生家庭学习支持与自尊的关系研究［J］. 中小学心理健康教育，2011（20）：18－20.

② 陈慧. 小学生家庭学习支持对学习投入的影响［J］. 中学生导报：教学研究，2013（3）98－104.

③ 李茂平，陈瑜. 小学生家庭学习支持与学习倦怠的关系研究［J］. 校园心理，2014（1）：21－23.

表 2－6 “爱的支持”幸福课程设计与目标

课程专题	教学目标
爱的碎碎念	认知目标：认识到父母对自己学习上的唠叨和责骂是出于对自己学到更多知识和健康快乐成长的期望；意识到父母为自己学习提供了的强大的物质支持和精神支持 能力目标：通过活动感悟和体会，总结生活中无处不在，但又极易被忽视的家庭支持与帮助 情感目标：体悟为人父母的良苦用心，感恩父母的点滴付出，懂得将父母的支持与期待转化为学习的动力
爱的沟通	认知目标：认识到父母在生活和学习上的唠叨是关心、爱护自己的一种特殊表达方式；学会换位思考，理解父母对自己不厌其烦的提醒是希望自己做得更好 能力目标：掌握良好的亲子沟通技巧，增强对父母做法的理解和支持，减少因不良亲子沟通导致的父母对孩子学业上的消极影响 情感目标：善于利用积极的亲子沟通模式，促成父母的正向指导和支持；感恩父母的付出并转化为学习的积极动力

（二）初中生幸福教育课程框架

1. 模块一：“家庭温暖”课程规划

主观幸福感作为衡量儿童青少年健康成长的一个重要指标，它受到多种因素的影响，其中一个关键因素就是家庭。张均华、梁剑玲《初中生幸福感来源结构及问卷编制》明确指出和谐而温暖的家庭是其幸福的主要来源之一。①

家庭是儿童青少年成长的重要场所，对青少年的健康成长起着重要作用。家庭系统理论认为，整个家庭系统的功能发挥对孩子的成长有重要的影响，家庭系统的功能发挥越好，家庭成员的身心也就越健康；亲子依恋理论也认为，亲子关系的安全和温暖至关重要，与父母良好的依恋关系是青少年心理健康的关键。亲子关系和谐、亲密的家庭培养出的青少年，更易于与同伴发展出和谐、健康的同伴关系，更容易发展出亲和、独特的个人魅力，从而获得良好的社会适应。反之，亲子关系不融洽的青少年，则不容易与他人建立信任关系，容易在个性、人格方面出现敌对、孤僻、偏执障碍，从而不受到社会和同伴的认可。亲子关系较好的孩子受到父母更多的支持，获得的支持能更有效抵消生活中的不利因素，促进孩子身心的健康成长，主观幸福感可能更高；而亲子关系比较差的孩子得到的或感受到的家庭教育支持较少，甚至与父母的互动本身就是孩子的一个焦虑源头。对这些孩子来说，他们没有获得足够的社会支持，其身心状况与社会适应的发展都可能存在问题，主观幸福感不会太高。②

---

① 张均华，梁剑玲．初中生幸福感来源结构及问卷编制［J］．心理技术与应用，2016，4（8）：465－472.

② 王玥．家庭社会经济地位对青少年主观幸福感的影响：家庭教育支持的中介作用［J］．教育科学研究，2016（9）：52－58.

随着青春期的到来，初中生自我意识加速发展，独立性增强，有一种强烈追求自主的欲望。他们总认为自己长大了，有能力独立地处理一些事情，希望父母尊重他们的意愿，把他们当成大人，当成朋友，给予他们足够宽松、自由的空间。而在家庭生活中，父母没有及时调整自己的教养方式，依然像对待小孩子那样，希望孩子对自己言听计从。当强烈的独立意识与父母的过多关爱发生冲撞时，学生往往以自己的逆反行为来表示自己的独立，有时心里明知父母是对的，也会反其道而行之。因此，这个时期的亲子关系容易变得紧张。而作为家庭重要的成员之一，他需要认识到父母对他的关爱与付出，认识到他是亲子交往的主体之一，他可以学习与父母建立起良好的亲情关系，了解自己在亲子沟通中的缺陷和问题，并做出适时的弥补，学会表达爱，学会有效地化解亲情中的冲突，共同营造和谐、温暖的家庭氛围。

结合以上文献参考，本研究中的“家庭温暖”，主要是指初中生从家庭父母那里获得的关心、支持、爱护而感受到的幸福。据此，特设计三节心理健康教育活动课程，每节课 40 分钟，课程专题与目标设计如表 2 –7 所示。

表 2 –7 “家庭温暖”幸福课程设计与目标

课程专题	教学目标
我们这一家	认知目标：了解我们的家，包括家人、关系、环境 情感目标：懂得观察家庭的成长方向，学会简单处理家庭关系 能力目标：体会家庭对我们成长的重要性
付爱的您，负爱的我	认知目标：了解父母的爱是无私奉献的爱 情感目标：体会父母无私奉献，比山高、似海深的爱 能力目标：懂得理解父母的爱，并学会感恩
寸草心报三春晖	认知目标：认识感恩的重要性 情感目标：能够从情感上去理解父母，感恩父母 能力目标：懂得在日常的学习生活中用实际行动回报父母

2. 模块二：“同伴支持”课程规划

同伴支持（peer support）是一种社会情感支持，属于互助性行为，由人们之间通过共享一种相似的心理健康状态以带来期望中的人格的改变。米德和希尔顿等更是进一步指出，同伴支持是一种基于尊重的原则、分享责任以及互助性意见的达成而建立的一种给予和接受帮助的系统①。通过提供支持、友谊、移情、责任共享，严重心理失调者经常遭受的孤独感、抑郁感、被歧视和挫折感都会慢慢在这种支持中得以化解。失去支持会使人感到孤独、失落，持续的消极情绪会使人产生疾患，这也是心理疾病产生的根源之一。因此，同伴支持无论是对于健康者还是心理失调者都不失为一种维护心理健康的有

① 张均华，梁剑玲．初中生幸福感来源结构及问卷编制［J］．心理技术与应用，2016，4（8）：465 –472.

效渠道。

国外学者（哈特，1990）研究表明，同伴支持、父母支持和重要领域中的能力影响青少年的总体自我价值感①。社会支持被认为是影响个人幸福最重要的影响因素之一。为了增进学生的同伴支持水平，Cowie 和 Sharp 提出了以下三种被广泛采用的方式②：

①对人友好（be friending）。即帮助者或支持者在日常交往中，对同伴友好，为其提供帮助。在与其他同伴的日常交往中，支持者要尽可能细心、敏锐地察觉欺负和受欺发生的迹象，积极主动与受欺负者或潜在受欺负者（如新生、学习困难、低自尊、较弱小或经常独自一个人玩的儿童）友好相处，主动关心他们，为他们提供帮助，增加他们的社会支持。

②冲突解决（problem solving）。即通过同伴支持者的协调来解决学校中的一些人际问题，如打架、辱骂、排斥或拒绝他人参与活动等。当在学校日常生活中发现欺负现象时，同伴支持者要主动制止，并协调行为双方。与平常冲突过后有赢者和输者不同，同伴支持者在解决欺负问题时，尽量使行为双方都成为赢者，而且对处理结果都满意。

③咨询（counseling）。即求助者通过预约，在学校专门咨询室中向同伴支持者寻求帮助。同伴支持者在咨询过程中，积极聆听求助者的内心需要，主动与其交流，也可为其提供多种可能解决问题的策略，如对欺负者坚决说不、对欺负者的欺负行为置之不理，或建议求助者对着镜子练习积极应对欺负者的策略。

国内学者张玲玲等研究指出，一般认为，同伴支持是学生帮助同伴的一种有组织的服务形式，它基于儿童遇到困难时寻找同伴帮助或大部分儿童对人友好的自然倾向，通过对一部分儿童进行相关技能的培训，使他们以一种负责的、敏感的和移情的方式为同伴提供支持和帮助③。就学校欺负干预来说，同伴支持是在对一部分儿童进行冲突解决、对人友好等培训的基础上，通过同伴的力量和行为有组织、有系统地来帮助其他学生解决欺负问题。其目的在于在同伴群体中形成一种积极向上、倡导和鼓励亲社会的行为和观念、反对攻击行为的良好风尚。

结合以上文献参考，本研究中的“同伴支持”，主要是指来自朋友、同学的关心、支持等所带来的幸福感受。据此，特设计三节心理健康教育活动课程，课程总共三节课，每节课 40 分钟，课程专题与目标设计如表 2 - 8 所示。

---

① 严标宾，郑雪，邱林. 自我决定理论对积极心理学研究的贡献［J］. 自然辩证法通讯，2003（03）：94 - 112.

② 张玲玲，张文娟，李小玲. 同伴支持：学校欺负干预的新视角［J］. 教育科学研究，2015（1）：34 - 40.

③ 张均华，梁剑玲. 初中生幸福感来源结构及问卷编制［J］. 心理技术与应用，2016，4（8）：465 - 472.

表 2－8 “同伴支持”幸福课程设计与目标

课程专题	教学目标
同学·朋友	认知目标：了解同伴关系的重要性 情感目标：体会良好同伴关系带来的积极影响 能力目标：懂得基本的同伴交往之道
化解冲突 增进友谊	认知目标：发掘朋友间相互吸引的积极品质 情感目标：触发同学们内心对于友谊的美好情感和积极体验，学会珍惜和维系友谊 能力目标：学会用正面的心态和积极的行为处理朋友间的矛盾冲突
感恩支持 携手共进	认知目标：认识团结协作的重要性，懂得付出与回报的道理 情感目标：促进成员彼此间的接纳程度，体验支持与被支持的集体归属感。培养学生感恩他人支持与帮助的积极心态 能力目标：提高学生对他人的支持与帮助的感知能力和感恩能力

3. 模块三：“教师支持”课程规划

自从社会支持（social support）作为科学专业术语被正式提出以来，社会各群体的社会支持状况及其对身心健康和其他情绪情感的影响日益受到研究者的重视。我国研究学者和西方研究学者的研究结论相一致，均表明具有良好社会支持的个体会有比较高的主观幸福感、生活满意度、积极情感和较低的消极情感。社会支持从功能或方式角度来进行划分，可以分为情感性支持、工具性支持、资讯性支持等。情感支持（emotional support）是指向他人提供鼓励、表示关心与爱意、面对困难时伴随左右，使人感到温暖；工具性支持（instrumental support）指提供财力帮助、物质资源或具体建议指导等，又称为具体社会支持（tangible support）；资讯社会支持（informational support）指向个体传达赞扬或肯定的讯息，从而提高个体的自信心，又被称为信任支持（esteem support）①。社会支持的来源有家庭、同伴、老师等。

教师作为中学生成长过程中的一个重要社会支持来源，其对中学生的影响贯穿于整个教育始终，直接关系到学生的健康成长。教师支持更多体现在学生的学习生活中，老师对他的鼓励、关心、帮助及赞赏。张均华、梁剑玲《初中生幸福感来源结构及问卷编制》明确指出在学习生活中能得到老师的关心、支持、鼓励及赞赏，足以令学生感到幸福②。

结合以上文献，本研究中的“教师支持”，主要是指初中生在学习生活中所感受到来自老师的关心、支持和赞赏等而感到的幸福感。据此，特设计两节心理健康教育活动课，每节课 40 分钟，课程专题与目标设计如表 2－9 所示。

---

① 张羽，邢占军．社会支持与主观幸福感关系研究综述［J］．心理科学，2007，30（6）：1436－1438．

② 张均华，梁剑玲．初中生幸福感来源结构及问卷编制［J］．心理技术与应用，2016，4（8）：465－472．

表 2－9 “教师支持”幸福课程设计与目标

课程专题	教学目标
走近老师	认知目标：让学生了解老师，理解老师 情感目标：感受老师无私的爱，在言行举止中尊重老师 能力目标：引导学生学会感谢老师，尊重老师
老师伴我成长	认知目标：了解为自己传道授业的老师 情感目标：体会老师的良苦用心，学会感激老师 能力目标：懂得处理与老师产生的各种冲突或矛盾

4. 模块四：“学业成就”课程规划

辞海中没有对“学业成就”这一词语作明确的定义，但对“学业”的解释为：学问，学校的课业，如学业成绩；对“成就”的解释为：成功、成立，成全、造就，指事业的成绩。研究者们在进行相关研究的过程中，结合自己研究的特点及研究目的，从不同的角度出发，对学业成就给出了相应的界定。如金志成和隋洁分别从广义角度和狭义角度界定了学业成就。他们认为学业成就从广义上讲，指有一定的学习动机，智力正常，没有感官障碍的学生在口头表达、听力理解、书面表达、基本阅读技能、阅读理解、数学运算和数学因果关系分析等方面所表现的水平。从狭义上讲，仅指学习成绩。周旭玲则认为学业成就是指学生在教师的指导下，通过学习活动所获得的成果，具体包括学生对知识、技能的掌握与应用、能力的提高以及学习态度、学习兴趣等非认知品质的发展。学业成就应包括三个部分：知识与技能、能力、学业情感。其中，知识与技能是基础，学业情感是动力，能力是核心，三者相互作用，相互促进。诺尔曼士格朗伦德则认为学业成就指教学中学生取得预期学习效果的程度①。目前许多学者达成比较一致的认识是：认为学业成就是学生的学习结果之一，他们认为学业成就涵盖包括学习能力、学习态度、学习兴趣、学习成绩等在内的方方面面的结果；学业成就是对学生进行评价的标准之一，是对学生进行甄别、分类、筛选的依据之一。

综上所述，本研究中的学业成就主要反映的是初中生在学习中取得的进步，在考试取得的好成绩等获得的幸福的体验②。

学习是人类进步和发展的重要途径，也是一个人终生都面临的重要任务。进入十九世纪 90 年代以来，如何才能进行有效的学习成了教育心理学重要的研究课题。以往众多的单因素研究表明学习动机、学习归因、学习自我效能感、学习策略等都是影响学生学业成就的重要因素。

（1）学习动机。动机是推动人类活动的原动力，许多教育家和心理学家认为学习动

① 胡桂英，许百华. 初中生学习归因、学习自我效能感、学习策略和学业成就关系的研究［J］. 心理科学，2002（6）：757－758.

② 张均华，梁剑玲. 初中生幸福感来源结构及问卷编制［J］. 心理技术与应用，2016，4（8）：465－472.

机是直接推动学生进行学习活动的关键因素。学习动机一旦形成，就会自始至终贯穿于某一学习活动的全过程。学习动机和学习活动，互相刺激，互为因果。因此，学习动机可以加强和促进学习活动，学习活动又能激发、增强或强化学习动机。学习动机是提升学习兴趣和取得良好学业成绩的基础，它决定学生现实的学业成就，对个体一生的学习都有着重要的影响。

（2）学习归因。学习归因指的是学生在学习过程中将学习行为或行为产生的结果进行分析、推断，是归因在教育领域的一种具体表现。学习归因作为一种动机因素，影响学生的情绪、意志等心理状态，进而影响学生的学习行为。归因理论认为，积极的归因模式是：将成功归因于能力高，会产生自豪、自尊和对成功的期望，使学生愿意从事有成就的任务；将失败归因于缺乏努力，会产生内疚和对成功的相对高期望，也使学生愿意并坚持从事有成就的任务①。路径分析说明：学生积极的归因方式、一定的能力自信对搞好学习是必不可少的，有助于他们更积极地选择学习策略，主动地进行学习。韩仁生的归因实验指出：两个月的归因训练，能使小学生和初中生的归因向积极方面转化。

（3）学业自我效能。学业自我效能是指学生对自己顺利完成学业的行为能力的信念，是自我效能在学业领域内的表现。学生的学业效能感是影响其学业成就的一个重要因素。学生学习效能感对学习行为及成就有重要影响。自我效能感高的学生对其学习的自我监控能力较强，并对其目标定向及学习成绩具有积极的影响。自我效能理论也认为，学生的学习自我效能感会影响学生学习的坚持性、努力程度、认知投入与学习策略的运用，从而影响学生的学业成就。舒尔克等人发现，自我效能与成就有直接的正相关。我国的一些研究表明，自我效能对自我监控学习有直接影响，而自我监控学习能力是影响学业成就的重要因素。沃建中、林崇德认为自我效能与动机定向、成就归因、成就目标、自我监控等相互作用共同影响学业成就，其中自我效能对其他因素具有调节作用。

（4）学习策略。国内学者刘儒德等认为，学习策略就是学习者为了提高学习的效果和效率，有目的有意识地制定的有关学习过程的复杂的方案，学习策略是学习者为了完成学习目标而积极主动地使用的、是有效学习所需要的、是针对学习过程的、是学习者制定的学习计划，由规则和技能构成的。穆罕默德（Mohamed）和阿尔禄利（AL. Baili）指出，学习策略作为学会学习的重要手段，对学生的学习成绩有重要的影响；刘志华、郭占基研究指出，学习策略是导致成绩差异的主要因素；谷生华等、王振宏等研究都证实了学习策略是影响学生学业成绩的直接因素。

目前学习策略的培养研究，已成为国内外研究的重点，培养研究强调学习策略的训练，并力求策略训练的情境化及习得策略的迁移。在学习策略的教学与训练越来越成为研究热点时，也发展了许多学习策略的训练教程，如瑟洛（Dansereau）的学习策略指导教程，教给大学生一些学习策略和技巧；琼斯（Jones）等编制的芝加哥掌握学习阅读教程，旨在提高初中以下学生的独立阅读能力；赫伯（Heaber）的内容指导教程，用来提高小学四年级到高中三年级学生独立地学习和理解教师指定的学习材料的能力等。

---

① 严娟. 初中生解释风格对学业成就的影响及团体心理干预研究：以新余一中初二学生为例［D］. 长沙：湖南师范大学，2013.

结合以上参考文献，本研究中的“学业成就”，主要反映的是初中生在学习中取得的进步，在考试取得的好成绩等获得的幸福的体验。学业是初中生最重要的一项活动，学业上的成就感足以影响到初中生的幸福体验。结合当前热门研究的成果，我们可以发现，要提升学生的学业成就感，需要让学生有想学的动力，能学好的自信，以及会学的策略。据此，设计三节心理健康教育活动课，每节课45分钟，课程专题与目标设计如表2－10所示。

表2－10　“学生成就”幸福课程设计与目标

课程专题	教学目标
我的未来不是梦	认知目标：了解梦想对我们的意义，认识梦想实现和现在学习的关系 情感目标：激发学生对美好未来的憧憬之情，激发学习动力 能力目标：为未来造梦，寻找梦想，规划当下生活
学会成功归因	认知目标：了解自己的学习归因及其对我们学习的影响 情感目标：增强学生的学习效能感，树立我能学的信心 能力目标：学会对学习事件的成功归因
高效听课我能行	认知目标：懂得一些基本的听课规范，了解初中学习的过程策略 情感目标：通过活动，让学生感受听一堂课实际上是一种多感官并用联动的过程 能力目标：让学生掌握认真倾听、细致观察、积极思考、灵活做笔记等主体性学习方式

5. 模块五：“生活自主”课程规划

生活自主是一种个体自主需要，指个体在学习生活之余，能自主安排时间、做自己喜欢做的事所带来的幸福感[①]。爱德华·德西（Edward Deci）和理查德·瑞恩（Richard Ryan）的内部决定论（SDT）认为，自主性（autonomy）、关系（relatedness）和能力（competence）是人的三种先天心理需要，当自主性得到满足时，个体的内在动机就更容易得到激发，并促进个体从事感兴趣的、有益于能力发展的行为，从而有利于个体的自我发展[②]。自主性是三者中最关键的，个体在无法体验自主性需要的环境中，表达内在动机和事实上伴随个体成长的能力也可能受到抑制[③]。因此生活自主的实现，是获得幸福感以及个体成长的重要渠道。

初中生处于自我意识快速发展阶段，独立意识增强，自主需要强烈，自主性的满足

① 张均华，梁剑玲．初中生幸福感来源结构及问卷编制［J］．心理技术与应用，2016，4（8）：465－472.

② 严标宾，郑雪，邱林．自我决定理论对积极心理学研究的贡献［J］．自然辩证法通讯，2003（03）：94－112.

③ 付秀君．自我决定论的理论要义及其教育启示［J］．辽宁教育行政学院学报．2008（07）：42－44.

会直接影响其幸福的体验①。自我意识的外显特征突出表现为“走向独立”，国内学者（蒋勇，2014）研究认为，初中生自主生活教育的内容可以归纳为“自强”“自律”“独创”与“合作”四个方向，通过相应的训练可以提高自主生活能力②，有如以下四点。

（1）“自强”，即“自强不息，悦纳自己，有健康高尚的人生追求”，可以做“强化自尊自信的活动、强化竞争意识、经受挫折的磨砺、加强独立意识、理想教育”等相关训练。

（2）“自律”，即“按行为规范和社会的伦理道德自我约束控制，对自己负责，对他人负责，以高度的社会责任感面对人生”，可以进行“增加社会责任、增强自控行为、学习控制情绪”等相关训练。

（3）“合作”，即“团结互助，热爱集体，找准位置，尊重他人，善解人意，从善如流”，可以进行“增强集体观念、交流沟通活动、锻炼共处能力的活动”等相关训练。

（4）“独创”，表现为“有独立的见解主张，不人云亦云，亦步亦趋。敢于另辟蹊径，敢为人先”，可以进行“培养兴趣特点、思维训练、创造意识”等相关训练。

自由、平等、民主的环境能提高学生的生活质量③。因此需要在家庭和学校两个生活自主实现的主要场所中，构建自由、平等、民主的氛围。但就中学生的现状来看，学生大多处于“家长式的管理”，大小事务均被“包办代替”，主体性在家庭和学校均被客观压制，缺乏生活自主的体验，容易产生依赖心理，自我控制差，这与初中生心理发展特点不相称，是不利于个体成长的④。

结合以上文献参考，本研究中的“生活自主”，主要是指个体在学习生活之余，能自主安排时间、做自己喜欢做的事所带来的幸福体验。据此，特设计三节心理健康教育活动课，每节课45分钟，课程专题与教学目标设计如表2－11所示。

表2－11　“生活自主”幸福课程设计与目标

课程专题	教学目标
时间的影子	认知目标：清楚自己的时间利用情况，知道学习、工作、生活、休闲都是人生的必要组成 情感目标：树立健康的时间分配观念 能力目标：能分辨自己在时间利用上存在的问题
做自己的时间管理师	认知目标：知道学习、工作、生活、休闲的时间需要合理分配和管理 情感目标：形成珍惜时间、科学管理时间的生活态度 能力目标：学会使用一些管理时间的方法，自主选择并分配时间

① 张均华，梁剑玲．初中生幸福感来源结构及问卷编制［J］．心理技术与应用，2016，4（8）：465－472.

② 蒋勇．对培养学生自主生活教育能力的思考［J］．江苏教师，2014（19）：67.

③ 龚孝华．自主参与型班级管理的基本理念［J］．华南师范大学学报（社会科学版），2012（10）：125－128.

④ 任德富．浅谈中学生自治能力的培养［J］．基础教育研究，2002（6）：21－22.

续上表

课程专题	教学目标
休闲的学问	认知目标：认识健康的休闲活动的意义与原则 情感目标：树立健康休闲的理念 能力目标：能根据个人实际，科学、合理地安排自己的休闲活动

（三）高中生幸福教育课程框架

1. 模块一："家庭温暖"课程规划

家庭是人生最初始和最基础的教育环境，对青少年的心理发展有着重要影响①。家庭环境对青少年的影响并不是一成不变的。随着青少年的心理发育，他们对家庭环境的要求也会不同。已有研究表明，家庭环境对学生的心理健康具有重要的影响作用②。和谐的家庭环境能消除青少年不良的心理症状，有利于青少年身心的健康发展。有研究发现③，家庭环境是温暖的、关心的、交流的、理解的及支持的青少年，能消除压力对健康的消极影响。

家庭作为一个不断运行的动态系统，具有其相应的功能。家庭功能是影响家庭成员心理发展、人格健全的关键因素之一。已有研究表明④，家庭功能的部分因子可以用来解释总体主观幸福感和家庭满意度近40%的变异量，同时家庭功能的其他因子可以用于预测主观幸福感的其他因子。这说明家庭功能良好的青少年，更有可能具有较高的生活满意度，更有可能体验较高水平的幸福感。如果家庭成员的亲密度与适应性较差，家庭的问题解决、沟通、情感反应、行为控制出现问题时，极有可能会使青少年自我封闭、疏离感增加，家庭功能健康水平可预测个体的心理健康水平，预测个体的主观幸福感水平。研究表明⑤，青少年家庭功能各因子与其主观幸福感各因子及总体评价存在显著相关，说明青少年的家庭功能对其主观幸福感影响较大。

总之，家庭环境对青少年的影响是不容忽视的。家庭环境影响青少年的心理健康，不良的家庭环境可以说是青少年心理问题产生的主要根源，从而影响青少年对幸福感的认知。创造和睦、良好的家庭环境不但能提高学生的心理健康水平，而且对提高学生的幸福感具有重要的意义。

结合以上文献参考，家庭环境对高中生的成长至关重要，和谐而温暖的家庭是高中

---

① 余震毅，胡虞志，王玉玲，等. 父母教养方式对青少年心理健康影响的影响［J］. 中国学校卫生，1996，17（2）：89－91.

② 王东宇. 心理健康与家庭环境和中学生学业成绩的关系. 健康心理学，2003，11（1）：48－50.

③ LOHMAN B J，JARVIS P A. Adolescent stressors，coping strategies，and psychological health studied in the family context［J］. Journal of Youth & Adolescent，2000，29（1）：15－43.

④ 郑志萍. 家庭环境、父母教养方式与青少年主观幸福感的研究［D］. 天津：天津师范大学，2011.

⑤ 顾海艳，青少年家庭功能及其与主观幸福感的关系［D］. 长春：东北师范大学，2009.

生幸福的主要来源之一。本研究中的“家庭温暖”，主要是指高中生所感受到的来自家人的关心、支持、爱护及鼓励等所带来的幸福感受。据此，特设计针对学生的心理健康教育活动课程，课程总共三节课，每节课40分钟。同时，因为高中生所感受到的家庭温暖与父母息息相关，父母的教育方式、沟通方式对高中生家庭温暖的感受性影响很大，特设计家长课程两节，每节课1小时。课程目标与内容设计如表2-12所示。

表2-12　“家庭温暖”幸福课程设计与目标

课程专题	教学目标
爸爸妈妈，当我成为你	认知目标：了解同理心的含义及其在人际沟通中的重要意义 情感目标：体会感受父母爱子之心，学会理解父母、尊重父母 能力目标：培养换位思考能力，从而提升亲子沟通的有效性，增进亲子关系
面对唠叨的父母	认知目标：通过活动，认识到父母唠叨背后的爱 情感目标：使学生能理解父母，并站在父母的角度去感受父母的不易 能力目标：学会如何面对唠叨的父母
为爱架起心桥梁	认知目标：了解亲子沟通中造成冲突的根源，理解“我讯息”表达和“你讯息”表达的异同，以及它们带来的不同效果 情感目标：体验父母的爱，树立积极的沟通态度 能力目标：掌握“我讯息”表达，与父母进行有效沟通
家长课程：陪孩子一起成长	认知目标：了解高中孩子的心理需求，懂得陪伴他们的正确方式 情感目标：激发家长理解孩子现阶段的特点，从而改善亲子关系 能力目标：日常生活中，不断反思自己，找到恰当方式陪伴孩子一起成长
家长课程：“家”，助孩子幸福成长	认知目标：认识到了解孩子心理特点，给予正确引导的重要性 情感目标：家庭是孩子心灵最大的支撑，家长是孩子一生的责任人 能力目标：家长学会正确的、行之有效的教育方法

2. 模块二：“同伴支持”课程规划

积极心理学的研究一直以幸福为核心。塞利格曼通过对幸福的研究，提出了最新的幸福理论——PERMA理论，也就是“幸福五元素理论”，为心理学界广泛接受和认同。PERMA由五个幸福元素的英文首字母构成，代表幸福的组成成分，主要包括以下五个元素：积极情绪（positive emotion）、投入（engagement）、意义（meaning）、成就（accomplishment）和积极关系（relationships）[①]。构成幸福的五元素互相独立，但每个元素都能促进幸福。积极关系（Relationships）：人是生活在一定社会中的人，拥有和伴侣、家庭成员、朋友、邻居、同事积极的人际关系比没有这样的关系的人更快乐。积极的人际关

① 曹瑞，孙红梅．PERMA：塞利格曼的幸福感理论新框架［J］．天津市教科院学报，2014（2）：10-12．

系，提供了一个有助于个人安全感的支持系统，这种支持系统促进了他们能发展和走向蓬勃①。

同伴支持是个人社会支持系统的重要组成部分，特别是高中生。社会支持系统是指来自社会各方面，包括父母、亲戚、朋友等给予个体精神或物质上的帮助和支持的系统。积极心理学的研究发现，良好的社会支持与较高的主观幸福感、生活满意度、积极情感和较低的消极情感相关②。

中山市的同类研究表明，高中生幸福感是一个包括家庭温暖、同伴支持、教师支持、学业成就、生活充实、生活自主六因子模型。同伴支持反映的则是高中生在学校生活中从朋友或同学那里获得帮助、支持及关心等而感受到的幸福。高中三年的学习时光绝大多数是和老师、同学一起度过，良好的同伴关系不仅满足了高中生情感和归属的需要，还能在其学习生活碰到困难的时候提供支持和帮助。在高中生幸福感多元结构中，家庭温暖和同伴支持是高中生幸福感来源提及频率最高的，可见，同伴支持是高中生幸福感来源的一个重要渠道③。

同伴支持（peer support）是一种社会情感支持，属于互助性行为，由人们之间通过共享一种相似的心理健康状态以带来期望中的人格的改变。米德和希尔顿等更是进一步指出，同伴支持是一种基于尊重的原则、分享责任以及互助性意见的达成而建立的一种给予和接受帮助的系统④。徐琴美、刘曼曼研究发现同伴支持是个体所觉察到的来自重要他人或其他群体的尊重、关爱和帮助，同伴支持水平的提高取决于学生的同伴支持重要性评价、对同伴支持的感知，以及获得同伴支持的能力⑤。

高中阶段相对于小初阶段而言，与同伴共度的时间显著增加，彼此的互动更为频繁和复杂。因此，同伴关系相比儿童期显得更为重要。高中生的心智开始由少年时期的半幼稚、半成熟逐渐向成熟过渡，在心理和行为上表现出强烈的自主性，迫切希望从父母的束缚、老师的管教中解放出来，积极进行自我保护和管理。美国心理学家霍林沃斯把高中生的心理发育时期形象地称为“心理上的断乳期”。随着身心发展的日趋成熟，高中生的思想也越来越成熟，但鉴于其正处于“心理断乳期”，高中生的思想特点或理想愿望往往与实际情况不同，容易产生人际困扰，易受打击。对本校的学生调查显示“当你有烦心事时你最想对谁倾诉?”学生对倾诉对象选择朋友的人数最多，占总人数的57.1%，“相比于与其他人在一起，你更愿意独处”，学生更多选择“偶尔”，选择比例

---

① FOWLER J H，CHRISTAKIS N A. Dynamic spread of happiness in a large social network：longitudinal analysis over 20 years in the framingham heart study［J］. British Medical Journal，2008，337：1 -9.

② 严标宾，郑雪，张兴贵. 大学生社会支持对主观幸福感的影响机制：自我控制及抑郁的中介作用［J］. 心理科学，2011，34（2）：471 -475.

③ 张均华，梁剑玲. 初中生幸福感来源结构及问卷编制［J］. 心理技术与应用，2016，4（8）：465 -472.

④ 王华，王静. 同伴支持与心理健康研究［J］. 湖南第一师范学报，9（4）：139 -141.

⑤ 徐琴美，刘曼曼. 同伴支持、父母支持和青少年自我价值感初探［J］. 中国临床心理学杂志，2005，13（3）：291 -293.

是71.9%，可见同伴交往在学生成长中的重要性及意义。“在你的同伴交往中，你觉得最困扰你的是________”，“不懂得如何表达自己的想法和感受”与“自己不够自信”的被选比例相当，分别为34.72%和30.14%，有28.75%的学生选择“不知道怎样化解矛盾与纷争”，有6.39%的学生选择“总是误解对方”。有45.76%的学生认为“受别人排斥与冷漠”是最易造成其困扰的人际事件，有30.74%的学生则认为“被人诬陷、冤枉”是最不能让人容忍的人际事件，可见学生虽然内心渴望获得同伴支持但往往又缺乏相应的能力和技巧。

基于上述理论与学生实际情况，依据“知—情—行”的设计思路，以提高同伴支持重要性评价、增强同伴支持的感知力以及获得同伴支持的能力为三个着力点，系统规划高中生“同伴支持”幸福课，课程目标及内容如表2－13所示。

表2－13　“同伴支持”幸福课程设计与目标

课程专题	教学目标
同学，相伴	认知目标：了解同伴关系的重要性 情感目标：感受良好同伴关系的积极作用 能力目标：增加同伴交往的主动性
同学，相处	认知目标：让学生认识到同伴交往是相互的 情感目标：感悟到个人品质对同伴交往的影响 能力目标：学会人际问题的有效应对方式
同学，相容	认知目标：认识到同伴交往中宽容的作用 情感目标：感悟到同伴交往中宽容的力量 能力目标：学会以宽容的态度对待别人
同学，相知	认知目标：让学生认识到同伴支持的感受度与自身认知有关 情感目标：体会四种人际交往心态给人带来的交往感受及后果 能力目标：学会从改变交往心态来改变同伴支持感受度

3. 模块三：“教师支持”课程规划

20世纪60年代起，随着人们开始关注生活压力对身心健康的影响，社会支持的重要影响逐渐得到人们的重视。在接下来的数十年里，社会支持一直是心理学研究的重点领域。

社会支持是一个既包括个体内在认知因素又包括外在环境因素的多维度概念[①]。国内心理学研究者肖水源编制的社会支持评定量表（SSRS）将社会支持分为“客观支持”“主观支持”和“对社会支持的利用度”三个维度。客观支持是指客观可见的实际的支持，例如家人、朋友、老师可以提供的支持帮助；主观支持指个体在社会中受尊重、被

① 刘晓，黄希庭. 社会支持及其对心理健康的作用机制［J］. 心理研究，2010，3（1），3－8.

支持和被理解的情感体验，即个体主观上能够感受到的被外界支持的程度；而对社会支持的利用度是指个体在多大程度上能够利用好可获得的支持。

教师作为学生在学校生活中的重要他人，学生从老师那里得到的社会支持程度会在很大程度上影响学生的学习动机和学习成就，进而影响学生在学校的幸福感体验。在学校环境中，老师和学生受到各自角色地位的限制，学生从老师处获得社会支持，更多地需要学生的主动争取，即学生需要在“主观支持”和“对社会支持的利用度”这个维度上有更好的表现。学生从老师处体验到的“主观支持”程度会受到学生对老师的评价、师生关系的影响，“对支持的利用度”会受到学生是否采取合理的策略寻求老师的支持的影响。

本主题的心理课着重从提升学生对老师的评价、改善师生关系、提高主动寻求教师支持的能力三个方面进行设计，最终帮助学生提高对教师支持程度的感受和评价，课程目标及内容如表 2－14。

表 2－14　“教师支持”幸福课程设计与目标

课程专题	教学目标
师生交往心理效应	认知目标：了解师生交往中主要的心理效应 情感目标：提升对老师在师生关系中的积极评价 能力目标：学会合理利用心理效应，帮助自己构建更好的师生关系
主动求助，收获支持	认知目标：了解发现阻碍向老师进行学业求助的认知特点 情感目标：感受学业求助对提高师生关系、获得更多教师支持的积极作用 能力目标：学会突破认知误区，能够主动向老师进行学业求助
师生同台心沟通	认知目标：促进师生之间的互相了解 情感目标：使学生感受和老师积极互动所带来的积极情感体验 能力目标：使学生在活动中学习与老师相处的方式

4. 模块四：“学业成就”课程规划

学业成就作为本研究的一个研究因子是基于因素分析而提出的。它不同于一般定义上的学生个体在学业方面的表面，如学习成绩、学业表现。查阅相关文献以及根据相关研究需要，学业成就包含成就和成就感两个维度。

对于成就，雷洪波等人认为，其基本内涵有三：第一，成就是行为结果，而非行为过程；其次，这个结果必须“超群”，至少高于一般人所能达到的水平；第三，成就应以他人认可为标准，而非自我设定。① 从这个定义上看，成就指的是一种客观结果。相比较而言，成就感是一种主观感受，指通过对成就的自我意识而获得的自我肯定感、自我价值感。从这两者的关系上看，取得成就并得到他人承认是成就的客观条件，自我认为有成就是产生成就感的主观标准。因此，“成就”应当同时具备主观标准和客观条件。

① 雷洪波，袁平．大学生的成就认识和成就感研究［J］．青年研究，1993（2）：24－29.

在本研究中，学业成就包括学生在学业成绩上的表现以及学业成就感。通过因素分析的结果，具体抽取出来的条目内容有四个：1. 我在考试中取得了不错的成绩；2. 我在学习上的确努力付出都取得了回报；3. 我在学习上不断取得了进步；4. 我能感觉到学习所带来的成就感。其中既有个体在学业取得的具体进步，其中包括相对他人的客观优异成绩和相对自己取得的进步；也有知觉到的成就感，即达到目标后的价值感和动力。据此，我们把学业成就界定为：在学习过程中，学生能够胜任学习任务，发挥了自己的能力，实现了学习目标，由此而体验到自我实现的一种内在满足。

从干预目的来看，学业成就是如何影响和增进学校幸福感的呢？一方面，学业成绩是当前社会和学校考核、升学的主要标准，是关键性的考量因素。在学校环境中，学业表现差的学生会面临着可能更多的来自社会、学校、家长、同伴以及自我目标等方面的压力。另一方面，学业成就感低下的学生（不一定学习成绩差）更难体验到学校场域内的幸福感。研究表明，成就感是人取得成绩或成功以后引以为自豪的感觉。首先，它是个体在完成某项学习或活动任务后产生的一种自我满足的积极的情绪体验。而积极的情绪体验是幸福感的重要构成部分。其次，学业成就感高的学生更能认识到自己的能力，增强自信心，提高动机水平，为以后学习新知识、解决新问题提供有利条件。这种能力感的提升也是个体幸福感提升的重要来源。根据马斯洛（Maslow）的需要层次理论，成就感可以说是个体获得自我实现需求的一种满足。

在干预内容方面，我们首先需要探讨及明确影响个体学业成就的因素。有关学生学业成就的影响因素，大体上可以分为个体心理因素与环境因素两大类。现代心理学家更侧重于学生心理影响因素的探讨，他们认为个体心理因素对学业成就的影响强于环境因素，因为后者必须被个体内化后才能发挥作用。大量研究证实，原有知识、智力因素、非智力因素是影响学业成就的主要心理因素。在这些因素中，研究者的研究结论并不统一，有的强调知识基础、有的强调智力和学习策略，有的强调个体的人格心理因素等。但是，它们可能基于不同的影响路径形成综合效应影响个体的学习活动。鉴于研究的有限性，本课题主要选择已有相关研究证明的对学生学业成就有直接影响的一些心理变量进行。

通过对知网的文献检索和对比，选择干预学业成就的因素主要集中在学生个体的学业自我效能提升、积极的归因方式、成就目标的选择等方面。① 其中，自我效能是个体相信自己有能力对学习产生积极影响的一种知觉和信念。它影响着学生对学习的主动性和积极性、对学习的关注和投入程度以及在遇到困难时克服困难的坚持程度；积极的归因方式能够帮助学生无论在取得成功还是失败时，都能够掌握积极的、正确的归因方法来应对；成就目标更是直接关系个体的成就感，掌握成就目标的个体“对发展能力感兴趣，将学习本身视为终极目标，他们倾向于学习，选择挑战性的任务和面临困难时具有坚持性”。

综合以上文献，干预的主要个体心理变量是学业自我效能感、学业归因方式、学业成就目标。实验的主体课程和内容见表 2－15。

---

① 司继伟. 心理因素对高中生学业成就的影响［J］. 心理发展与教育，2000，16（2）：7－12.

表 2-15　“学业成就”幸福课程设计与目标

课程专题	教学目标
成就自我，寻找你的学业目标	认知目标：激发学生设立高中学业目标的认识和欲望 情感目标：掌握目标设定方法，提高学业成就 能力目标：树立实现高中学业目标的信心
合理归因，快乐学习	认知目标：了解不合理归因的不良影响和自己的归因特点 情感目标：学会合理归因 能力目标：建立合理归因的积极体验
学习，学习，我爱你	认知目标：引导学生正确认识学习的意义 情感目标：掌握保持学习热情的方法，学会苦中作乐 能力目标：体验学习之乐
遇见更好的自己——走出受害者的“天堂”	认知目标：理解作为受害者的代价；发现掌控者的内在力量 情感目标：运用“我可以，我能够”去积极处理学习中出现的问题 能力目标：体验受害者内心矛盾的情感；建立起掌控者的积极情绪反应

5. 模块五：“生活充实”课程规划

在由梁剑玲和张均华主编的《高中生幸福感来源结构及问卷编制》[①] 中，通过对学生关于幸福的开放式回答和理解进行主题分析，最终发现高中生幸福感来源结构基本可分为家庭温暖、同伴支持、教师支持、学业成就、生活充实和生活自主等六个维度。而充实的生活纬度主要是包括：有自己的目标；每天都在为梦想努力；每天忙碌而充实的生活，这几点都是人生规划的重要组成部分。

高中阶段是学生个性形成、自主发展的关键时期。高中生虽然大都有自己的人生理想，但目标并不明确，而有意识地努力实践自己人生理想目标的更是少数，从而导致生活不够充实降低了幸福感。人生规划的本质是人们进行自我激励、自我教育、自我矫正的一种方式。它是个人根据社会发展需要和个人发展志趣与能力，对自己未来的发展方向和道路做出一种预先的策划和设计[②]。完整全面的规划可以指导高中生的成长与发展方向，充实其生活状态。

国内的学者王建忠[③]等人对北京海淀区高中生的人生规划教育有过大胆系统的探索和尝试，他们认为高中生人生规划的目标是帮助学生发展兴趣、学会学习、培养生活所需的技能，同时也帮助学生形成积极的人生价值观、动机和抱负。还包括引导学生分析自身需求，长短期目标出发，帮助学生了解自己的不足，学习正确寻求帮助等。

---

① 梁剑玲，张均华. 高中生幸福感来源结构及问卷编制［J］. 中小学德育，2017（1）：56-59.

② 杨文利. 高中阶段开展人生规划教育的理论与实践探索［J］. 天津市教科院学报. 2015（3）：62-63.

③ 王建忠，吴颖惠，王笑梅. 高中人生规划教育：问题与反思［J］. 课程・教材・教法，2014（11）：75-80.

国外人生规划教育内容一般是从认识“我是谁”“我要到哪里去”和“我如何去”等方面引导学生正确认识自我，探索自己的未知世界。例如美国人生规划教育的内容：一是学习如何生活；二是学习如何学习；三是学习如何谋生；四是学习如何爱。在自我完善与实现中促进社会的和谐与发展，从而缔造一个有意义的人生①。

结合前人的研究基础，本课程关于高中生幸福感课程的“生活充实”维度的课程编写主要从“良好的高中生活开始”“树立短期与长远目标”“学会变压力为动力”三个方面来设计课程。每节课40分钟，课程目标与内容设计见表2-16。

表2-16 “生活充实”幸福课程设计与目标

课程专题	教学目标
成功跨越高中	认知目标：让学生认识到每个人的关注点不同，高中生活的感受就会不同 情感目标：激发学生对高中生活的积极情感 能力目标：让学生学会改变关注点，把关注点放在自己想要的结果和过程的“美好”上，形成积极心理体验，激发他们的学习动力，从而度过美好的高中生活
明确目标，坚持信念	认知目标：让学生认识到明确的目标对人生成长发展的重要性 情感目标：学会坚定信念、培养意志力 能力目标：学会给自己选定一个适合自己发展的目标，并学会时刻激励自己朝着目标坚持不懈地努力奋斗
压力？动力！	认知目标：认识到生活中的压力无处不在，而竞争带来的压力可能是前进的阻力，也可以是前进的动力 情感目标：感受到竞争、生活中的压力可能给自己带来紧张和焦虑感，同时也可能给自己带来有利影响 能力目标：激发学生直面压力，化压力为动力，敢于挑战自我、挑战生活

6. 模块六：“生活自主”课程规划

自主性是行为主体按自己意愿行事的动机、能力或特性。自主性是人的品格特性，是人的素质的基本内核。在一定条件下，人对自己活动具有支配和控制的意识和能力即自主性，个人在活动中是否具有自主性，一是取决于个人在活动中是否具有支配和控制的意识；二是取决于个人是否能以自己的思维来支配自己的行为，而不是盲目地顺从他人的意愿，同时还能够进行自觉的自我调节和自我控制。

自主意识与能力的培养强调主体的能动性和发展性，是个体对自己的活动及周围环境关系的自主选择、自主评价、自主调控的主体意识的显现。奥地利著名心理学家阿德勒认为，“人是理性的动物，人在自主意识支配之下，能决定自己的未来，创造自己的生活。”现代教育理论认为，教育的对象是“一个个充满活力和探究精神的生命个体，本身就具有自主发展的强大动力。”不断强化这种自主发展意识，培养自主认知、自主调控

① 尤敬党，吴大同．生涯教育论［J］．江苏教育学院学报（社会科学版），2013（1）：12-16.

的能力，给学生自主计划、自主体验和自主激励的机会，才能调动学生学习与活动的积极性，在自主探索和自我完善中发展生命个性。[①] 魏所康《主体教育论》认为，个体的自主能力是一个逐步发展的过程。其实现程度，主要取决于两个前提条件：一是客观条件，主要指身心发展水平和生活环境，看他能在多大程度上独立开展活动，从而保证自己的生存和发展；二是主观条件，主要指自律能力，看他能在多大程度上自觉进行自我调节。[②] 因此，就外部而言，自主发展能力最终是一种社会适应、生存能力；就内部而言，自主发展能力是一种自律能力，是根据个人的能力和需求，取得与周围环境的和谐。自主教育就是培养学生自我认识和自我评价的能力，自我体验和自我激励的能力，自我调节和自我控制的能力。高中生的自我意识逐渐觉醒，促使他们产生独立的愿望，开始了解未来对自己的重要意义，形成面向未来的自主发展新态度。[③]

高中生处于自我意识增强的阶段，在生活中能自主安排时间，做自己喜欢做的事，自主需要的满足直接影响着其幸福的体验。在调查中发现，大部分学生反映学校管制太严和要求太多，学业任务繁重及目标计划不明确，不良心态和不良习惯等因素影响其自主安排，并认为增进自主性的方法主要有适应学校的管制和要求，制定目标计划提高效率，调整心态改良习惯等。

本课程关于高中生幸福感课程的“生活自主”维度的课程编写主要从增强生活自主意识和提高生活自主能力两方面设计了“我是人生的主人”“我是学习的主人”和“我是时间的主人”共三节课。其中课程“我是人生的主人”以增强学生的生活自主意识为目标，引导学生从“要我学”到“我要学”的转变，激发学生思考规划人生，结合自身发展需要去主动适应学校的管制和要求；课程“我是学习的主人”从端正学习态度和激发学习动力上，引导学生抵住诱惑，通过调整心态和制定目标等方法提高学习生活自主能力；课程“我是时间的主人”从时间管理方面提高学生的生活自主能力。每节课 40 分钟，课程目标与内容设计见表 2－17。

表 2－17　“生活自主”幸福课程设计与目标

课程专题	教学目标
我是人生的主人	认知目标：认识到现在的所为是在为未来做奠基，唤醒学生对自己未来人生的责任与展望 情感目标：激发学生对自己这辈子负起责任、无悔青春的积极情感 能力目标：学会结合自身实际，自主把学业与人生愿景联系起来进行规划，开启新的学业征程
我是学习的主人	认知目标：认识到自主自律的人会为将来的长远发展做出选择，而非只顾眼前的舒适 情感目标：激发学生主动奋进、自主自律应对高中学习生活的积极情感 能力目标：学会持续燃起学习生活动力，保持其自主性的三个方法

① 张春兴．现代心理学［M］．上海：上海人民出版社，1994：462．
② 魏所康．主体教育论［M］．南京：河海大学出版社，1999：59．
③ 陆宝初．谈谈高中生自主发展意识与能力的培养［J］．中学德育，2011．

续上表

课程专题	教学目标
我是时间的主人	认知目标：意识到学会时间管理的重要性，日常能自觉主动管理时间 情感目标：体验到自主管理时间带来自主从容生活的积极情感，提高幸福满意度 能力目标：掌握时间管理的基本方法，并在学习生活中自主、合理、有效利用支配时间

三、幸福教育课程的组织、管理与评价

（一）课程的组织

本课程方案是青少年幸福教育课程内容设计、实施和评价的基本依据，在实施过程中，应当遵照本方案的要求，结合本校学生的身心发展规律和实际面对的问题开展教育活动，有效地促进每一个学生的身心和谐发展，体验学校生活的愉悦和满足。

1. 整体把握课程目标、年段目标、主题目标与教学目标的关系

学生的身心成长是一个连续不可分割的整体，整体课程目标根据学生身心发展要求分解成一个个年段目标，每一个年段目标的核心就是主题目标，每一个主题目标需要落实为一系列的教学目标。因此，要从整体上把握好课程目标、年段目标、主题目标与教学目标的关系，处理好系统目标与单元目标以及教学目标的关系，突出每一个年段的核心目标，每一个教学目标明确、具体，注意科学性、针对性和实效性。

2. 开展体验式的活动促进学生知、情、意、行的统一

学生幸福课程的实施应以活动为主，可以采取多种形式，包括团体辅导、心理训练、问题辨析、情境设计、角色扮演、游戏辅导、心理情景剧、专题讲座等。学习中根据学生的实际情况确定教学目标，提供各种发展情境让学生进行体验学习，学生在活动中探索、体验和感悟，从而在认知上不断丰富，在感悟中体验积极的情感，在矛盾解决和问题解决中学会面对问题，获得解决问题的方法，在实践中发展幸福生活的能力。

（二）课程的管理

我们构建的青少年学生幸福课程，一方面，它属于学校心理健康教育课程的范畴；另一方面，幸福正是积极心理学所追求的本质目标。因此，幸福课程的设计与积极取向的心理健康教育有着密切的联系。课程的定位是：

（1）在教学目标上，以培养青少年快乐、幸福的心态，提高其对各生活领域的满意度，令其体验到更多的积极的心理状态，形成完善的人格和心理机能为终极目标。

（2）在教学内容上，关注学生的实际心理需求，发展学生个体的积极个性品质为主要内容。

（3）在教学过程上，采用情境体验、活动教学、角色模拟等多种方法让学生在情境

和活动中得到体验，获得成长。

（4）在结果反馈上，通过教学过程的观察、访谈学生，了解课程为青少年幸福美好的学校生活提供支援、支持和指导的作用，以及教学结束后的数据分析，在学校教育中验证课程的科学性和有效性，探讨出学校幸福课程的实施策略和评价方法体系，完善青少年学校幸福感课程及资源包。

（三）课程的评价

评价的根本目的在于积极促进学生的发展，在全面了解学生的幸福感状况的基础上验证课程目标的达成情况，深入反思并不断完善课程内容，改进教学策略和方法，最终形成科学性、针对性和实效性统一的青少年学校幸福课程体系。

评价应以本方案为依据，面向教育的全过程，面向全体学生，评价的内容是学生的学校幸福感的状况。

评价分为两个部分：终结性评价和过程性评价。终结性评价指的是课程开展前后进行学生幸福感状况调查，调查按学段分别采用由梁剑玲等主编的《小学生多元幸福感问卷》《初中生多元幸福感问卷》《高中生多元幸福感问卷》进行，这些问卷是多因子结构模型，信度和效度均满足心理测量学的要求。例如《小学生幸福感多元幸福问卷》包括家人情感支持、同伴支持、教师支持、学业成就、生活自主、家人学业支持六因子模型。六个因子可以解释总变异的 64.366%，共保留 24 个题目，题目的因子负荷在 0.489 ~ 0.884 之间；验证性因素分析结果显示，六因子模型的各项拟合指数较为理想（2/df = 1.609 <2，RMSEA = 0.049 < 0.05，CFI = 0.945 > 0.90，IFI = 0.946 > 0.90，NFI = 0.868 <0.90）。问卷的内部一致性系数为 0.923，各分问卷的内部一致性系数介于 0.760 ~ 0.847 之间；六个分问卷间的相关系数介于 0.325 ~ 0.590 之间；每个分问卷与问卷总分之间的相关系数在 0.625 ~ 0.786 之间，且大于该分问卷与其他分问卷之间的相关，表明本问卷有良好的结构效度。问卷有良好的结构效度，信效度指标良好。过程性评价是指每一节课或是每一个主题课程完成后，在课后即时进行的观察、访谈和问卷，了解课程为青少年幸福美好的学校生活提供支援、支持和指导的作用。

第三章
小学生幸福课程的设计

一、 家人情感支持

（一） 第一课时　我和我的家[①]

【设计理念】

家庭是社会的细胞，是个体的温暖的归属地。家庭是由家庭成员以及家庭成员间的社会关系组合而成。小学五年级的学生认知能力已经发展到一定的水平，对家庭可以有一个完整的认知。每个家庭都会有优缺点，对家庭的整体认知影响他对待家庭的方式，引导学生全面认识显得很重要。

【教学目标】

认知目标：了解自己的家，了解自己在家庭中感受到的爱和家庭存在的冲突矛盾。

能力目标：运用心理绘画和家导图引导学生充分认识自己的家庭结构和家庭功能。

情感目标：在活动中体验家庭的温暖以及家庭中的矛盾和冲突在生活中的影响。

【教学重点】

了解每个家庭都有其优缺点。

【教学难点】

体会家庭的优点带给自己快乐、幸福的一面，同时也看到自己家庭的不足。

【教学形式】

心理健康教育活动课。

【教学准备】

活动道具：画纸、彩笔；多媒体设备：PPT、麦克风、音响。

【教学过程】

1. 画出你心中的“家”（8 分钟）

请同学们手随心动，画一张图画，把你心中对“家”的印象表达出来。

---

① 此课由中山市东区雍景园小学刘秋英设计。

◎分享讨论：刚刚我看到每个人画的家都不一样，有电视机有大衣柜等，但几乎每个人都不会忘记画上一个房子。现在我们一起来分享一下好吗？

◎心感悟：从每个同学的图画可以看出他们的家是一个怎样的家庭氛围，有些很温暖，有些很有趣。这是我们每一个人对家的印象，这说明每一个同学都对自己的家有一定的了解。

◎过渡：我们都对家有一定的了解。如果用一个单词来形容家，你们会选用哪个单词呢？home 还是 family？

◎设计意图

通过绘画的形式，让每个学生了解自己心目中的家，对自己心目中的家有一个形象的了解。

2. **家是什么？（5 分钟）**

◎自由讨论：

师：你是选用 home 还是 family？

生：family！

师：老师也同意用 family。Home 更多地代表一个房子，而 family 代表一个家，真正的家。家是什么？Father and mother I love you. 家里有爸爸妈妈对孩子的爱，那是很重要的成分。家是有爱的家。那家里除了有爱，还有别的东西吗？

生：还有争吵。

师：是的，我们家里还会有争吵有争执有矛盾有冲突。这是我们生活的小调料。

◎过渡：我们每个人的家都不是完美的，不只有爱，也会有冲突有矛盾。我们一起来体验一下家的温暖和冲突吧！

◎设计意图

让学生构建自己心目中的家。

3. **家导图（15 分钟）**

◎操作流程：

（1）每人一张 A4 纸，纸中间画一个圆形，写上“我的家”三字。

（2）在纸上绘制家导图，写出自己家的优点和缺点。

（3）播放柔和背景音乐，让每一个孩子安静地画下自己的家。

◎分享提问（背景音乐：心灵地图）：

（1）你认为你了解你自己的家吗？绘制家导图过程中，哪个环节让你最难写？

（2）你觉得家对你意味着什么？（反思自己作为家庭成员，是处于什么样的角色）

（3）如果你愿意，可以和你的 4 人小组成员交流自己的家导图。

◎心感悟：我们每一个人都有一个家。每个人的家都不一样。但是每一个家都有自己的运行轨道，有温暖也可能会有争吵。作为家里的一分子，每个人都有责任和义务去了解自己的家庭，同时也充分认识到每个家都有其优缺点。

◎设计意图

通过绘制家导图让每一个人更加清晰地了解自己的家庭，充分认识到每个人的家都是有优缺点的。

4. **我爱我的家（10 分钟）**

（1）播放背景音乐：相亲相爱一家人。

（2）学生领取卡纸，写下对家人想说的话。

（3）学生上台分享，并粘贴在感恩板上。

◎设计意图

联系现实生活，回顾自己在家里的角色，学会感恩家人。

5. **小结（2 分钟）**

今天我们一起探讨了自己的家，了解了我们每个人的家都有其优缺点，在家里需要承担一定的角色。希望每一个同学对自己的家都有了更清晰的认识。

（二）第二课时　家有温暖[①]

【设计理念】

家是每个人的港湾，家庭的温暖是每个身在其中的人天天都能体验到的。作为家庭的一员，小学生幸福地享受着家人带来的温暖，也要学会感恩。本课分两部分进行，第一部分是带领孩子们体验和挖掘无处不在的家庭温暖。第二部分重在让孩子们在爱中学会感恩。

【教学目标】

认知目标：学会在日常生活的细节中感受来自家人的温暖和幸福。认识到家庭的温暖无处不在，同时也常怀一颗感恩之心。

能力目标：增强学生的感受力和敏锐度，发现生活中点点滴滴的幸福。

情感目标：感受父母和其他家人带给自己的爱，感恩他们的付出和努力。

【教学重点】

感受家庭无处不在的爱，学会珍惜和感恩家人的付出。

【教学难点】

理解父母的用心，感恩父母的爱。

【教学形式】

心理健康教育活动课。

---

① 此课由中山市东区雍景园小学刘秋英设计。

【教学准备】

活动道具：彩色卡纸；多媒体设备：PPT、麦克风、音响、视频短片。

【教学过程】

1．家庭小调查（8 分钟）

（1）PPT 逐一呈现。

第一部分：
父母的生日；
父母最爱看的电视节目；
父母最爱吃的菜式；
父母的爱好。
第二部分：
父母童年的一些主要经历，列出几条；
父母童年玩过什么样的玩具；
父母童年时喜欢过年吗？为什么？怎么过的？
第三部分：
父母最高兴的事；
父母最担心的事；
父母是怎样认识的。

◎分享讨论：
（1）做完题后，你有什么感受？
（2）所有的问题反过来问你的父母，你觉得他们能答对几题？
（3）家的温暖从哪里来？

◎过渡：同学们，家的温暖从了解开始。父母总是默默地关注着我们的一切，你是否有感受到来自他们的温暖呢？在享受中，你是否有好好珍惜呢？接下来，请欣赏两个短片。

◎设计意图

通过问题调查，让学生从日常生活的细节反思自己对家对父母的了解。反向提问能更好地引起学生的反思和共鸣。

2．感受温暖（12 分钟）

（1）欣赏短片《爸爸是个骗子》《特殊招聘》。
（2）自由讨论：看完短片，最打动你的是哪个片段？让你想到了什么？

◎过渡：是的，正如你们所说。爸爸妈妈每天都在为我们创造温暖和爱，他们用双手给我们建设一个家，尽他们全力给我们创造更加优越的生活条件。

◎设计意图

通过小短片感受来自爸爸妈妈无私的爱。

3．创建家庭回忆录（18 分钟）

（1）每人一张卡纸，按照自己的喜好进行裁剪，可以剪出自己想要的各种形状，把裁剪出的卡纸制定成一个小册子。

（2）在小册子上画上或写下记忆中家里温暖的瞬间或者事件。

（3）小组内分享各自家庭的温暖和喜悦。

（4）布置家庭作业，把温暖回忆录带回家和爸爸妈妈分享。

◎分享提问：在回忆的过程中，你想到了什么？你的感受是什么？你有什么收获吗？

◎心感悟：家的温暖无处不在，亲子之爱，祖孙之爱，手足之爱，都在我们的生活中。用心感受用心珍惜才能让温暖常在，让快乐围绕。

◎设计意图

通过创建家庭回忆录学会挖掘家里的温暖，家里的点点滴滴的快乐。

4．小结（2 分钟）

我们每个人都有一个家，家里有我们至爱的亲人。但是我们常常忽视亲人们带给我们的爱和温暖。常怀感恩之心，做一个乐于感受家的温暖，并传递家的温暖的人，让家更幸福。

（三）第三课时　幸福我家①

【设计理念】

家庭的幸福需要家庭中每一个成员的用心付出。现实生活中，很多家庭的孩子少，有些父母出现“包办”或者“害怕孩子辛苦”的情况，当孩子渐渐长大的时候，突然发现孩子不懂感恩不懂付出。本节课通过亲子互动心理课堂，让孩子们学会体谅和理解父母的不易，进而学会在家庭中付出，负责任。

【教学目标】

认知目标：认识到家里的每一件小事自己都是有责任和有义务的，自己能通过做一些力所能及的事为家庭付出。

能力目标：增进家长和孩子们对彼此的理解力，学会换位思考，互相信任更能使家温暖。

情感目标：在游戏中体验为家人付出的喜悦和快乐，感受到自己也能通过自己的努力使得家人更快乐，家庭更温暖。

---

① 此课由中山市东区雍景园小学刘秋英设计。

【教学重点】

在亲子互动中，认识到自己可以为家庭贡献一份力。

【教学难点】

如何把课堂上学习到的技巧迁移到现实的家庭生活中。

【教学形式】

心理健康教育活动课。

【教学准备】

活动道具：A4 纸、眼罩；多媒体设备：PPT、麦克风、音响。

【教学过程】

1. 让我来夸夸你（8 分钟）

（1）欣赏绘本《我爸爸》《我妈妈》片段。

（2）模仿绘本的方式，找到对方的优点，并写在纸上。

（3）家长和孩子互相交流，夸夸彼此的优点。

（4）请几位家长和孩子上台分享。

◎过渡：我们每个人身上都有各自的优点，但是在家庭生活中，我们很少去表达自己内心对对方的赞美。通过大家的分享，我们发现，赞美的力量很强大！可以缩短彼此心的距离，表达了自己内心的爱。

◎设计意图

通过互相夸赞的方式，让家长和孩子们感受到浓浓的亲情。启示家长、学生在平时生活也需要用夸赞来表达心中的爱。

2. 说说你的真心话（12 分钟）

（1）播放课前录好的采访视频。

（2）提问学生：你给家里带来过快乐吗？你做过些什么？家人有感受到吗？他们怎么看待或怎么评价你的行为呢？

（3）提问家长：你是否关注到孩子对家庭的付出？你怎么看待“衣来伸手，饭来张口”的行为？

（4）讨论发言。

◎自由讨论：4 人家长小组和 4 人学生小组分别进行讨论。

学生：看完视频你有什么感受吗？

家长：听到孩子们的心声，你有什么感受吗？

◎过渡：父母有爱孩子的权利，但是这应该是有一个“度”的。而孩子也有为家庭做事情，为家庭负责任的能力，家长也是可以适度放手的。

◎设计意图

通过采访班内几位学生及学生家长的视频，说出彼此的心声，引发在场家长及学生对家庭的思考。

3．**幸福之旅**（12 分钟）

（1）游戏规则：分三组比赛，其中由学生来充当引导，父母一方戴上眼罩，由学生拉着家长的手，不说话，带领着家长绕过障碍物，到达终点。

（2）采访得胜的亲子组，让他们说说自己为什么能够这么快到达终点，落败的小组说说慢的原因。

◎分享提问（背景音乐：心灵地图）

◎心感悟：在我们的成长、生活中，会遇到一些坎坷，一些波折，正如刚才的幸福之旅中，孩子和家长要互相信任对方，互相扶持，我们就能不负家长的期望，健康成长，到达成功的彼岸。

◎设计意图

通过游戏互动增进亲子的沟通和感情的升华，也给孩子一个机会更好地表达自己也是一个负责任和有担当的家庭一员。

4．**我想对你说**（5 分钟）

（1）学生领取分享纸，写下对父母想说的话。

（2）学生上台分享，并粘贴在分享板上。

5．**小结**（3 分钟）

家不是父母的家，家的经营也不是与你无关。通过本节课的学习，希望每一位同学都能在家庭生活中尽自己的一份力，让本来幸福温暖的家更幸福，并且让家一直幸福。

二、 同伴支持

（一） 第一课时　交朋友[①]

【设计理念】

交朋友是同伴交往开始的第一步，如何交朋友，对小学生来说是一个重要的课题。现在社会生活环境与家庭环境影响，有些小孩子不懂如何交朋友。他们有交朋友的欲望，但不会表达，不会邀请。因此我设计了本课程。

本课开始通过《孤独的旅行者》，引出我们都需要朋友，思考我们什么时候最需要朋友；然后通过小医生的方式，让同学们找出题目中交不到朋友的孩子的主要问题，并

① 此课程由中山市东区朗晴小学雷小云设计。

帮助他改正，从而引出交朋友的秘诀；实际体验环节“交新朋友”是本课的特色环节，让学生实际运用刚学到的交友知识，在教室内寻找同学、家长或老师交朋友，并分享心情与体会。

【教学目标】

认知目标：学生能了解与人交往的基本方法与技巧。

能力目标：将活动延伸到日常学习与生活中，培养学生良好的与人交往的能力。

情感目标：感受与人交往的重要性，体会到友谊的宝贵。

【教学重点】

了解与人交往的基本方法与技巧。

【教学难点】

培养日常生活中，学生良好的人际交往能力。

【教学方法】

游戏法、故事法、活动体验法、案例讨论法。

【教学准备】

课件、写好学生名字的“天使与主人”卡片。

【教学过程】

1. **课前热身：抓小蜜蜂**

◎游戏规则：请所有同学将左手掌心朝上，右手则食指伸出，点在右侧人员伸出的左手掌心中，食指必须与掌心接触。然后老师说：“小蜜蜂”，同学们要回应说：“嗡嗡嗡”，老师说得大声，同学们也要跟着大声；老师说得小声，同学们也要说得小声；老师说得快，同学们也要跟着快；老师说得慢，同学们也要跟着说得慢。当老师说：“抓”。同学们就要迅速地用左手抓住左侧人员的食指，同时也要迅速地将自己的右手食指缩回，不要被右侧的人抓住。抓住的要把手举起来。

◎分享：跟同伴一起玩游戏，感觉怎样？（开心，快乐）

◎小结：是的，玩游戏要跟同伴一起玩才有意思，才快乐。

◎设计意图

通过游戏，让同学们感受跟同伴一起玩游戏的快乐。

2. **感受：什么时候需要朋友**

（1）导入（出示课件：《广袤的沙漠，孤独的旅行者》）：同学们，有一个孤独的旅行者带着充足的水、食物等生存必需品在沙漠中行进，一天，两天，三天，茫茫沙海，渺无人烟，只有旅行者一个人，请大家想象一下，这个沙漠旅行者将需要什么？

（2）学生想象并回答。（若学生回答魔法、交通工具等，说不到需要人时，老师可以强调：一望无际的沙漠，只有旅行者一个人，害怕时没有人倾诉，孤独时没有人陪伴，快乐时没有人分享……）

◎教师小结：这个沙漠旅行者最需要的将是与人交谈，希望遇到人，能够与人交往。在这个世界上没有人是孤立存在的，我们的生活需要朋友，但是你可能发现了，有的人

朋友很多，有的人朋友却很少，你想不想成为一个有很多朋友的人呢？我们今天就一起来探讨——如何与人更好的交往。（出示题目）

◎设计意图

通过情景分析，让同学们去想象和感受，作为一个孤独的旅行者，他最需要的是朋友的陪伴与支持，让同学们感受到朋友的重要性。

（2）感受朋友的重要性。

师：什么情况下我们最需要朋友？（课件出示问题）

学生讨论，小组汇报后教师归纳：

困难的时候——需要获得朋友的帮助。
苦恼的时候——需要获得朋友的安慰。
孤独的时候——需要获得朋友的陪伴。
快乐的时候——需要和朋友一起分享。

◎设计意图

引导同学们思考什么情况下需要朋友，通过讨论，让他们认识到很多情况下都需要朋友，朋友是很重要的。

3. 思考与体验：如何与人更好地交往

（1）做一个受欢迎的人。

师：有几个小朋友，都为交不到朋友而苦恼，大家一起来帮他们想想办法吧。（以下案例可根据学生年级和班级的特点进行调整）

①小王从不主动和同学玩，同学或大人和他说话时，他也总是低着头，不敢看着对方。

②小张的衣服总是脏脏的，他从不叫别人的名字，而是叫“喂!”他还老爱欺负同学。

③小李感觉自己非常了不起，总是瞧不起别人，还常常说同学：“你真笨，什么优点都没有！”

④小杨总是一脸冷酷，看到同学摔倒了也不会扶他一把。

⑤小张交了新朋友后总是忘记对方的名字，甚至不知道对方的性格、爱好等。

每个小组讨论一个问题后汇报，老师根据学生的回答总结依次小结出自信主动、文明真诚、欣赏和尊重他人、微笑互助、了解沟通……

◎设计意图

通过不同的案例讨论，让孩子意识到哪些因素会影响他们的同伴关系，从而让他们总结出要做一个受欢迎的人，要做到哪些。

（2）人际交往技巧。

师：交朋友的技巧还有很多很多，你能说一说你平时交朋友用了哪些技巧吗？

（3）根据学生的回答，总结出好的交往技巧，如：注意自我形象，主动与人交谈，善于倾听，注意动作行为，注意文明礼仪，对人真诚地感兴趣，学会欣赏并赞美他人，乐于助人，多微笑，幽默，善于控制情绪，得理让人，关心身边发生的事，勇于认错等。（可把学生谈到的重要的交往技巧和方法随时板书。）

师：同学们，交往是个永恒的话题，它能给我们带来快乐，幸福，甚至是一生都受用不尽的智慧。从现在起，就让我们敞开心扉，开始主动、友善地去跟周围的人交往吧。

◎设计意图

让学生通过讨论，从实际中总结出更多好的人际交往技巧。

4. 拓展与延伸：相互帮助，并延伸到日常学习生活

开展“天使与主人”的服务活动，让同学体会相互帮助的活动，每一个人既是天使，又是主人，天使要在两周内为主人服务。

◎活动规则：（1）每位同学轮流在事先准备好的纸箱中抽取一位同学的名字，抽到自己者重抽。你抽到的那位同学即是你主人，你就是他的天使，从现在起两周内，尽量找机会替主人服务。

（2）强调精神上、实质上的正当服务，避免物质上的服务，不可替主人写作业或作弊、打架。

（3）找主人给予适时的帮助，例如主人苦恼时，可以通过写信交谈去问候；主人做值日生，帮助他一起做好保洁工作；主人遇到困难时，可以和他一起解决；主人开口说脏话，或有不文明言行时，可以“善意”地给他指出来，协助其改正，天使尽量秘密地替主人服务。

（4）允许同学“善意”地干扰，可以去服务其他主人，让自己的主人不太能确定真正的天使，以促进全班同学互帮互助的团结精神，实现撒播友谊种子的目的。

◎老师讲第（2）、（3）条规则之前先让同学们说一说，作为天使你可以怎样关心帮助你的主人？作为主人，你需要怎样的帮助？

◎设计意图

通过“天使与主人”的活动，把相互帮助延伸到日常学习生活中，让学生体会帮助别人以及被帮助的快乐。引导同学们去关注别人的需要，在生活中有意识地去帮助别人。

（二）第二课时　我能化解小矛盾①

【设计理念】

小学中高年段学生心理发育还不够成熟，遇事冲动，因此小矛盾、小摩擦的产生较为常见，但许多孩子并不知道该如何处理，常常导致矛盾不断升级，这不仅影响学生当前的情绪，长远来看还容易使学生形成不健康的心理品质。基于上面的理性思考，笔者设计了这节课，旨在引导孩子用正确的态度对待生活中的小矛盾，并教给他们一些化解矛盾行之有效的方法。

【教学目标】

认知目标：让学生了解“换位思考”和“真诚道歉”是化解矛盾的好方法。

能力目标：能运用多种方法积极化解同伴间的各种矛盾。

情感目标：激发学生对同伴间和谐相处的向往，能深刻体会到换位思考、真诚道歉和宽容的重要性。

【教学重点】

1. 用游戏的方式启发学生，使学生认识到面对同一件事不同的认知会产生不一样的结果，从而使学生认识到，当矛盾产生时，要首先学会“换位思考”。

2. 通过引导，激发学生的责任意识，并在活动中让学生学会“真诚道歉”。

【教学难点】

（1）学生对情绪 ABC 理论的理解和把握。

（2）将所学应用到生活中去。

【教学方法】

活动体验法、案例讨论法。

【教学准备】

课件、纸条、双歧图形。

【教学过程】

1. 热身：拍手游戏

师：同学们，你们能不能用一只手掌拍出掌声来？（有的拍脸，有的拍桌子……）

◎师引导：这些都不是掌声。（有的学生会想到相互对拍）

◎小结：看来一个巴掌拍不响，很多时候矛盾都不是单方面引起的。

◎设计意图

通过小游戏，让学生体会到很多矛盾都是双方引起的。

2. 导课：（视频）

师：让我们来看看下面的视频。

① 此课程由中山市小榄丰华学校钱瑛绮，中山市菊城小学黎琼珠设计。

师：视频中的孩子怎么啦？他们因为什么闹矛盾了？

◎小结：看来生活中的很多矛盾都是因为小事情引起的。

◎设计意图

通过看视频，分析矛盾，让学生体会到很多矛盾都是小事引起的。

3．**写矛盾**

师：那你们在生活中有发生类似的矛盾吗？当时是怎样的？请把它写下来。（不用写自己的姓名，涉及其他人的姓名可以用代号表示）

师：写完的同学投到矛盾箱子里。

◎设计意图

通过写自己经历过的矛盾，能让学生联系实际，可以让他们回忆矛盾发生的起因、经过和结果。

4．**案例分析：**

师：看来，这些小矛盾还真是困扰了我们好些同学啊！你知道该怎样化解吗？这节课，我们就一起来探讨一下！（板书：我能化解小矛盾）

师：我们先来看一个小故事。

◎案例：体育课上，同学们在跑步，小刚一不小心把小明撞倒在地，小刚感觉很不好意思，慌忙要去扶小明，没想到小明竟然破口大骂："你没长眼睛啊，为什么撞我！"

师：故事就讲到这里，我们来猜一下，接下来，会发生什么？（引导同学说出好的和不好的两种结局）

师：老师听明白了，我们同学预测了两种结局，一种是好的，一种是不好的。为什么同样一个情景可能会产生截然不同的结果呢？我们一起来分析一下。

◎设计意图

以一个生活中常见的例子引发学生的思考，让学生意识到，同一件事会导致截然不同的结果，引发大家思考是什么导致了不同结果的发生。

5．**双歧图形的启示**

（1）教师准备一张"鸭子"和"兔子"的双歧图形给同学们看。

◎过渡语：这样吧，我们再来做一个游戏，看看在游戏中你能得到哪些启发。老师今天带来了一张神奇的图片，这张图片上画的是什么东西呢？谁想来看一下（先叫几位同学到前边来看，引导他们说出"鸭子"和"兔子"，再给所有人看）

师：其实啊，这只是一张普通的图画，并没有什么魔法，为什么却可以看到不同的东西呢？

生：因为我们看的角度不同。

师：再回到案例中，聪明的你们，谁能说一说：在刚刚的游戏中，你学会了我们该如何化解矛盾呢？站在不同的角度上考虑问题，换句话说，也就是——换位思考。（板书：换位思考）

◎设计意图

通过让学生看双歧图形，让同学们，从不同的角度去看同一件事物，会有截然不同的结果。从而引导同学们在发生矛盾冲突时，多从对方的角度去看问题，就容易化解矛盾。

6．**换位思考**

（1）案例中的小明如果只站在自己的角度他会怎么想？（故意撞我，还假惺惺过来扶我）

（2）如果小明能站在对方的角度他又会怎么想呢？（算了，他也不是故意的，何况他都过来扶我了）

（3）案例中的小刚如果只站在自己的角度他会怎么想？（真是蛮不讲理，我又不是故意的）

（4）小刚如果能站在对方的角度，他又会怎么想？（怎么说都是自己先把别人撞倒，他生气也是可以理解的）

◎小结：如果我们能多站在对方的角度想一想，用正确的方式去处理，那很多矛盾都可以迎刃而解！

◎设计意图

ABC 情绪理论是说事件 A 发生，产生一个结果 C，导致结果 C 产生的真正原因并不是这件事 A 本身，而是对这件事的认知 B。具体而言就是说，同学之间产生矛盾的真正原因并不是诱发事件，而是对这件事的看法。所以要减少矛盾的产生，首先要教会孩子改变自己的认知，多从别人的角度考虑问题。

7．**真诚道歉**

师：同学们，在发生矛盾的时候，我们除了要多从对方的角度考虑问题外，我们还需要做些什么呢？

师：这样吧，我们先来做个游戏，在游戏中体会下，我们该怎么办？

◎游戏规则：（1）游戏需要六个人。

（2）六位同学面向大家站成一排，按老师的口令做动作。

（3）口令：①代表向左转。
②代表向右转。
③代表向后转。
④代表向下蹲。

师（面对 6 位同学）：同学们，你们六个人现在就是一个团队，你们将面临一个艰巨的任务，那就是按照老师的口令做动作，并且一定要做对，做错了，将连累大家一起受罚，知道吗？

师：好，那我们开始游戏！我们先来试验一下，1、2、3、4……准备好了吗？好，那我们正式开始！

师：唉，这位同学，你错了，请你出列。（面向其他5人）由于你们队友的失误，你们将接受惩罚，惩罚就是做20个起立蹲下。

师（面对做错的同学）：这位同学，由于你的失误，导致你们组的同学受到了惩罚，此时此刻你的心里一定不好受，那现在你最想对他们说点什么呢？

生：对不起，我连累大家了。

师：其他同学，你们接受他的道歉吗？（接受）如果接受并原谅他的请给他一个拥抱。

师：真是一群善解人意的好孩子啊！眼看一场矛盾即将爆发，正因为这个同学真诚的道歉，及时化解了矛盾。

◎设计意图

当矛盾发生之后，最需要也是孩子最不善于做的就是真诚的道歉了，这个环节通过游戏，在轻松的氛围中教会孩子道歉。

8. **沙场实战**

师：同学们，课讲到这里，我们已经探讨出了化解矛盾的两大绝招，那就是——换位思考和真诚道歉！除了这些，你们还有哪些化解矛盾的妙招呢？（同学们进行头脑风暴，教师板书。）

师：请每组同学轮流上台抽取一张课前同学们写下的矛盾事例纸条，并在下面写上解决矛盾的宝贵建议。

◎设计意图

让学生通过头脑风暴想出更多解决矛盾的好方法。通过给别人发生的矛盾写建议可以让他们把课堂中学到的解决矛盾的方法运用到实际当中帮助其他同学解决矛盾。

9. **总结**

孩子们，在我们的学习生活中，不可避免地会有很多冲突，我们要多从对方的角度考虑问题，学会换位思考，学会真诚地说对不起。这样，才能让我们的校园生活更加温馨幸福。

（三）第三课时　感恩有你[①]

【设计理念】

我们活在这个世界上，需要朋友的相互搀扶与帮助。朋友会给我们带来真挚的友谊，在学习和生活中给予我们真诚的关心和鼓舞。让学生常怀感恩之心，懂得感恩周围的朋友，他们才会更加珍惜朋友对他们的支持与帮助，更加珍惜身边来之不易的友谊。本课通过活动体验，让学生体会朋友间的支持与帮助，懂得感恩为自己默默付出的朋友，懂得珍惜来之不易的友谊。

【教学目标】

认知目标：认识到朋友间的支持和帮助是相互的。

能力目标：提高学生对他人的支持与帮助的感知能力和感恩能力。

情感目标：感受朋友间的支持与帮助，感恩朋友给自己付出的点滴。

【教学重点】

体验支持与被支持，感恩他人的支持与帮助，提升归属幸福感。

【教学难点】

创设情境体验，让学生自主分享、坦诚交流。

【教学方法】

活动体验法、故事法、书写法。

【教学形式】

心理健康教育团体培训。

【教学场地】

团体心理教学活动室。

【教学准备】

活动道具：感恩纸若干，每个同学准备一支笔，带上上节课所写的矛盾解决建议条。

多媒体设备：手提电脑、麦克风、音响；课前准备：全班围成一圈。

【教学过程】

1. 感恩天使行动（10 分钟）

◎操作流程：（1）请天使找到自己的主人，并把手搭在主人的肩上，围成若干个圆圈。

（2）天使为主人捏捏肩、捶捶背、拍拍肩（天使要尽量让主人感到舒服，主人也要仔细体会天使带给你的感受）。

（3）一分钟后主人转身，反过来替天使按摩。

◎分享讨论：（1）请你回忆一下，在这两周里，你的天使曾为你做过什么？付出过什么？你内心的感受是如何？

---

① 此课程由小榄镇菊城小学黎琼珠设计。

（2）你觉得为你服务的天使表现怎样？如果你满意的，请用你的方式去感谢他。（可以是握手、可以是真诚的道谢，也可以是拥抱）

◎小结：在我们的人生当中，我们需要朋友的支持和帮助，同时别人也需要我们的支持和帮助，希望在人生道路上我们能携手并肩，团结友爱。

◎设计意图

揭晓第一节课中"主人和天使"活动中为主人服务的天使谜底，通过简单的肢体接触，拉近主人与天使之间的距离，体会付出与回报的感悟。

2．**感恩真诚的建议（8分钟）**

◎过渡：但在朋友的相处当中，我们难免会发生一些小摩擦，我们的小伙伴给我们想了什么好建议呢？

◎操作流程：（1）请同学们把上节课写的解决矛盾建议条放在自己的凳子上。

（2）请所有同学找回属于自己写的矛盾纸条，并回到自己的位置上坐好。

（3）看看是哪个小伙伴给自己写了建议，并用心看看他写了哪些好建议。

◎分享讨论：一天早上，小芳上学太匆忙，刚吃完早餐没把脸擦干净，嘴巴旁边还留有早餐碎。上学时很多同学看到了都在偷笑，只有小芳的好朋友，小莹看到了，悄悄告诉她："你脸没擦干净。"并给小芳递上纸巾。

师：你觉得真正的朋友应该是怎样的？那我们应该怎样对待朋友的真诚建议呢？

◎小结：朋友就像我们生活中的一面镜子，他们会适时地指出我们需要改进或注意的地方。请感恩朋友给我们的真诚建议，因为它能让我们变得更好。

◎设计意图

通过同伴给的真诚建议，掌握解决矛盾的多种方法，并学会感谢提出建议的朋友。

3．**感谢一路有你（15分钟）**

◎过渡：同学们，你有自己最要好的朋友吗？当你开心的时候你最想跟他（她）一起分享，当你有烦恼的时候你会找他（她）倾诉，你会时常找他一起玩、一起聊天。

◎操作流程：（1）请同学们找到自己的好朋友，两人一组排队。

（2）给每一组同学发一个眼罩，请其中一人先戴上眼罩，另一人做搀扶者，护送戴眼罩的人通过障碍。

（3）互换角色，带眼罩的同学把眼罩取下来给另外一个同学戴上，自己体验做搀扶者护送朋友通过障碍。

◎分享讨论：（1）你感觉搀扶者护送得怎样？

（2）作为搀扶者，你当时心里是怎么想的？

（3）请给对方一个拥抱感谢他们一路的搀扶与保护。

◎小结：在困难面前，正因为有了朋友的陪伴，我们不再彷徨，不再害怕。因为一路有你，我们变得更加勇敢和坚强。

◎设计意图

通过自由组队的形式，让同学们找到自己的好朋友，通过盲人过障碍的游戏，让同学们体会到朋友间相互扶持、相互帮助的重要性，并让他们懂得感恩。

4. **感恩心语（5分钟）**

◎过渡：同学们，此时此刻，你最想对谁表达内心的感谢呢？

◎操作流程：（1）给每个同学发感恩卡。

（2）请同学们在感恩卡上写下你想对朋友说的心里话。真诚地表达你对他（她）的感谢。

（3）请送给自己最想感谢的人。

◎设计意图

让同学们回忆朋友对自己曾经的帮助与付出，并通过写感恩心语，表达自己对朋友的感谢。

5. **歌曲升华（2分钟）**

（1）全班围圈，手拉手，齐唱歌曲《朋友》。

◎小结：我们能在茫茫人海中认识，能够在一起学习和生活，并能成为朋友，其实就是一种缘分，让我们一起好好珍惜这份缘分！

◎设计意图

通过齐唱《朋友》这首歌，达到感情升华。

三、 教师支持

（一） 第一课时　我的发现①

【设计理念】

本节课可以说是一节实践课，学生实践后进行全班的报告会，只是因为由心理老师负责，所以把其纳入到专题课中。此课的设计主要是想让学生通过“我是谁”活动让学生认识自己，每天进行内化，对自己进行积极的心理暗示，慢慢地提升学生的正能量。“我的老师”报告会，让学生调查自己认为严厉与慈祥的老师，让其发现老师的不同特点及全面认识老师。

① 此课程由中山市实验小学刘秀银设计。

【教学目标】

认知目标：认识自己，了解老师。

能力目标：懂得内化“我是谁”，会重新看待老师。

情感目标：增进对老师的了解，促进认识，拉近距离。

【教学重点】

懂得内化“我是谁”，会重新看待老师。

【教学难点】

全面了解老师。

【教学形式】

实践课。

【教学准备】

学生做好“我是谁”卡片，完成“我的老师”调查表，做课件。

【教学过程】

1. 学生内化“我是谁”

（1）老师协助学生上台演示。

①以小组为单位，整个小组上台演示内化。

②其中一位学生大声背出“我是谁”卡片的内容，其他三人把手放在背的这位学生的背上，给予支持并大声喊出：你是……（名字），你是宇宙同一生命力的独特显化，你是一个……（6个正向的形容词）的人。

③这样方式反复操作几遍，直到那位学生能脱口而出“我是谁”。

（2）各小组自己进行演练。

（3）老师随机点某个小组上台展示。

（4）“我是谁”卡片贴在各自的桌子右上角，方便学生背。

◎设计意图

学生通过“我是谁”活动让学生认识自己，教会学生内化的方式及小组内内化的方法，让学生感受来自同学的支持，为感受教师支持做基础，同时要求学生每天进行内化，对自己进行积极的心理暗示，慢慢地提升学生的正能量。

2.“我的老师”报告会

（1）老师找一个学生分享其采访老师的结果与收获。

（2）各小组派代表上台分享采访老师的结果与收获。

（3）引导学生分享各自内心的感受与收获。

◎设计意图

学生通过"我的老师"报告，让学生重新认识老师，对自己认为严厉或慈祥的老师有个重新的认识，同时在采访老师的过程中，发现每个老师都有其对学生的爱，从而拉近学生与老师的距离。

（二）第二课时　假如我是老师[①]

【设计理念】

学生与教师的交往过程中，有时因为不能站在对方的角度去看问题，学生对老师有一些误解或偏见，让学生站在老师的角度去理解老师，消除一些不必要的误会，正确对待师生关系就成为不可缺少的一课。

【教学目标】

认知目标：知道老师也有自己的不易。

能力目标：会站在老师的角度理解老师。

情感目标：体会老师的处境和感受。

【教学重点】

通过换位思考，体验老师角色。

【教学难点】

让学生进入老师角色，设身处地理解老师。

【教学形式】

心理健康教育课。

【教学准备】

请一位同学配合表演案例；课前调查"老师的一天"；制作课件。

【教学过程】

1．游戏导入：老师拍　学生拍

（1）老师示范动作。（边说边做动作）

（2）学生跟着老师做。

（3）全班快速做。

◎游戏节奏：头拍拍，肩拍拍；头拍，肩拍；头肩拍拍。
小猫拍拍，小狗拍拍；小猫拍，小狗拍；小猫小狗拍拍。
老师拍拍，学生拍拍；老师拍，学生拍；老师学生拍拍。

---

① 此课程由中山市东区朗晴小学雷小云，中山市实验小学刘秀银设计。

◎设计意图

用游戏的方式，激发学生的兴趣，使学生快速进入课堂的状态。

2. 假如我是老师

◎过渡：同学们，刘老师在我读三年级的时候，因为受启蒙老师的影响，当时心中就想长大后我要当一名老师，一位让每个学生都喜欢的老师。我还写一首小诗，可只写了个开头就没再写下去了，你们来帮刘老师完成，好吗？

（1）老师自己读“假如我是老师”。

假如我是老师

假如我是老师，
我会对学生十分耐心，绝不批评他们；
我会……

（2）让学生接着完成。

◎设计意图

激发学生的兴趣，老师通过学生的回答判断学生对老师的看法，寻找师生关系的问题所在。

3. 体验感受：“老师”的抉择

（1）角色扮演一。

◎过渡：孩子们，如果你们做老师，一定是一位完美的老师。假如你们有一位学生小王，当你们之间发生一些事情的时候，看看你们会怎么处理？

①学生进行角色扮演：小王学习成绩往往在60分左右，很爱捣乱，今天他又在课堂上欺负同桌，你叫他站起来，批评他，他还跟你顶撞。

②作为老师，你会如何回应？（任何一个学生都可以进行回应）

◎讨论分享：谁来说说作为老师，你刚才的心情？你希望你的学生小王怎么想？

◎小结：刘老师非常欣赏刚才各位同学的真诚表达，把自己的感受及想法都坦诚地与大家分享，我们学会站在老师的角度去看学生上课的表现。

（2）角色扮演二。

老师事先准备好的学生配合表演：又一次，小王在自习课上不仅不做作业，还撒谎、打扰别人。一开始老师耐心地批评，小王假装点头；可老师一离开，他又去欺负别人。老师又把他叫来，他承认错误，表示一定要悔改。可过不了几天，老毛病又犯了。

◎讨论分享：假如你是老师，你会怎么办？（老师故意把学生平时的想法说出来：我不喜欢老师告诉家长啊！我就是管不住自己嘛！老师应该多给一些宽容给我的！）当你们用刚才说的那些方法的时候，你希望小王怎么想？

（3）角色扮演三。

可小王却没有像你们说的那样，相反，他开始讨厌老师，慢慢地，甚至开始讨厌这位老师所任教的科目，学习也越来越差。

①学生表演。

②作为老师，你会怎么想？你建议小王怎么做？

③学生讨论后回答，老师小结。

（4）角色扮演四。

慢慢地，小王越来越优秀，老师也常常表扬他。可是，有时候老师没有总是请他回答问题，或者表扬没有以前多的时候，他会有点难过。

①学生表演。

②假如你是老师，你希望小王怎么做？

③学生讨论后回答，老师小结。

◎设计意图

用连续剧的方式，让学生进行角色扮演，使学生能够真切地感受老师的感受，理解老师，同时反思自己的行为。

4．解决问题：老师的烦恼

（1）老师的一天。

①各小组汇报调查结果。（老师每天需要做哪些工作？）

◎讨论分享：你发现了什么？有什么收获？

（2）老师接着补充学生不知道的，生活和工作中的一些压力。

◎小结：非常欣赏同学们观察得很仔细，你们发现老师和你们的父母一样，是人不是神，可能有时对你们粗暴了一些，但他们只有一个共同的目的，就是希望你们能好好学习，将来有一个好的前途。

（3）老师的烦恼。

◎过渡：老师也是普通人，那请大家猜一猜，老师在生活上、工作上可能会有哪些烦恼呢？

①学生回答。

②学生上台板书。

③找自己可以协助老师解决的。（在黑板上打钩）

④小组讨论：到底用什么办法解决更好呢？

⑤全班分享，并总结方法。

◎设计意图

通过让学生观察“老师的一天”，让学生真实看到、体会、感受老师的不易，更能理解老师，同时提升学生感受老师的能力。

5．结束课程：老师，我想对您说……

（1）老师播放轻音乐，用语言简单描述老师一天的工作状态。

（2）你最想对老师说些什么呢?

（3）学生发言，在美好的氛围结束课程。

◎设计意图

此活动旨在让学生在轻音乐的烘托下，让学生有机会表达对老师的情感。

（三） 第三课时　与老师的美好遇见①

【设计理念】

师生关系影响学生的学业成绩以及健康人格的形成。据调查，100%的学生认为“对自己影响最大的5个人”中一定有“老师”，但是回答“你与同学发生矛盾时，会找老师帮助解决吗?”这个问题，又有85%的学生“不会”。与学生交流中我发现：许多学生既迫切渴望与教师建立平等的、朋友般的师生关系，又难以摆脱对老师权威的遵从甚至害怕的心理，师生在情感上产生了距离。因为与老师缺少思想上、情感上的沟通与交流，有些同学对老师的看法会以偏概全，从而不满意自己的老师，有些同学对老师畏而避之，严重影响了良好师生关系的建立。因此，如何有效地与教师进行沟通是小学高年级学生面临的非常迫切需要解决的现实问题。

本课的教学对象是小学五年级的学生。这些孩子年龄小，阅历浅，处理人际关系的经验较少，容易因为第一印象或者是师生交往的某些经历的感觉作为对老师的主观认识，这给处理师生关系带来了一定的困难。同时，因为老师在某个场合可能对学生严厉点，导致学生以偏概全地看待老师，不能全面地看待老师，有些学生对老师甚至畏而避之，严重影响了良好师生关系的建立。

【教学目标】

认知目标：能认识对老师了解需要全面的眼光，不能以偏概全。

能力目标：师生相处时懂得以主动沟通、开放接纳的状态走近老师，增进与老师的交流。

情感目标：师生交往时学会欣赏和分享，遇见美好的彼此。

【教学重点】

引导学生以主动开放、接纳分享的心态与老师交流交往，更全面地看待老师，营造和谐美好的师生关系。

【教学难点】

引导学生以主动开放、接纳分享的心态与老师交流交往。

【教学形式】

心理健康教育课。

---

① 此课程由中山市实验小学刘秀银设计。

【教学准备】

课前调查；制作课件；打印好相关资料。

【教学过程】

1. **趣味导入：我的第一眼**

◎过渡：今天很开心与同学们上这节课，刘老师与同学们相处已有一年多的时间了，你们还记得对我的第一印象吗？

（1）请学生说出对我的第一印象。

（2）老师回应为什么同样一个我而每个同学看到的不一样？

（3）学生再就此话题进行回答。

◎小结：非常感谢同学们的真实反馈，是呀，同样的一个人，在不同的人眼中有不同的特点，也就是说每个人看人的角度不一，所看到的结果就不一样，而且每个人都是多种特点的。今天我很荣幸地遇见五（2）班的同学，一眼望过去，发现每个同学都是各具特点的，我觉得这是一次有意思的相遇。这节课就让我们一起来遇见老师！（出示课题）。

◎设计意图

激发学生兴趣，初步感受每个人是有多种特点的，同时因每个人看人的角度不一，看到的结果就不一样，引出主题。

2. **真实反馈：我眼中的老师**

（1）我的老师。

◎过渡：现在我们已经读五年级了，请回想一下，在所遇见的老师当中，哪位老师对你的影响最大？这位老师有什么特点？在笑脸这边写下你认为好的特点，在哭脸这边写下你认为不好的特点，你不用说出这位老师的名字，请把老师的特点写在小卡纸上。

①让学生写出对他影响最深的其中一个老师的特点，不说老师的名字，只说特点。

②在左边笑脸处写下自己喜欢的特点，右边哭脸处写下自己不喜欢的特点。

③学生认真写下并全班分享。

◎小结：原来每个老师都有其特点，都是不一样的。

（2）我的老师是________。

◎过渡：你觉得你的老师是什么呢？我们来完成这样一个句子：我的老师是________。把这个句子补充完毕。举个例子：我的老师是小 QQ 糖，因为它有各种味道。

①学生现场补充句子。

②老师随机机智回应。

◎小结：哇，原来在同学们的眼中，老师是这样的学识渊博、幽默风趣、各具特点。有个男生与你们想得不一样，请看，他认为____________（出示 PPT：我的老师是怪兽）他为什么说老师是怪兽呢？让我们一起走进这本绘本。

◎设计意图

学生给老师写特点，让学生再次感受老师的多样性。

3. 学习交流：我的老师是怪兽

（1）绘本片段一：我的老师是怪物。

教师边出示课件制作的绘本边讲故事，学生边看边听。

◎讨论分享：罗伯特认为老师是什么？他为什么认为老师是怪兽？

◎小结：因为柯比老师在课堂上总是重重跺脚，她还大声地说："快点坐好！""在课堂上扔纸飞机的同学不许下课！"罗伯特看到的是柯比老师在课堂上这个环境中严厉的一面，罗伯特就认定柯比老师是严厉的，不近人情的，是个怪物。

（2）绘本片段二：罗伯特会怎么做。

◎讨论分享：继续往下看，看接下来发生什么事？（老师讲故事）小罗吓了一大跳，猜一下，小罗看到了什么？猜一下小罗会如何做？

老师从学生的回答中总结出三种方式：避而不见、假装没看到、主动走过去。

（3）绘本片段三：柯比老师变美丽了。

请两位学生扮演老师与小罗，老师继续讲绘本。老师引导学生思考并感悟。

◎讨论分享：故事讲到这里，你最大的发现是什么？柯比老师变得漂亮了，柯比老师为什么会有这样的变化呢？

◎小结：因为小罗和柯比老师在公园里玩，他看到了柯比老师在课堂外亲切和蔼、有童真童趣的一面，较全面地了解了柯比老师，改变了对柯比老师的刻板印象，小罗看柯比老师的角度变了、心态变了，所以，他觉得柯比老师变漂亮了。

◎讨论分享：我们来看看，小罗和柯比老师做了什么？小罗与老师相处的过程中，你最欣赏他的哪些做法？

◎小结：因为在公园里与柯比老师相遇，小罗主动地走近老师，以开放的态度与老师相处，在与老师的相处中，小罗更全面地了解了柯比老师，他感受到了柯比老师的亲切、和蔼、多才多艺、富有童真等特点，改变了对柯比老师原有的单一、刻板的印象，从而悦纳老师，亲近老师，喜欢老师。

◎讨论分享：为什么小罗和柯比老师都很开心能够遇到对方？

◎小结：原来他们都很感谢这次的相遇，让他们能够有机会全面地了解对方，发现了更美好的彼此，改变了对彼此的刻板印象，改善了彼此的关系。

◎设计意图

通过有趣的绘本，引导学生思考自己的行为，学会多角度地看老师，理解老师，同时学会主动积极地与老师沟通交流。

4. 课程结束：我与老师的美好遇见

（1）我与老师的美好遇见。

◎过渡：小罗和老师的遇见，让他们有了共同经历，发现了美好的对方，发现了美好的自己。这是一次美妙的相遇。在我们的学习、生活中，同学们与老师朝夕相处，师生之间一定发生了很多美好的遇见，可能在课堂内、也可能校园中，可能在运动会上、也可能在文艺表演中，春游、秋游或者是一次街上的不期而遇。谁来告诉我们，你与老师相遇的美好故事？

①播放相关的图片与轻音乐。

②老师用相关的语言进行引导。

（2）我的老师是____________。

◎过渡：刚才听了同学们与老师的美好遇见，感觉到了同学们内心的喜悦，也看到了当下遇见美好老师的你们，也遇见当下美好的自己。如果你是作者，你会给绘本取个什么名字？我的老师是____________。

①学生直接补充句子。

②问学生上课后自己的收获。

◎总结：非常欣赏同学们的精彩分享，我发现老师在大家的眼中发生很美妙的变化，感恩大家让我遇见美好的你们，我相信在这节课里，同学们也遇见了美好的我。谢谢大家！下课。

◎设计意图

学生在美妙的轻音乐背景下，回顾与老师的点滴美好遇见，感受到老师对自己的爱，感受不一样的老师。

5. 附：课前小调查和实践活动

◎课前小调查：（1）请写出你认为对你影响最深的五个人：（可以写名字，也可以写爸妈、同学、老师等）

________ ________ ________ ________ ________

（2）你认为与老师沟通和交往时，最大的困难是什么？

____

（3）你最想怕老师说的几句话：

____

（4）你最怕老师做的动作或表情（请描述）：

____

（5）如果你在学习中遇到烦恼时，你会主动寻求老师的帮助吗？（会　不会）为什么？

____

（6）当你与朋友发生矛盾时，你会主动向老师倾诉烦恼吗？（会　不会）为什么？

____

（7）你平常跟哪个老师交往较多？你喜欢这个老师吗？

____

（8）你觉得这个老师喜欢你吗？你从哪些地方可以看出来？为什么？

____

（9）你有去注意怎么与老师交往的问题吗？

____

（10）你觉得跟老师交往应注意哪些问题？你能谈谈吗？

____

◎实践活动：（1）我是谁

◎要求：①每个学生写我是谁，要求有6个正向的形容词。（如：我是刘秀银，我是宇宙同一生命力的独特显化。我是一个热情、开朗、好学、向上、孝顺、善良的人。）

②做成自己喜欢的卡片，贴在桌子的右上角。

③学生每天进行内化，上心理课时心理老师给学生内化。

④操作方式：班主任利用班会、思品上课时进行全班内化。上心理课时，心理老师也与学生一起内化“我是谁”。（负责人：班主任、心理老师）

2. **一家之言**

◎要求：①名言警句，也可以是本班学生自己写的。

②写在黑板的右上角。

③每天每节上课前，在班长的带领下全班齐读，例表见表3－1。（负责人：班主任）

表3－1　中山市实验小学“一家之言”登记表

周数	内　容	出　处
10	每天告诉自己：我真的很不错	学生
11	让别人因为我的存在而感到幸福	网络
12	人之所以能，是相信能	班主任

（3）采访你的老师

◎要求：①每人采访两位老师，一位是比较慈祥的，另一位是比较严厉的。

②每人完成后，用心写下自己的感受与收获，可以是简单的一句话。

③采访你的老师。（负责人：心理老师）

小学时

最喜欢的书：____________。

最喜欢看的电影：____________。

最喜欢听的歌：____________。

最感得意的事：____________。

最大的遗憾：____________。

最大的愿望：____________。

最崇拜的人：____________。

一生中

最喜欢的书：________。
最喜欢看的电影：________。
最喜欢听的歌：________。
最感得意的事：________。
最大的遗憾：________。
最大的愿望：________。
最崇拜的人：________。
老师最想对我说的话：________。
我最想对老师说的话：________。
我的收获：________。

（4）给老师的一封信。

◎要求：①学生以周记的形式写，可以是对老师感谢或建议等。

②题目自拟，形式不限，字数不限。

③班主任适当给予学生回应。（负责人：班主任。）

四、 学业成就

（一） 第一课时 学习真有趣①

【设计理念】

真正的学习是愉快的，当快乐的心情不存在时，学习的自我动机水平和效果都会大打折扣。随着学习难度的加深，大多数学生常常会因为学习受挫而感受不到学习的乐趣。积极心理学认为：相信每一个学生都是喜欢学习的，让学生保持学习的愉快的情绪体验是激发学习动机的有力措施，也是提升学业成就感的重要途径。本节课通过活动让学生感受到学习是一个快乐的旅程，通过现场重新体验学习新知的快乐，重温学习旅程中的点点滴滴快乐的体验，增强其积极的学业情感，提升学业成就感，进而提升学校幸福感。

【教学目标】

认知目标：认识到学习的意义与乐趣。

能力目标：努力做到快乐地学习，学会在学习中解决困难。

情感目标：保持学习的愉快的情绪体验，喜爱学习。

【教学重点】

努力做到快乐地学习，学会在学习中解决困难。

【教学难点】

体验学习的乐趣。

---

① 此课程由中山市东升镇东方小学马先敏设计。

【教学形式】

心理健康教育活动课。

【教学准备】

制作课件、学习任务卡。

【教学过程】

1. 快乐拍手，热身互动

（1）改编音乐《学习拍手歌》。

如果学习快乐你就拍拍手（踩踩脚/伸伸腰/挤挤眼）；
如果学习快乐你就拍拍手（踩踩脚/伸伸腰/挤挤眼）；
如果学习快乐就快快拍拍手呀（踩踩脚/伸伸腰/挤挤眼）；
看哪大家一齐拍拍手（踩踩脚/伸伸腰/挤挤眼）。

◎思考：唱歌的时候，心情如何？你觉得学习快乐吗？

◎设计意图

通过歌曲《学习拍手歌》，愉快导入课堂，也为接下来感受学习乐趣做铺垫。

2. 任务挑战，快乐体验

◎活动：学习任务大挑战（记忆闯关、朗读闯关、脑力闯关）。

◎要求：①4 人小组合作完成。

②可借助学习秘籍的帮助。（限时 6 分钟。）

◎活动后分享：①你顺利完成任务了吗？

②请分享接到学习任务和活动结束时候的心情？

③对这个活动，你的感受是？

◎设计意图

通过小组合作学习新知识或新技能，真真切切体验学会新知的快乐，让大部分同学拥有一次学习是吸取知识、掌握技能、提升自我的快乐过程的愉快体验，回到学习的本质上来看学习。

2. 重温美好，快乐留存

（1）你有过这些“曾经”吗？（背景音乐：《心灵地图》。）

曾经对学生有着特别的向往，背着书包上学学习是快乐的事！

曾经专心致志地看完一本书。

曾经自己解出一道难题，心中充满了自豪。

曾经在自己的努力下，学习成绩有了很大的进步。

这些“曾经”你体验过吗？

（2）书写我的快乐学习体验。

从幼儿园到现在，你一定有过快乐的学习体验，现在请你回忆你在学习中体验到的快乐，并将它们记录下来。

◎设计意图

快乐的学习体验可以强化学生的积极的学业情感，让学生在冥想中重温曾经点点滴滴的学习快乐体验，再次激发学生的自我探索，发现学习的乐趣，保持学习的愉快体验。

3. **快乐升值，意义延伸**

◎导入：“知识就是力量”是培根的一句经典名言，也有人说知识能创造财富，拥有了那么多快乐的学习体验，学习了新知识，掌握了新技能，又会带来什么呢？请大家欣赏故事《一条线的价值》。

20 世纪初，美国福特公司的一台电机出了毛病，为了减少损失，需要在不停机的情况下把毛病找出来。公司里的技术人员怎么也找不出毛病在哪儿，最后，只好到外面请来了流落到美国的原德国技术专家斯坦门茨。

斯坦门茨在电机房躺了三天，听了三天，要了一架梯子，一会儿爬上去，一会儿爬下来，最后在马达的某一个部位用粉笔画了一道线，并说：“打开电机，在记号处把里面的线圈减少 16 圈。”人们照办后，毛病果然消除了。

经理问斯坦门茨要多少酬金，他说要 1 万美元，并开了个清单：画一条线 1 美元，知道在哪儿画线 9999 美元。福特公司不但照价付酬，还诚邀他到公司来工作。斯坦门茨说：“原来的公司对我很好，我不能见利忘义。”福特说：“我把你所在的公司都买过来就是了”。最后福特公司重金聘用了斯坦门茨。

◎小结：是的，知识能创造财富，让我们快乐学习，用学到的知识与技能创造美好的生活。

◎设计意图

这是一个知识就是力量，知识创造财富的真实小故事，让学生在赏析故事之余，感悟知识的重要性，体悟学习的意义，留下“学习既快乐又有意义”的深刻印象。

4. **分享感悟，结束课堂**

通过这节课，我认为学习真__________，因为__________。

◎设计意图

通过自我分析和总结，再次强化保持学习的愉快体验，让学生喜爱学习，有利于巩固本节课的辅导效果。

（二）第二课时　我的学习动力气球[①]

【设计理念】

大量的研究证明，非智力因素对学生的学习有十分重要的作用，而动机在各种非智力因素中又处于核心地位。无论在小学、中学还是大学，学业动机与学业成绩之间存在着明显的正相关。小学生的学业成绩是影响其学业成就的重要因素，然而，学习动机水平低是学业不良学生普遍存在的问题，他们在学习态度、动机、意志以及自我意识方面存在较多的障碍，他们的能力更多为学习动机的不足所抑制。如何调动这类学生的学习积极性，帮助他们树立积极的自我概念，激发学习动机是一个关键。

自我决定理论是美国心理学家德斯和雷亚在认知理论的基础上提出的，强调了人类行为的自我决定程度，将动机按自我决定的程度的高低视作一个连续体。其中，自主需要（autonomy）是指个体在活动中能自主支配自身行为的需要，即给予他们适当的选择权利。当学生发现所学东西的个人意义时，其学习的积极性就会更高，学习就会更加主动。如果能够让学生对目前的学习做出自主性的选择，满足他们的自主需要，就有利于激发他们的学习动机，减少或者改变学生被动学习的不良局面。

从自主需要的角度出发，本节课重在让学生自主探讨自己的学习动机，对学习做出自主性的选择。学习动机是直接推动和维持学生进行学习的内部动力，它对学习活动有三种作用：（1）激起学生的学习行为；（2）将学生的学习行为引向某一特定目标；（3）维持、增强（或制止、减弱）学习行为。学习动机对学生的学习有着非常重要的作用。学习动机作为一种内部动力，具有方向和大小两个特性。“方向”是指学习目的，即为什么要学习；“大小”是指学习动机的强度

本节心理活动课旨在引导学生认识到学习动机对每个人成长的重要意义，了解学习动机对学习行为产生的重要作用，能够分辨自己在学习中所受到的是内部动机还是外部动机，进而学会激发自己的学习动机，愿意主动投入学习。

【教学目标】

认知目标：了解到主动、积极学习的重要性，好的学习理由的力量。

能力目标：主动地投入到学习当中，保持学生对学习的积极心态，提升学业成就感。

情感目标：感受到好的学习理由给个体带来强劲而持久的动力。

【教学重点】

主动地投入到学习当中，保持学生对学习的积极心态。

【教学难点】

感受到好的学习理由给个体带来强劲而持久的动力。

【教学方法】

故事法、讨论法、活动法。

---

① 此课程由中山市东升镇东方小学马先敏设计。

【教学形式】

心理健康教育团体教学课。

【教学准备】

乌鸦和天鹅的头饰；教学课件。

【教学过程】

1. **故事导入天鹅和乌鸦**

（1）请两位同学佩戴天鹅和乌鸦头饰扮演情境故事。

在动物学校里，天鹅和乌鸦是同桌。听说外面的世界很精彩，天鹅很想自己去看看，于是，她特别认真学习游泳和飞翔。

乌鸦对她说：你这是何苦呢？学习游泳和飞翔，一不小心就会淹死或摔死的。我们在这里的日子不是挺好的吗，为什么要去经受这些磨炼呢？你也没有必要太用功，马马虎虎应付老师就行了。

天鹅说：我才不要像你这样子呢！每次我通过努力取得成绩的时候，我都会很快乐，为了以后去外面看看，我愿意付出努力。

乌鸦：可是每天不是练习就是考试，没有意思极了，要不是我爸妈送我来学习，我才不来呢！

天鹅：唉，我不想和你说，我继续学习去了。

（2）思考讨论。

①天鹅为什么会每天认真练习游泳和飞翔？

②乌鸦为什么不愿意认真学习游泳和飞翔？

师：同学们，发生在动物学校里天鹅和乌鸦的故事和我们很相似，大家一起在教室里学习，我们有没有想过，每一位同学对学习的理解，学习的目的都不同呢？我们为了什么而学习呢？

◎设计意图

“天鹅和乌鸦”的故事浅显易懂，能够在瞬间唤醒学生的思想，激发他们去思考为什么同样是练习游泳和飞翔，天鹅和乌鸦的表现是不一样的？同时引入主题——我们为什么而学，我们的动力是什么？

2. **心理游戏：我的动力气球**

（1）看气球。

天鹅的动力气球（我要去外面看看）；

乌鸦的动力气球（爸妈让我来学的）；

其他动物的动力气球（为了老师表扬我）。

（学习真有趣）

师：此刻，大家正在靠手中气球的浮力在知识的天空中遨游呢。

（2）画气球。

师：看到这里，你想不想也画一画自己学习的理由？现在请你为自己画上气球，并在上面标上你学习的原因。

（3）找区别。

师：请同学们把这些原因进行分类，看看你学习到底为了谁？（为自己，为家长，为老师……）

（4）涂色。

师：请你把写着“努力学习为自己的”气球涂成红色，把剩下的气球涂成蓝色。

（5）数一数。

数一数你画的气球中有几个红气球，有几个蓝气球？

（6）说一说。

①你手中什么颜色的气球比较多，说明什么？

②小组讨论学习原因，比较自己的学习原因和大家有什么不一样？

◎设计意图

通过心理游戏“我的动力气球”，寻找自身的学习动机，明确学习的目的；通过发现区别，分享不同让学生对自身的学习做出自主性的选择，满足自主的内心需要。

3. 五美分的故事

（1）互动分享五美分的故事。

师：为了让同学们更好地了解内在动机和外在动机之间的关系，以及它们是如何影响着我们做事的，我给大家讲个故事。

> 一群孩子在一位老人家门前嬉闹，叫声连天，很是快乐。几天过去，老人难以忍受。
>
> 于是，他出来给了每个孩子25美分，对他们说：“你们让这儿变得很热闹，我觉得自己年轻了不少，这点钱表示谢意。”
>
> 孩子们很高兴，第二天仍然来了，一如既往地嬉闹。老人再出来，给了每个孩子15美分。他解释说，自己没有收入，只能少给一些。15美分也还可以吧，孩子仍然兴高采烈地走了。
>
> 第三天，老人只给了每个孩子5美分。
>
> 孩子们勃然大怒，“一天才5美分，知不知道我们多辛苦！”他们向老人发誓，他们再也不会为他玩了！

◎思考：孩子刚开始是为了什么而玩？后来又是为了什么而玩？

（2）小组讨论。

①“美分”代表我们学习生活中的什么？

②结合自身实际，谈谈你的学习动机。

◎小结：这个故事告诉我们：①强烈的内在动机可以让我们有持续的动力去做一件事情。②内在动机很容易受到外在动机的影响，而减弱或消失。

◎设计意图

让学生理解内部动机及外部动机的表现及对学习行为的不同影响，学会分辨支配自己完成学习活动的内外动机。

4. 请你来当导演

师：你觉得动物学校里的天鹅和乌鸦在学习遇到困难的时候会怎么办？结果会怎样呢？请你来当导演，设计天鹅和乌鸦遇到困难的表现和最后的结果。

学生小组讨论设计并上台表演展示。

◎设计意图

让学生在了解学习动机的基础上，通过当导演，体验不同学习动机状态下会有不同的学业表现，懂得如何去激发自己的学习动机，达到有效的学习。

5. 吹气球

◎**操作流程**：（1）请三位同学上台，用不同的方式吹气球。

方式一：嘴巴对着气球，不吹气。

方式二：尽力吹，吹到气球饱满停。

方式三：使劲吹气球。

（2）分享小结。

我们可以得出结论：就像吹气球一样，学习动机缺乏或过强都不利于学习效果的提升，只有强度恰当的学习动机才能促进学习。

◎设计意图

通过简单的“吹气球”互动小游戏，让学生认识学习动机的倒U型曲线，体会中等偏强的学习动机最有利于提高学习效率。

6. 小结

（1）通过今天的活动课，你最大的收获或感受是什么？

（2）分享总结。不同的理由带来不同的动力。一般情况下，为自己而学的动力比为别人而学强度大！适度的动力能让我们的学习动力气球飞得越高，让我们放飞学习动力气球，享受学习的快乐。

◎设计意图

分享收获，点明主题，愉快结束课堂，再次让学生感悟认识好的学习理由给个体带来强劲而持久的动力，学会享受学习的快乐。

（三）第三课时　考试君，我们做朋友吧①

【设计理念】

学校心理健康教育的目标是发展和预防，教师应关注学生积极向上的自我力量，让学生对自己、对生活充满希望和乐观，提高学生的自我效能感。考试是学生学习不可或缺的重要环节，也是影响小学生学业成就感的重要因素，引导学生认识到自己的能力，树立应对考试的信心，是提升小学生学业成就的重要措施。本课旨在让小学高年级学生积极认识考试，发掘自己的学习能力，树立面对考试的信心，提升学业成就感。

【教学目标】

认知目标：认识到考试是学习的一个环节，考试也是自我展示与反思的机会。

能力目标：发掘自身应对考试的潜力。

情感目标：体验到自身应对考试及学习的巨大潜力，增强应对考试的信心，提升学业成就感。

【教学重点】

发掘自身应对考试的潜力。

【教学难点】

体验到自身应对考试及学习的巨大潜力与能力。

【教学方法】

活动法、小组竞赛法、书写法。

【教学形式】

心理健康教育团体培训。

【教学准备】

活动道具：装满水杯、回形针。

多媒体设备：手提电脑、课件。

【教学过程】

1. 综合考试，激趣导入

（1）出示趣味考试题目，让学生作答。

①旭日东升。（猜一个数字）

②有口说假话，有水淹庄稼。（打一字）

③算 21 点：3、7、8、5、9

（2）分享感受。

①面对这次特别的考试，有什么样的感受？

②平时经常面对考试君，感受一样吗？

---

① 此课程由中山市东升镇东方小学马先敏设计。

◎设计意图

通过有趣的综合考试，激趣导入考试主题，让学生体验答对的高兴与答不对的遗憾，进而思考我们可以怎么和考试君做朋友，导入课题。

2. 我与考试君的故事

(1) 画出我的感觉。

想起考试或面对考试时的体验，可以是符号，也可以是一种事物。

(2) 认识考试。

小明：我喜欢考试，每次考试都是一次检查与反馈，让我知道前段时间我的学习情况，让我更好进步！

小青：一想到要考试，我就很烦！不考试多好啊。

小华：颁奖的音乐响起时，我觉得好尴尬。第一名的人，兴奋过头，休克送到医院急救，无法领奖。第二名的人，不服气，拒绝领奖。第四名的人，因为不是前三名，没脸领奖。第五名的人说："第四名的人都不领奖了，我也不好意思领奖。"第三名的人真寂寞。明明是一件很快乐的事情嘛！

小明、小青和小华是怎么看待考试的呢？你认同谁的看法，为什么？

◎小结：考试是一次自我展示、自我锻炼的机会，有准备、有能力的人善于把握机会。

◎设计意图

让学生自由画出想起考试或面对考试的体验，让体验形象化，有助于学生分享感受，为接下来的团体活动做好认知的铺垫。

3. 评估资源，发掘能力

(1) 我们现在有多少资源抓住这次机会呢？

如果抓住机会的能力总分是十分，请你评估一下自己，你觉得自己现在的能力有几分？请用斜线在杯子上画出你现在的能力水平。边画边想你有哪些赢得考试的资源。

(2) 画好后交流讨论：你觉得你已经有哪些赢得考试的资源？

(3) 你身上已经有了一些帮助你赢得机会的资源，你还需要拥有哪些资源，才能更好地抓住这次机会？把你希望获得的资源写入资源加油卡，然后把你杯子里的水画满，让我们赢得每次考试。

(4) 交流分享。

(5) 画好的同学可以大声念一念，还可以想象，你的考试资源杯子里注入了哪些资源。

通过对照《资源评估表格》，画“赢得考试资源杯”，让学生评估自己面对考试的资源，增强应对考试的信心。

4. 一切皆有可能

（1）现在请一个同学上来演示一下，谁希望自己的资源多加一点？学生拿起一杯水，边倒边说加了哪些资源，直到加满。

（2）你觉得自己已经加满了水吗，其他同学觉得呢？

（3）请两个学生往杯子里放回形针，其他同学注意水的变化。让同学们猜放回形针的个数。再让同学们数回形针的个数，五个五个数。

（4）老师采访：你们刚才惊奇什么？面对考试你们有什么新的感受？

（5）小结：一杯水，明明看着已经很满了，但却仍能容纳上百个回形针。我们总是习惯性地过高估计我们遇到的困难，而低估自身的潜能。其实，我们身上的潜能无限大。

◎设计意图

通过往水杯放回形针的体验活动，让学生感悟到平时高估了遇到的考试的困难，低估了自己的潜能，体悟到自身潜能巨大，有能力积极面对考试，获得更多学业成就感。

5. 再遇考试君

（1）在你刚刚画出考试感觉的纸上再大大地画一个笑脸，并写上“考试君，我们做朋友吧”，并写上你这节课的感受与收获。

（2）分享总结。

◎心感悟：考试的本质是反馈你的阶段学习情况，给你一个指引。考试，我能行！考试君，我们做朋友吧！

◎设计意图

通过在“我与考试君的故事”图纸上大大地画一个笑脸，并写上“考试君，我们做朋友吧”，强化学生面对考试的信心，提升学业成就感。

五、生活自主

（一）第一课时　兴趣发布会①

【设计理念】

五年级小学生思维方式正在发生改变，开始尝试自己去获取各种各样的知识。学生之间的兴趣爱好也发生了分化。兴趣是最好的老师，它是学生主动学习、积极思维、大胆质疑、勇于探索的强大动力。有同学说，“我没有兴趣”或“我不知道我的兴趣是什么。”可以引导学生从擅长的事做起，当学生去完成“自己擅长做的事情”时，可能会受到外界的称赞、关爱和注意。当这些外部关注转化为内在的个人价值感时，会有相应积极的情绪体验，于是“特长”就可能在一定程度上向兴趣转化。在小学高年级，通过兴趣的培养，能提高学生创造性，树立理想。引导学生发现自己感兴趣的事物，积极培养兴趣，提高幸福感，受益终生。

【教学目标】

认知目标：认识到兴趣有重要意义，让我们生活更快乐，学习更高效。

能力目标：我们擅长的地方可以发展成为我们的兴趣爱好。

情感目标：发现自己感兴趣的方面。

【教学重点】

努力发现和培养自己多方面的兴趣爱好。

【教学难点】

从活动中探究自身兴趣和优势，学会自主学习。

【教学方法】

故事法、讨论法、活动法。

【教学准备】

教学课件、活动纸。

【教学过程】

1．**导入：做游戏，听听看**

（1）请学生在老师说开始后迅速记下听到的内容。内容如下：

①2015 年中华人民共和国总人口达 13.8 亿人。

②目前我国每生产 1 吨纸就要耗费 20 棵大树。如果每人每天浪费一张纸，全国就有 54 000棵大树将化为乌有。

③我们小学将举行艺术之星大赛，时间定在 11 月 8 日。

④这次区春季运动会的时间是 5 月 25 日 8：00，场地定在艺术与体育中心。

（2）请学生读出刚才记录的内容，看谁记得多记得清楚。

（3）讨论：为什么有的内容记不准，但有的记得非常清楚甚至可以复述？

---

① 此课程由中山市东区朗晴小学雷小云、龙雅姿设计。

（4）教师小结：感兴趣或者喜欢的内容，就容易记忆，没兴趣的就记不住，看来兴趣对我们的记忆和学习有一定的促进作用。

◎设计意图

使学生发现感兴趣的事情能让人记忆深刻，由此了解兴趣有重要意义，比如在学习中有促进作用。

2. **展开阶段：寻找兴趣**

（1）请学生找出自己最喜欢的活动，以及坚持这项活动的时间和喜欢这项活动的原因，写出自己兴趣的来源。（老师可以示范自己的兴趣）

（2）兴趣发布会：学生在小组内或和同桌介绍、表演自己的兴趣活动。

（3）评选坚持兴趣活动时间最长之星；兴趣最独特之星；兴趣最广泛之星。

（4）兴趣最独特之星和最广泛之星分享兴趣来源。（小结兴趣来源）

（5）坚持兴趣活动时间最长的同学分享为什么能坚持这么长时间？

（6）帮不明确自己兴趣的同学发掘兴趣。

◎教师小结：同学们都有自己的兴趣爱好，这些兴趣每个人可能不一样，我们从这些活动的体验中收获了快乐。我们的兴趣可能来自好奇心、来自成功的体验、来自他人的赞美或鼓励。

◎设计意图

初步探索自己自身兴趣爱好在哪。使同学感受自己的兴趣状态，体验兴趣的重要作用。

3. **深入阶段——数星星的孩子**

（1）听故事《数星星的孩子》。

（2）小组讨论：张衡成为著名的天文学家，和他从小喜欢观察星星有关系吗？为什么？

（3）分享：你还知道哪些人取得的成就和小时候的兴趣有关？

（4）根据自己目前的兴趣，猜猜20年后自己的职业。

◎教师小结：许多取得伟大成就的人，小时候都有自己的兴趣，并为了培养自己的兴趣爱好努力，最终有了很大的成就，兴趣爱好对未来的成就有一定的促进作用。

◎设计意图

引导学生了解到兴趣爱好指引着张衡成为一个天文学家，了解兴趣爱好和自己未来的人生有一定的关系。

4. **结束阶段——拓展与小结**

（1）制作兴趣思维导图：如何深入发展兴趣？可以作何努力？

（2）教师总结本节课的重点内容，强调兴趣有重要意义，鼓励学生在生活中多多体验，培训兴趣，坚持兴趣。

◎设计意图

探寻深入发展兴趣的途径，总结重点。

（二）第二课时　做时间的主人[①]

【设计理念】

知道自己喜欢的事情是什么，却迟迟不去做，觉得时间不够用，很大可能是时间规划的问题。“拖延症”“懒癌晚期”“晚睡强迫症”等各种流行“症状”出现时，都在提示着我们在时间规划上出现了问题。目前在小学高年级阶段，经常会出现学生作息时间安排不合理的情况，有些学生意识不到时间的宝贵，或不知道如何管理自己的时间。本课程抓住“学会珍惜时间，有效利用时间”这一关键点来设计，期望学生在活动中学习领会时间具有不可变性、无存储性和无可替代性，从而激发学生珍惜时间的动机，培养时间管理的意识和方法。引导学生学会科学管理时间的方法，对于提升学生在生活自主方面的幸福感是很有意义的。

【教学目标】

认知目标：了解时间的特点以及自己不合理的作息安排，认识科学管理时间的方法。

能力目标：初步掌握科学管理时间的方法，学会合理分配学习与休闲娱乐时间。

情感目标：体会时间管理对学习生活的重要意义。

【教学重点】

理解珍惜时间的意义。

【教学难点】

尝试合理安排时间，兼顾学习与休闲娱乐。

【教学方法】

故事法、讨论法、活动法。

【教学准备】

制作课件、大小不同的积木、瓶子 2 个。

① 此课程由中山市东区朗晴小学雷小云、龙雅姿设计。

【教学过程】

1. 导入：朗读《明日歌》和《今日歌》

今日歌

文嘉

今日复今日，今日何其少！今日又不为，此事何时了？
人生百年几今日，今日不为真可惜！
若言姑待明朝至，明朝又有明朝事。
为君聊赋今日诗，努力请从今日始。

明日歌

文嘉

明日复明日，明日何其多。我生待明日，万事成蹉跎。
世人若被明日累，春去秋来老将至。朝看水东流，暮看日西坠。
百年明日能几何？请君听我明日歌。

◎思考：①读完后有什么感觉？

②为什么会有这样的感觉？平时你是怎么做的？

◎设计意图

通过诗歌引导学生体会时间的珍贵，引出本课主题——时间。

2. 时间银行

（1）教师：想象有一家银行，每天早上都在你的账户里存入 86 400 元，可是每天的账户余额都不能转到明天，每晚 12 点以后就会把你当日未用尽的款项全部清零，你会怎么做？

（2）学生小组讨论与分享。

（3）师总结：大家都选择每天把 86 400 元取出来花干净，老师也是。

（4）其实我们每个人都有这样一间银行，它的名字是“时间”，每天早上“时间”银行总会在你的账号里自动存入 24 小时，即 1 440 分钟，也即 86 400 秒，一到晚上，它也会自动把你当天虚度的光阴全部注销，你也不能提前预支明天的时间。你有何启示呢？

（5）学生小组讨论和分享。

◎教师小结：时间具有不可变性、无存储性和无可替代性。我们应该学会科学合理地支配它。

◎设计意图

以银行来比喻时间，使学生形象地体会到时间一去不复返的特点，学生活动体验的过程就是学生思考和顿悟的过程。

3. **小实验：先做重要的**

（1）面对等量的积木，分两组同时进行实验。

（2）一组同学把所有积木按照从小到大的顺序放到瓶子里，另一组同学把所有积木按从大到小的顺序放到瓶子里。

（3）观察思考：哪组能装下最多的积木？如果将瓶子比作有限的时间，把积木比作事情，你有何启示？（学生讨论、分享）

◎教师小结：先做急迫的、重要的事情，后做不急的、相对不重要的事情。不把大量的时间浪费在不重要的琐事上。

◎设计意图

从具体实物的操作中体验时间管理的意义，思考管理时间的方法：先做最重要的事。

4. **科学安排时间：专时专用、统筹安排**

（1）小美的烦恼。

放学后，小美做作业用三个多小时，她一边做作业一边整理书包，而同样的作业小丽只用了四十分钟（专心致志），你从图中发现什么问题？

◎小结：一心一意的做一件事情，不一心两用，而是专时专用，就是科学管理时间的一个方法。

（2）小蓝的困惑。

小蓝每天早上起床后要做很多事情，她经常因为迟到被老师批评。

◎思考并分组讨论：①小蓝安排的合理吗？为什么呢？

②你能帮她出出主意吗？

◎小结：哇！我们又找到了科学管理时间的另外一个方法——统筹安排。把互相不会影响的几件事放在一个时间做，可以节省很多时间，提高效率。

◎设计意图

通过生活中常见的例子，让学生在帮他人出谋划策的过程中发现：专时专用、统筹安排，可以更好地管理时间。

5. **生活的馅饼**

对于我们学生而言，每一天的生活可以大致分为九个部分：睡眠、学校学习、课外补习、家庭学习、与朋友玩耍、做些家务琐事、独处（阅读、玩等）、与家人共处（包括吃饭时间）、其他。

如果把一天24小时比作这样一张生活的“馅饼”，那么你将如何切割这张“馅饼”，用于不同的活动呢？试着勾画出一日生活“馅饼”图。

学生可以讨论，然后设计制作、展示分享。

◎设计意图

让学生对自己平时的一天做出规划，尝试将前三个环节体验和学习到的时间管理方法应用于自己实际的生活。

◎教师寄语：时间是最平凡的，也是最珍贵的；金钱买不到它。时间是构成一个人生命的材料。每个人的生命是有限的，同样，属于一个人的时间也是有限的，你如果把时间浪费掉了，怎么去体验生活中的酸甜苦辣呢？我们一直在成长，总有长大的那一天。不要在老了之后再后悔以前都没做有意义的事情。让我们携起手来珍惜这宝贵的时间，好好利用我们的每一天！

（三）第三课时　坚持坚持再坚持①

【设计理念】

良好的意志品质，包括果断性、自觉性和坚持性等方面，坚持性表现为长时间，坚信自己决定的合理性，并坚持不懈地为执行决定而努力。具有坚持性的人在困难面前不退缩，在引诱面前不动摇。本课程依据小学生坚持性的特点，引导学生坚持学习有兴趣的东西，在主客观上坚持克服各种困难，养成做事持之以恒的良好品质。

【教学目标】

认知目标：了解坚持品质，了解自己的意志力状态。

能力目标：磨炼遇到问题时的坚持性，学会促成坚持的方法，培养坚持的习惯。

情感目标：理解坚持对成功的重要意义，树立面对苦难时坚持不懈的精神。

【教学重点】

引导学生掌握坚持的方法。

【教学难点】

在日常生活学习中坚持自己的兴趣爱好和特长。

【教学方法】

活动法、故事法。

【教学准备】

课件。

【教学过程】

1. 导入：体验坚持

请同学一起来进行小组平板支撑的竞赛，PPT 出示计时器，请每位同学记录好自己坚持的时间。

2. 棉花糖实验

（1）播放视频——棉花糖实验。（内容：一群小孩子作为实验对象，实验人员给实

① 此课程由中山市东区朗晴小学雷小云、龙雅姿设计。

验对象一颗棉花糖，要求他们在一个房间里等待一定时间，不能把棉花糖吃掉，如果在规定时间里，小孩子抵制了诱惑，没把棉花糖吃掉，就可以再奖励给他们一颗。)

（2）提问：同学们，请你们描述一下，视频中能成功抵制棉花糖诱惑的小孩子有怎样的表现，说说这些表现分别属于什么方法？

（3）根据学生的回答小结：转移注意力、后果联想法、他人奖赏……

（4）教师小结：在我们坚持兴趣活动的路上，有时会觉得枯燥乏味，有时会觉得辛苦不易，有时会觉得其他事情好玩得多，当我们想要松懈甚至放弃的时候，想想这些孩子，想想自己的目标，坚持下去。

◎设计意图

通过观看世界著名的“延迟拖延”的实验视频，让学生领悟到先苦后甜甜更甜，学习一些抵制眼前诱惑的方法，坚持做最有意义的事情。

3. 小鸟折翅，路遇挫折

（1）聆听故事，感悟坚持。

教师：每个人的兴趣发展之路上，都会遇到这样那样的挫折，有些挫折，是我们无法控制的，是不可避免的，但是有些挫折，我们是可以掌控的，对待挫折的态度不同，结果会有何不同呢？下面我们来听听两个真实的故事。

故事一，有一个小男孩为了参加跆拳道比赛获奖，每天放学后练习，老师觉得他非常有天分，表现也很突出。但是在一次参加正式比赛时，因发烧身体不舒服，未取得名次，然后他就退出跆拳道兴趣班再也没有练习过跆拳道。

故事二，另外一个十岁的小男孩儿也是跆拳道兴趣班的，多次参加比赛从未取得名次，但是他从不气馁，越挫越勇，仍然每天练习，请教老师，自己钻研，一年后在一次比赛中第一次获得了第三名。

◎学生讨论：故事中的两个男孩，对待挫折的态度有什么不同？结果有什么不同？

（2）我的挫折。

小组讨论，在兴趣发展之路上，印象最深的一次挫折或失败是什么？当时你的心情怎样？你放弃了吗？你是如何坚持的？

◎全班分享

教师：我们每个人都有努力的目标，但这些努力遇到障碍或失败时，我们就有一种受挫的感受，这些都是很正常的，关键是看我们怎么对待它。

◎设计意图

转变学生看待挫折方式，激发学生越挫越勇的勇气和信心，战胜坚持兴趣活动之路上遇到的挫折。

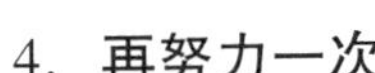

4. **再努力一次**

小象刚被抓到动物园，野性驱使他乱跑乱撞。管理员用小木头圈绳子固定他。小象一次一次的挣扎，挣扎了一个月...... 小木头丝毫不动，小象力不从心，绝望放弃抵抗。几年过去，小象变成了大象，可小木头依然是小木头。我问管理员：“你就不怕大象跑了吗？大象只需要稍稍用点力，便能挣脱枷锁？”管理员说：“他已习惯了，再也不相信自己可以战胜小木头，所以根本不会跑。”

（1）学生分享感受。

（2）有没有一件事情，是再努力一次就可以好转的？

◎设计意图

让学生在故事中领悟，过去的经验有时候会束缚我们，就算之前一直失败，也许只要再坚持一次就可能成功。

5. **团体结束阶段：体验坚持**

请同学一起来进行平板支撑的竞赛，PPT 出示计时器，每位同学记录自己本次坚持的时间，并与导入环节的时间相比较。

◎思考：时间有何变化，为什么会有此变化？

◎设计意图

在之前的环节学习了坚持的重要意义后，体验坚持给自己带来的明显进步，增加成功体验，进一步巩固培养坚持的意志力的重要性。

◎教师寄语：在我们兴趣发展的追梦之路上，一定会遇到挫折，我们沮丧，想放弃，但这时候再坚持一次，可能就会成功；可能会遇到别处的风景诱惑我们，让我们忍不住去绕弯路浪费时间，这时候我们要想清楚是让自己享受短暂的欢愉，还是彻底成为理想中的自己。最后送给大家一句我用来激励自己的话：“笑到最后，笑得最好。”

六、 家人学业支持

（一） 第一课时　爱的碎碎念①

【设计理念】

现实生活中，家庭往往以孩子为中心，大多数孩子对于父母的辛苦付出和良苦用心都认为理所当然，常常忽视父母在学习和生活上一点一滴的付出和支持，不懂得尊重和感恩父母。另外，随着年龄的增长，小学高年级学生的自我意识迅速发展，独立自主的

① 此课程由中山市石岐中心小学任婷婷、杨静宇设计。

意识越来越强。当强烈的自我意识与父母充满关爱的唠叨发生冲突时，学生往往以自己的逆反行为来表示自己的反感，甚至和父母产生摩擦，破坏亲子关系。小学五年级学业压力逐渐增加，父母往往更关注孩子的学习情况，因此唠叨的重点主要在于孩子的学习习惯、学习态度和学习结果上。而学生往往由于自尊和压力对父母的唠叨很不耐烦，甚至很愤怒，导致亲子不能进行有效沟通，加深与父母的误会。理解，是改善亲子关系的第一步。本次教学活动旨在让学生认识到父母对自己唠叨和责怪的出发点都是为了自己能够更快乐更健康地成长，理解他们为人父母的良苦用心。能够通过感知和体会，发现生活，特别是学习上父母对自己点点滴滴的支持和帮助，进而让学生感恩和理解父母，形成积极的亲子沟通。

【教学目标】

认知目标：认识到父母对自己学习上的唠叨和责骂是出于对自己学到更多知识和健康快乐成长的期望；意识到父母为自己学习提供了物质支持和精神支持。

能力目标：通过活动感悟和体会，总结学习上无处不在，但又极易被忽视的家庭支持与帮助。

情感目标：体悟为人父母的良苦用心，感恩父母的点滴付出，懂得将父母的支持与期待转化为学习的动力。

【教学重点】

总结父母在学习和生活中为自己提供的点点滴滴的物质和精神上的支持和帮助。

【教学难点】

理解父母的良苦用心，感恩父母。

【教学形式】

心理健康教育课。

【教学准备】

工作纸、视频、PPT课件。

【教学过程】

1. 父母在自己学习上最常说的5句话

师：同学们，现在我们升入五年级了，学习逐渐成为老师和家长眼中最重要的事情。记得在我上小学的时候，关于学习，我的爸爸妈妈经常会说“作业写完了吗?”“快考试了吗?”“最近学得怎么样”等等。你的爸爸妈妈在学习方面经常跟你说的是什么呢?（请两三名同学自由回答）

师：哦，看来同学们一提到这个话题似乎很有共鸣，下面我们就把爸爸妈妈在学习上最经常跟你说的5句话写出来吧。

师：听到这些话你有什么感受呢?（学生自由回答）

师：在我们的生活中，父母的唠叨和责怪是难免的，你有怎样的感受呢?不知道你的感受是不是跟下面这只小企鹅一样。

引入绘本故事《发脾气大叫的妈妈》

师：当你听到妈妈的唠叨是不是也会像小企鹅一样，头脑冲动，内心委屈，无人诉苦，而且很迷茫很无助呢？下面请你在工作纸上写出你听到爸爸妈妈对你学习的唠唠叨叨后的一些感受。

◎设计意图

通过让同学们回顾父母在学习上对自己的唠叨，引导他们说出自己的真实感受。

2. 如果我是爸爸妈妈

师：尽管小企鹅被妈妈的唠叨和责怪搞得身体分离了，但是最后它的妈妈把它的身体各个部位都找了回来，并拼在一起。现在的小企鹅变得更完整，更完美了。尽管爸爸妈妈有时候会对你发脾气，但是她们还是希望你能更好。

师：想一想，如果我们换个角度站在父母的立场上，假如现在的你已经为人父母，并且有一个正在上五年级的孩子，你会对他（她）说些什么呢？请完成工作纸。

师：完成后请你对比一下当你的身份是儿女，和身份是父母时说的这五句话有什么相同点和不同点？（自由分享）

◎**教师总结：**不论父母对你的要求是严格的还是温柔的，他们的出发点都是为了你的成绩更好，为了你能够更快乐健康地成长，为了你能够成为更好的自己。

◎设计意图

让学生站在父母的角度，想象一下自己作为父母会如何管教自己的孩子。理解父母平时唠叨里蕴含的对子女的关心和爱护。尽管方式不同，但出发点都希望你在学习和生活的各个方面都能做好。

3. 爱的支持

师：下面我们一起欣赏一段视频。（泰国广告母爱）

视频中的小女孩因为不堪忍受妈妈的唠叨离家出走，因为路上有人给她一份热乎乎的蛋炒饭，她十分感动。但是平时妈妈为了她能够健康快乐地成长而付出的一切她却没有发现。直到吃了这碗熟悉的蛋炒饭，她才突然发现妈妈那几百句碎碎念包含的是百分百的爱。当爱成为一种习惯，变得习以为常，也许你会觉得理所当然，其实父母对你的爱就在这些碎碎念之间。

师：下面请你想一想，在你的生活和学习中，父母都为你做出了哪些支持和帮助？请你在你的工作纸后面完成这颗心形工作纸。做完后分享总结。

◎**物质上：**衣食住行，房间布置，书桌，学习用品，课外书……

◎**精神上：**当我取得好成绩时家人会表扬我。

在我不开心时我的家人安慰我、关心我。

有烦恼时家人总是不厌其烦地听我抱怨。

我的家人常会教我一些有用的学习方法。

完成作业后家人总是对我的作业进行检查并指导我订正。

家人对我做的决定都给予支持。

我有良好的生活作息规律。

爸妈给我报了我喜欢的兴趣班。

……

◎设计意图

通过一则关于母爱的视频，激发学生理解父母的良苦用心，并探讨自己生活中父母给予自己的物质和精神支持。

4. **总结升华**

师：看来，在我们的平时生活中，特别是在学习上，父母家人给了我们很多的支持和关爱。而他们往往不善于表达自己的爱，有时候他们的表达方式不为你所喜欢或者接受，你甚至还会对他们产生的误解。

下面的这首歌就唱出了大家的心声，我们一起来欣赏。歌曲视频《妈妈的叨叨》。

师：父母为你的成长提供了很多支持，但是他们的表达方式也许并不是你所喜欢的或接受的。但是请你记住，他们这么做都是因为爱你，因为希望你无论是学习还是生活上都能变得更好。

◎设计意图

通过上述活动与分享，让学生了解到不论父母以怎样的方式与孩子相处，他们的出发点都是为了你能够更快乐地成长。最后通过一首歌曲点明本课的主题。

（二） 第二课时　爱的沟通①

【设计理念】

五年级的小学生刚刚进入青春期。他们具有更强的自主意识，做事喜欢凭自己的主观愿望，开始想摆脱父母的左右，不愿意与父母谈论自己的真实想法。而长辈或父母则喜欢以自己的生活经验教育孩子，同样的内容重复多了，就变成了唠叨，形成消极的亲子沟通模式。这一现象集中体现在学习方面，例如家长过分强调学业成绩，或不当地矫正孩子的不良学习习惯。家长过分关注学业成绩会给孩子造成更大的学习压力，反而使孩子学习兴趣减退。本教学活动针对上述现象，帮助学生认识家长，家长的任何行为的出发点都是对孩子的关心和爱护。学生了解良好亲子关系对自己学业支持上的积极影响，就会学习良好亲子沟通的方式，懂得感恩父母，并将这种琐碎的关爱和期待转化为自己前进的动力。

【教学目标】

认知目标：认识到父母在生活和学习上的唠叨是关心、爱护孩子的一种特殊表达方

① 此课程由中山市石岐中心小学杨静宇、任婷婷设计。

式；学会换位思考，理解父母对自己不厌其烦的提醒是希望自己做得更好。

能力目标：掌握良好的亲子沟通技巧，增强对父母做法的理解和支持，减少因不良亲子沟通导致的父母对孩子学业上的消极影响。

情感目标：善于利用积极的亲子沟通模式，促成父母的正向指导和支持；感恩父母并转化为学习的积极动力。

【教学重点】

认识到父母在生活和学习上的唠叨是关心、爱护孩子的一种特殊表达方式。掌握良好的亲子沟通技巧，促进良好亲子关系的建立。

【教学难点】

促进良好的亲子关系，使亲子之间形成学业和生活上的积极互动。

【教学形式】

心理健康教育课。

【教学准备】

视频、PPT。

【教学过程】

1. **妈妈唠叨之歌**

师：一说到妈妈这个词，我会马上想到“唠叨”，你们有谁和老师的感受一样？我记得很清楚，从小到大，我妈妈经常喜欢说这些话。请你欣赏《妈妈之歌》。

师：很多同学都会意地点头。可能你家里的妈妈不唠叨，或是爸爸、婆婆等唠叨。总之，我们的家庭中都会有一位比较爱唠叨的人。他们有时看到我们达不到他们的要求，难免会显得着急，有时就会不停地唠叨。

你有这样的经历吗？

他们通常在哪些方面不停唠叨？

他们通常什么时候在你耳边唠叨？

听了爸爸妈妈的唠叨后，心里是一种什么感觉？

◎设计意图

通过一首夸张幽默的歌曲，引发学生对妈妈唠叨的共同感受，并通过探讨发现他们不是没有理由和根据的唠叨，父母的任何行为的出发点都是对孩子的关心和爱护，这是他们表达关心爱护的一种方式。

2. **让我安静 5 分钟**

师：面对家人的唠叨和责怪，你会很烦恼、生气、委屈，有时就免不了会和爸爸妈妈之间产生一些摩擦，弄得他们不开心，自己也不开心。但是站在妈妈的角度，我们思考一下，妈妈喜欢自己唠叨吗？

师：请欣赏绘本《让我安静 5 分钟》。提问：妈妈喜欢自己唠叨吗？

师：妈妈既要照顾家庭、照顾孩子，还要上班赚钱，她是家庭中重要的一员。在你很小的时候，妈妈想要安静5分钟都是奢望。

师：想一想，你的爸爸妈妈一天是怎么度过的？他们花在你身上的时间占他们总时间的多少呢？

我们理解妈妈的感受以后，你能否体谅妈妈的唠叨？此时你有什么话要说？同学们换位思考，理解爸爸妈妈的处境和良苦用心。

师：但是面对他们的唠叨，我们应该怎么办？这就是今天咱们要探讨的主题——“如何应对父母的唠叨”

◎设计意图

通过绘本故事让学生学会站在父母的角度，换位思考，理解父母唠叨的出发点，并引发学生对于如何应对父母唠叨的思考。

3. **头脑风暴——爱的沟通**

头脑风暴：唠叨在我们的日常生活中是不可避免的，当自己的想法、做法与父母长辈的愿望不一致时，你是怎么做的？

四人一小组，一张大白纸，请同学们将所有能够想到的方式记录下来进行分享。把各小组“头脑风暴”碰撞出来的好点子都贴在黑板上。学生交流，并根据大家认同的方法进行简单的归纳，教师适时总结方法。

安静聆听法

转移注意力法

自我讽刺法

解释说明法

换位思考法

……

◎设计意图

通过头脑风暴的方式，让学生集思广益，提出应对父母唠叨的好方法。归纳总结出几种良好的亲子沟通技巧，增强对父母做法的理解和支持，减少不良亲子沟通带来的不理解和不支持等消极影响。

4. **唠唠叨叨都是爱**

师：同学们，我还听过这样一个故事呢，有一位教授已经60多岁了。门外寒风凛冽，教授要出门去做报告。他那80多岁的母亲，年迈多病，在病床上，发出断断续续的、低沉的声音：儿啊，多穿点衣服吧……

在父母的眼中，孩子再大也仍旧是孩子，我们就像父母心中的风筝，永远让他们牵挂。很多人长大以后对父母曾经令人心烦的唠叨又有了这样的感受：

唠叨是浓浓的关爱；

唠叨是温暖的呵护；

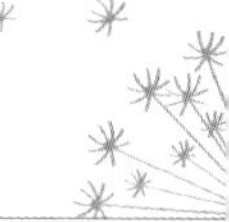

唠叨是母爱的重叠；

唠叨是亲情的附加……

师：我们在生活中有时听不进父母的唠叨，有自己的想法，这很正常，说明我们在成长。如果父母的唠叨让你感到心烦了，受不了，记得用上今天学到的好方法！让我们共同架设起一座彩虹桥，使自己和父母之间多一份沟通和理解，让爱在彼此之间自由的流淌。马上就到感恩节了，请你自己设计一张属于爸爸妈妈的感恩卡吧！

◎设计意图

通过故事分享让学生懂得父母对自己的爱就藏在父母在生活细节中关切的话语之中，你要善于发现和感受父母对自己的爱，只要找到正确的沟通方式就能形成良好的亲子关系。通过感恩卡的家庭作业激发和强化学生的感恩之情，并引导他们把父母的期待和付出转化为学习的动力。

第四章
初中生幸福课程的设计

一、 家庭温暖

（一） 第一课时　我们这一家①

【设计理念】

家，是我们成长的摇篮，是我们心灵的港湾。每一个人都有家，它是我们最早接触的社会。可处于青春期的中学生，情绪情感丰富而不稳定，渴望摆脱父母独立生活，但又不具备完全独立的能力。对于中学生来说，他们有时候甚至会对家产生抵触情绪，对无微不至关心自己的父母感到厌烦。因此，本节课在于让学生了解自己的家，包括家人、家人间的关系、家庭的环境等，从而体会家对我们成长的重要性，并懂得观察家庭的成长方向，学会简单处理家庭的关系。

【教学目标】

认知目标：了解我们的家，包括家人、关系、环境。

情感目标：体会家对我们成长的重要性。

能力目标：懂得去观察家庭的成长方向，学会简单处理家庭关系。

【教学重点】

懂得观察家庭的成长方向，学会处理家庭关系。

【教学难点】

体会家对我们成长的重要性。

【教学形式】

心理健康教育活动课。

【教学准备】

每人一张白色画纸，课件。

---

① 此课程由中山市永宁中学罗丹设计。

【教学过程】

1. 导入：播放视频《Family》

小时候爸爸是家里的顶梁柱，高大魁梧的爸爸遮风挡雨，温柔贤惠的妈妈相夫教子，渐渐我长大了，少不懂事的我总想挣脱爸爸的束缚，屡次顶撞唠叨的妈妈，长大的我渐渐体会到了生活的艰辛，发现爸爸的背早已驼得不成样子，妈妈的身体也已臃肿，是时候尽一份子女的责任，悉心呵护起这个家，做父亲贴身的拐杖，给他一个依靠的肩膀，给母亲撑把庇护伞为她遮蔽盛夏的骄阳。Family，Father and mother，I love you！

◎思考：看完这个视频，你对家有什么新的看法？你爱你的家吗？（给自己的爱打分，满分为10分）

师：家，是我们成长的摇篮，也是我们心灵的港湾。那作为孩子的我们，对我们每天生活在其中的家是否完全了解呢？下面就让我们来学习今天的课题——我们这一家。

◎多媒体显示：我们这一家

◎设计意图

通过直观鲜活的视频，能够快速、明确地激起学生的情感，提高学生参与课堂活动的积极性，同时能够引出课题“我们这一家”。

2. 一分钟演讲“我的家”

◎活动内容：让学生用自己的话来描述自己的家，可以是一句话，也可以是几个重要的词。比如，一条心、吵吵闹闹、马大哈、快乐、五味瓶、喜忧参半等。

◎小结：每个同学都用自己的话简单地向我们描述了自己的家，同学们脸上洋溢的笑容，让我们充分感受到了家的温暖，也更加理解了家在我们成长中所扮演的重要角色。那么，对于撑起整个家庭的父母来讲，你是否非常了解他们呢？下面我们来完成几道有关自己父母的题目，看看哪个同学最了解自己的父母。

◎设计意图

让学生对自己的家有一个大概的认识，包括成员、关系、环境等，更好地感受自己的家，体会家的重要性。

3. 我眼中的爸爸妈妈

（1）你父母亲的生日是________；你父母亲的体重是________。
（2）你父母亲的身高是________；你父母亲穿________码鞋。
（3）你父母亲喜欢颜色是________；你父母亲喜欢食物是________。
（4）你父母亲喜欢的日常消遣活动________。
（5）你父母亲喜欢做的运动是________。
（6）你妈妈经常用来教育你的口头禅是________。

◎小结：爸爸妈妈是我们最亲密的人，他们辛辛苦苦地把我们养育长大。作为儿女，我们又是否了解我们的父母呢？这个活动中，不少同学都表示不清楚，这也告诉我们，我们以后要更多地认识、了解我们父母，这样才能更深地去体会父母对我们的爱和良苦用心！

◎设计意图

通过回答各种有关父母的问题，让学生清楚地看到自己仍需要更好地去认识、了解父母。

4. 我手画我家

通过刚才的一分钟演讲和认识父母两个活动，不少同学都对家有了更深一层的认识，或者是发现了自己还不够了解自己的家。因此，采用画画的形式，加深学生对家的了解，强化学生对家的爱。

◎活动要求：（1）有家庭成员。

（2）可画房子、庭院。

（3）给家取个名字。

（4）写上这么一句话：我爱你，我的家！

（5）选取部分学生的作品，向大家展示，有需要的话还可以请这个同学对自己的家进行一个比较详细的描述。

◎设计意图

每个人对自己的家都会有一种特殊的情感，有时这种情感是难以通过语言来表达的，而画画，为学生表达自己的这份情感提供了另一种方式，让学生通过画画更深地了解自己家，强化学生爱家的感觉。

5. 歌唱《相亲相爱一家人》

播放歌曲《相亲相亲一家人》，让学生站起来跟着唱。

◎设计意图

歌唱也是一种情感表达的方式，通过歌唱把内心对家的感觉唱出来，达到情感的升华。

◎教师寄语：愿同学们都拥有一个温暖、幸福的家，在这个家庭里健康、快乐地成长！

（二）第二课时　付爱的您，负爱的我[①]

【设计理念】

在一个家庭里，父母等长辈作为付出爱的一方，子女等晚辈作为接受爱的一方。但我们青少年正处于叛逆期，很难甚至不能理解、接受这种爱，使得父母等长辈的爱效果大打折扣，甚至产生种种矛盾。对父母之爱，不少青少年是熟视无睹者有之，麻木不仁者有之，贪得无厌者有之，以怨报德者亦有之，唯独知恩图报者鲜有之。只有去懂得、理解父母的爱，才能激起孩子的感恩之心。因此，本节课在于让学生感受父母对自己无私奉献的关爱，努力唤回学生回报爱心的良知，并引导学生通过抒发真情实感来重新构筑健全的人格，懂得爱的无私、伟大、纯洁，激发学生爱的情感。

【教学目标】

认知目标：了解父母的爱是无私的爱。

情感目标：体会父母比山高、似海深的爱。

能力目标：懂得理解父母的爱，并学会感恩。

【教学重点】

懂得体会父母时时刻刻的爱，并且用行动回报父母。

【教学难点】

体会父母比山高、似海深的爱。

【教学形式】

心理健康教育活动课。

【教学准备】

每人一张粉色卡片，上面画有天平；事先邀请家长对自己的孩子说几句心里话；制作课件。

【教学过程】

1. 付与负

师：付，即是付出，父母作为付出爱的一方；负，解为承担、接受，子女作为接受爱的一方。有给予有接受，爱才能得到平衡。但我们青少年正处于叛逆期，很难甚至不能理解、接受这种爱，使得父母之爱的效果大打折扣，甚至产生种种矛盾。作为子女，怎样才能更好地理解父母的这份爱呢，下面就让我们来学习今天的课题——付爱的您，负爱的我。

◎多媒体显示：付爱的您，负爱的我。

---

① 此课程由中山市永宁中学罗丹设计。

◎设计意图

通过对标题字词的解释，让学生更好地理解这节课将要学习的内容，提高学生参与课堂活动的积极性，同时能够引出课题“付爱的您，负爱的我”。

2. 问卷调查

问卷一　毁容美女 VS 破产俊男

（1）他很爱她，她细细的瓜子脸，皮肤粉嫩，美丽动人。可是有一天，她不幸遇上了车祸，痊愈后，脸上留下了几道丑陋的疤痕。

你觉得，他会一如既往的爱她吗？

A. 他一定会　　B. 他一定不会　　C. 他可能会

（2）她很爱他，他是商业界的精英，儒雅沉稳，敢打敢拼。忽然有一天，他破产了。

你觉得，她还会像以前一样爱他吗？

A. 她一定会　　B. 她一定不会　　C. 她可能会

问卷二　毁容女儿 VS 破产儿子

（3）他很爱她，她细细的瓜子脸，皮肤粉嫩，美丽动人。可是有一天，她不幸遇上了车祸，痊愈后，脸上留下了几道丑陋的疤痕。（父女关系）

你觉得，他会一如既往的爱她吗？

A. 他一定会　　B. 他一定不会　　C. 他可能会

（4）她很爱他，他是商业界的精英，儒雅沉稳，敢打敢拼。忽然有一天，他破产了。

你觉得，她还会像以前一样爱他吗？（母子关系）

A. 她一定会　　B. 她一定不会　　C. 她可能会

◎思考：（1）两次的调查结果为何不一样？

（2）通过这个活动，你有什么感受？

◎小结：父母给予我们生命，让我们踏上美丽奇妙的人生之旅。父母抚养我们长大，让我们享受舒适温暖的家庭生活。父母教导我们成人，让我们掌握为人处事的知识能力。

◎设计意图

通过课堂上的举手得到每个选项的数据，直观地表现了调查的结果，突显父母对孩子无私奉献的爱，让学生更深刻体验父母的爱，为接下来的课堂活动营造了良好的氛围。

3. 观看视频《苹果树的故事》

一棵苹果树，它深深爱着一个小男孩。

每天，小男孩都会来和它玩。他会忙着收集苹果树的叶子。然后织成帽子，装扮成森林之王。他会从苹果树干爬上枝头，在上面摇晃、吃苹果。有时，他们会一起玩捉迷藏。当小男孩累了，他会躺在苹果树荫下睡觉。小男孩好爱这棵树，苹果树好开心。

随着时间流逝，小男孩长大了……苹果树常常很孤独。

有一天，男孩出现了。苹果树说，来吧，爬上树来，吃个苹果，开心一下吧。男孩说，我长大了，不再爬树了，我想买东西，寻找乐趣，我需要钱，你能给我钱吗？苹果树说，很抱歉，我没有钱，只有叶子和苹果。这样吧，你把苹果摘去卖，你就会有钱，就会开心了。

男孩一听，就爬上树摘下所有苹果，走了。苹果树很高兴。

男孩又消失了很久。苹果树很伤心。一天，男孩又出现了。苹果树开心地摇着树叶，来吧，爬上树来，打打秋千，开心一下吧。男孩说，我太忙了，没空爬树。我需要房子取暖。我想结婚，想要孩子。你能给我房子吗？苹果树说，很抱歉，我没有房子，森林是我的房子。不过你可以砍去我的树枝造房子，你就会开心了。

男孩砍下所有树枝，抱去造房子了。苹果树很高兴。

又是很长时间，男孩一直没出现。等他又来时，苹果树非常高兴，几乎说不出话来，它轻轻说，来吧，我们一起玩。男孩说，我太老了，也没心情玩。我需要一只船带我远行，你能给我一只船吗？苹果树说，那你砍下我的树干去造船吧，这样你就可以远行，就会开心了。

于是，男孩砍下了树干，造船，远航了。苹果树很高兴，但不是真的非常高兴。

时间又过去了许久，男孩再次回来了。苹果树说，很抱歉，我已经没有什么可以给你了。我没有苹果了。男孩说，我的牙齿已经咬不动苹果了。我没有树枝，你不能打秋千了。我已经太老，打不动了。我没有树干，你不能爬上来了。我已经太累，爬不动了。苹果树叹了口气，我真的很遗憾，我希望自己能给你些什么，但我什么也没有了，我只是一个老树桩，真的很抱歉……

男孩说，我现在也不需要什么了，只想在一个安静的地方坐坐，休息一下。我太累了。

这样呀？苹果树马上尽力挺挺身子，说道：来吧，孩子，老树桩是个适合坐着休息的地方，坐下来吧，坐下来，好好休息一下。

男孩坐下来了。苹果树很高兴。

◎思考：(1）苹果树代表我们身边的谁？

(2）这个故事给了你什么体会？

◎小结：有一棵大树，春天倚着她幻想；夏天倚着她繁茂；秋天倚着她成熟；冬天倚着她沉思；这棵大树就是爸爸和妈妈！

◎设计意图

通过直观的视频故事，让学生从故事中再一次感受父母为我们所做的点滴事情，有的琐碎平凡，有的伟大刻骨铭心，这无私的爱深深地触动学生，让他们有所感悟。

4. 爱的天平

对孩子来说，父母的付出像是天经地义般，觉得平时父母对自己做的事情都是他们理所当然要做的，所以容易忽视，甚至为父母一时没有满足自己的要求而闹脾气，跟父母闹矛盾。

◎思考：(1) 父母为我做了什么？

(2) 我为父母做了什么？

(3) 把思考的结果写在天平两边。

把父母给予我们的爱和我们给父母的爱放在天平上称一称。

◎分享：在你家里，爱的天平是怎样的？

◎设计意图

让学生从自己的生活中去体验父母无微不至的爱，去感受家庭的温暖。

5. 父母的心里话

父母为我们做了那么多的事，他们心里到底是怎么想的呢？下面我们一起来听听父母的心里话。(事先给家长发送短信，请家长通过短信方式给自己的孩子说几句心里话)

◎分享：听到父母的心里话，你有什么感受？

◎设计意图

父母的爱是无私的爱，他们孩子对自己的回报，一心的想法就是让孩子通过努力进而实现自己的人生理想。同时也让学生更好地理解自己父母的内心想法，从而做到亲子关系的改善。

6. 歌唱《让爱住我家》

父母与子女之间，总有血浓于水的亲情和无私的爱。

◎设计意图

进一步体会父母的爱，感受父母的关心，学会去体谅父母，去爱自己的家庭、爱自己的父母。

◎教师寄语：愿同学们能够理解父母无微不至的爱护、关心，让自己的家充满爱，并带着这份浓浓的爱前进！

（三）第三课时　寸草心报三春晖[①]

【设计理念】

“谁言寸草心，报得三春晖?”父母是我们人生的第一任老师，从一个孩子呱呱坠地的那一刻起，他的生命就倾注了父母无尽的爱与祝福。或许，父母不能给我们奢华的生活，但是，他们给予了一个人一生中不可替代的——生命。父母为子女撑起了一片爱的天空，当你受伤时，哭泣时，忧郁时，难过时，你可以随时回到这里，享受父母的爱，这，便是他们的幸福了。父母对子女的爱是无私的、不求回报的爱。但作为子女，仍需要通过自己的努力，用自己的寸草心来回报父母的三春晖。让学生了解自己的家庭，懂得父母的爱，最终是为了让学生能够做到接受父母的爱并以自己的实际行动学会感恩。因此，本节课在于让学生学会如何用自己的实际行动去感恩父母。

【教学目标】

认知目标：认识感恩的重要性。

情感目标：能够从情感上去理解父母，感恩父母。

能力目标：懂得在日常的学习生活中用实际行动回报父母。

【教学重点】

能够从情感上去理解父母，感恩父母。

【教学难点】

懂得在日常的学习生活中用实际行动回报父母。

【教学形式】

心理健康教育活动课。

【教学准备】

每人一张粉色信纸，课件。

【教学过程】

1. 诗朗诵《游子吟》

全班同学齐朗诵诗歌《游子吟》。

游子吟

【唐】孟郊

慈母手中线，游子身上衣。
临行密密缝，意恐迟迟归。
谁言寸草心，报得三春晖。

◎思考：这首诗给了你什么感受?

师：谁言寸草心，报得三春晖。说得很好，这正是我们今天要学习的内容——寸草心报三春晖。

---

① 此课程由中山市永宁中学罗丹设计。

◎多媒体显示：寸草心报三春晖

◎设计意图

通过朗诵家喻户晓的诗歌《游子吟》，引起学生的好奇心，提起了学习的兴趣，从而引出主题《寸草心报三春晖》。

2. 我们与父母

有人计算过，一个人能来到这世界上的机会是3万亿分之一，而福利彩票中一等奖的机会是1800万分之一，也就是说，一个人出生的机会比中头奖的机会小17万倍。

◎分享：阅读上述材料后，你有什么感想？

◎小结：是的，我们能够平安地来到这个世上，是一件多么不容易的事。父母千辛万苦把我们抚养长大，更是一件不容易的事。那么，我们在慢慢成长的过程中，父母都为我们做了什么呢？随着我们的长大，父母又会有什么变化呢？下面我们一起来欣赏漫画《父母与子女》。

◎设计意图

通过直观的数字，让学生明白自己能够平安到达这个世界，能健康成长是一件多么不容易的事情，为接下来的课堂活动制造情绪氛围。

3. 漫画赏析《父母与子女》

当你还很小的时候……

他们花了很多时间，教你用勺子，用筷子吃东西，教你洗脸，教你梳头发，教你穿衣服，绑鞋带，系扣子，教你擦鼻涕，擦屁股。你是否记得经常逼问他们，你是从哪里来的？你是否还记得，你们练习了很久才学会的第一首儿歌？

所以……

当他们变老时，当他们想不起来或接不上话时，当他们啰啰唆唆重复一些老掉牙的故事时，请不要怪罪他们；当他们开始忘记系扣子、绑鞋带，当他们开始在吃饭的时候弄脏衣服，当他们梳头时手开始不停地颤抖，请不要催促他们，因为你在慢慢长大，而他们却在慢慢变老。只要你在他们眼前，他们的心就会很温暖。如果有一天，当他们站也站不稳，走也走不动的时候，请你紧紧握住他们的手，陪他们慢慢地走，就像当年他们牵着你一样！

◎思考：（1）这个漫画让你想到了什么？

（2）孩子在慢慢长大，父母在慢慢老去，我们该如何更好去成长？

◎小结：父母用自己的青春容颜换来了我们的健康成长，我们在慢慢地成长，父母却在慢慢地老去。我们要学会用实际行动去感恩父母的付出。

通过漫画故事，让学生重温自己的成长，那是父母用自己的青春、自己的自由等为代价获得的，同时也告诉学生，在自己慢慢长大，父母慢慢变老的这个过程中，我们要学会感恩，学会体谅父母的一些做法。

4. 畅所欲言

既然明白父母为我们付出了很多，那么我们应该“感恩在心，感恩在行”，具体怎么做呢？

◎讨论：我们怎样去回报父母的恩情？（言语上、行为上）

◎多媒体显示：（1）常跟父母说说自己的心里话！

（2）帮父母做一次饭，洗洗碗，扫扫地！

（3）帮父母捶捶背，陪父母上街买菜，买东西！

（4）用自己攒的零用钱为父母买一件喜欢的礼物！

（5）走进父母的心灵，倾听父母的心声！

（6）努力学习，用丰富的知识回报父母！

◎设计意图

让学生在感恩情感的基础上，审视自己目前的学习生活状态，找到不足之处加以改正，找到优胜之处不断发扬，同时学会用实实在在的行动去回报父母。

5. 给父母的一封信

给爸爸（妈妈）写封信：

（1）告诉他（她）你对他们的爱；

（2）用行动感恩父母（生活上、学习上你将如何去做）

◎设计意图

向父母表达自己内心的感激，写下自己的行动证明。

6. 小结

◎共勉：

让我们以爱和孝敬来报答父母：
用心领会父母的教诲与期待；
诚心体谅父母的忧虑和烦恼；
真心关注父母的健康和心情；
以同样的行动去孝敬长辈。

二、同伴支持

（一）第一课时　同学·朋友[①]

【设计理念】

只要上学读书，我们就可以拥有自己的同学。对于“同学”这个词，百度给出的解释是“同师授业的人，互相帮助的人，共同携手并肩的人，同在一起学习的人，就是同学”。在学习的过程中，同班同学之间的相处时间是最长的，最容易产生深厚的友谊，做到互相帮助互相支持；也最容易产生矛盾，甚至互相诋毁互相指责。对青少年来讲，同伴关系在他们的成长中起着不可忽视的重要作用。因此，本节课主要是通过活动让学生了解自己的同学，认识到同伴关系的重要作用，学会建立属于自己的良好的同伴关系，懂得基本的同伴交往之道。

【教学目标】

认知目标：了解同伴关系的重要性。

情感目标：体会良好同伴关系带来的积极影响。

能力目标：掌握基本的同伴交往之道。

【教学重点】

掌握基本的同伴交往之道。

【教学难点】

体会良好的同伴关系带来的积极影响。

【教学形式】

心理健康教育活动课。

【教学准备】

人际关系树轮图；制作课件。

【教学过程】

1．导入：播放音乐《同学仔》

同学仔，今生今世与你做兄弟/你有闭翳，就到K房里，为你开一只咪/同学仔，不管身世永远是兄弟/你拍住我，我撑住你/有天可一起上位/啦啦啦～啦啦啦～/今天，今天功课很多/但天色很靓喔，我很想踢波，组队（旁白　喂隔离班撩我地班踢波啵）同学仔通通都响应我地必胜/讲到日后要为理想奋斗/你要冲出这个宇宙，靠你双手/好好学习，阿爸阿妈等你报答/同学仔，要发威，永无失礼/同学仔，同你做个兄弟/讲野讲过就系，永远无心计/唔使下下发誓，唔会郁下扭计/更加唔会系度巴巴闭/你要encore，我永唔啰嗦/即刻赶到来唱和，几多唱过/波都踢过，再一起温功课/同学仔，一生一世与你老友鬼鬼/多少年头，始终有你与我一起走/同学仔，不需闭翳与你战胜一切/分甘同味，演出好戏，有天可一起变新季/啦啦啦～

① 此课程由中山市永宁中学罗丹设计。

◎思考：（1）听歌的时候，你想到了什么？

（2）请你用一个词来形容你的感受。

（3）你认为同学间是怎样的一种关系？

师：是的，同学在我们的学习生活中扮演着重要的角色，与同学间的相处也是我们学习生活的重要部分。下面就让我们通过活动来更好地认识、了解每天与我们相处的同学、朋友。

◎多媒体显示：同学·朋友

◎设计意图

通过歌曲《同学仔》，唱出了同学间的互动，让学生对同学间的关系有了大概的了解，为接下来了解认清自己的同伴关系做铺垫。

2. 想一想

请大家闭上眼睛，随着轻柔的音乐放松自己。

◎要求：（1）想出班上同学的名字。

（2）同时想象这个同学的样子。

（3）记下你所想出的人数。

◎思考：（1）你想出了多少同学的名字和样子？

（2）写下三个你最先想到的同学的名字。

（3）完成这个活动后，你有什么感受？

师：我刚才看到不少同学在想的过程中不知不觉就笑，怕是想起了很多美好的回忆。是的，在一个班级里学习生活，同班同学就是与我们共同学习的最好伙伴。

◎设计意图

让大家对自己的同班同学有一个大概的了解，或者说激起学生的记忆，唤醒他们对同学那份情感。

3. 真情“告白”

◎活动：（1）说说同学帮助过你的事。

（2）向帮助过你的同学说：________同学，谢谢你帮助我__________，我以后也会像你一样，对有需要的同学伸出援助之手的。

师：是的，在一个班级里，同学们都能够做到互相帮忙，这是非常好的事情。也许是一件“借支笔”的小事，也许是一件“帮你走出考试失败阴影”的大事，这些都会在无形中影响我们的成长。部分学生在“同学”的基础上，成了好朋友，那么，接下来就让我们一起来看看自己的人际关系树轮图。

◎设计意图

让学生在现实中去向为自己提供过帮助的同学表示感激之情，同时也从中得到启发，学会为他们伸出自己的援助之手。

4. **人际关系树轮图**

◎活动：(1) 填写人物关系，树轮图，如图 4－1 所示。

(2) 为你的人际关系图打分（满分为 10 分）。

(3) 谈谈你的感受。

师：是的，好的同伴关系能够为我们带来快乐、幸福的感受，可在与同学、朋友相处的过程中，也难免会发生一些不愉快的事情，那么我们又该如何去处理呢？

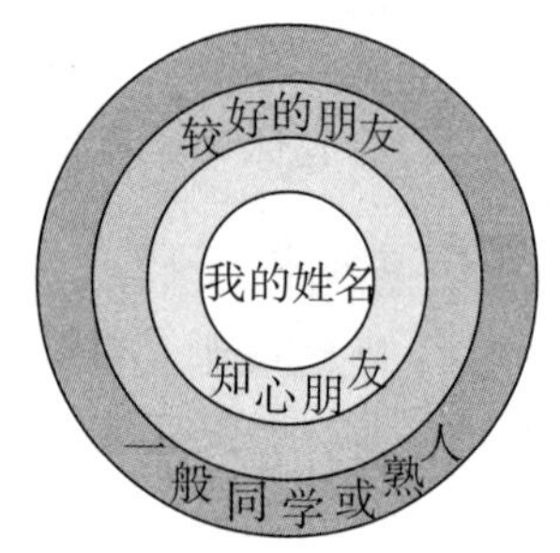

图 4－1 人物关系树轮图

◎设计意图

让学生明白进一步去体会良好同伴关系带来的积极影响，从中体会处理同伴关系的重要性，为接下来的活动奠定情感基础。

5. **让友谊天长地久**

◎讨论：人与人之间总会产生这样那样的矛盾，同学之间如此，朋友之间也是如此。为了让友谊能够天长地久，我们该怎么做呢？

◎多媒体显示：

尊重　　善意劝诫
倾听　　赞美朋友
理解　　不乱猜疑
宽容　　礼貌待友

◎设计意图

让学生掌握同伴相处的一些基本原则，学会采用恰当的方法处理同伴间产生的冲突或矛盾。

6. **歌唱《第一时间》**

◎教师寄语：愿同学们都拥有良好的同伴关系，快乐地学习，健康地成长！

◎设计意图

熟悉的音乐，能深入人的内心，唤醒心底对柔软的情感，进而达到情感上的升华。

（二）第二课时　化解冲突，增进友谊[①]

【设计理念】

积极心理学认为友谊是幸福的重要来源，有助于提高个体的积极情感，它是积极情感的最普遍的一种预测来源。朋友关系同生活满意度和幸福感关系密切，其相关系数达到0.4。青少年时期正是学会与别人建立和发展友谊的黄金时期，在中学阶段父母的影响已经退居次位，而对他们影响最大的则是来自同伴的看法和评价。他们与在同伴的交往中学习、模仿、寻求认同。因此需要对如何交到朋友，如何维系友谊，如何处理朋友间的关系进行积极引导。

本节课从一个能触动心灵的小故事入手，给学生创设一种真挚友谊的氛围，激发同学们对于友谊的积极体验；通过对自己友谊状况的疏理，引导学生积极主动地与同伴建立朋友关系，做一个受人欢迎的人；通过冲突情境的展示与讨论，激发学生用积极的态度面对朋友间的分歧和矛盾，用理性的行为和方法去解决和处理。

【教学目标】

认知目标：发掘朋友间相互吸引的积极品质。

情感目标：触发同学们内心对于友谊的美好情感和积极体验，学会珍惜和维系友谊。

能力目标：学会用正面的心态和积极的行为处理朋友间的矛盾冲突。

【教学重点】

学会用正面的心态和积极的行为处理朋友间的矛盾冲突。

【教学难点】

学会珍惜友谊和维系友谊。

【教学方法】

故事法、讨论法、活动法。

【教学形式】

心理健康教育团体教学课。

【教学准备】

（1）音乐：《朋友》和《友谊地久天长》。

（2）教学课件。

（3）印有花朵和太阳图案的纸（每人一张）。

【教学过程】

1. 故事导入：朋友（配轻音乐）

> 从前有两个情同手足、生死与共的朋友，尽管生活潦倒，居无定所，可是他们相互扶持，不分彼此。上帝不相信人世间有这样一份牢不可破的友情，便设计考验他们。

---

① 此课程由中山市板芙镇第一中学邹丽琼设计。

有一次，这两个人穿越一个沙漠，水尽粮绝，陷入死亡的边缘。这时上帝指引他们说："前方有一棵果树，上面长了两个苹果，吃了小的只能解燃眉之急，吃了大的才能有足够的力量走出沙漠和死亡。"天色暗了，他们却一直争辩不休，谁也不肯吃那个大苹果，这样一直僵持到深夜，他们依偎着睡着了。

第二天天刚亮，其中一个醒来发现，他的朋友不见了。他将信将疑地朝前方的果树走去，果不其然，树上只剩下一个小小的果子。他顿时心灰意冷，绝望地摘下果子，茫然无助地朝前方走去，走出不远，他发现他的朋友晕倒在地上，手里还紧握着一个苹果——那个苹果比他手上的小了整整一圈。

那个先摘走苹果的人，他的名字叫朋友。

问题：同学们，听完这则故事，你是如何理解朋友这两个字的呢？

◎小结：朋友，多么暖心的两个字。朋友——友谊，是人生最美好的无价之宝，是人成长的动力源泉，是人性美的璀璨之花。那么，我们是怎样选择朋友的呢？我们又为什么被朋友选中的呢？

◎设计意图

这是一个能触动心灵的小故事，由这个故事引入可以给学生创设一种真挚友谊的氛围，让同学们就这个小故事进行讨论，说一说自己对朋友的理解，目的是让学生感受朋友的可贵，初步调动起学生的情感。

2．展开阶段：探索朋友双方的积极品质

（1）我的友谊之花（图4－2）：我会和什么样的人做朋友？

请同学们认真思考，在友谊之花的花瓣上写下你的朋友的优点（现有的或你希望朋友具备的）

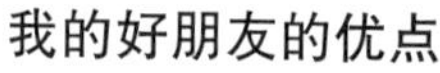

图4－2　友谊之花

(2) 我的小太阳（图4－3）：别人为何与我交朋友？

请同学们认真思考，在小太阳的光芒中写下朋友可能喜欢自己的优点。写好以后，请同学们拿着自己的成果与周围的同学分享讨论，可以进行补充。

图4－3　我的小太阳

(3) 小组讨论：在交友过程中，最受欢迎的是具备哪些优点的人？最不受欢迎的是怎样的人？

◎小结：受人欢迎：善良、宽容、大度、理解、诚信、有爱心、乐于助人、公正、勇敢、真诚、幽默风趣、随和、大方等。

不受人欢迎：自以为是、嫉妒、埋怨、任性、欺负人、说谎、斤斤计较、自私、爱说闲话、粗鲁、虚伪、爱撒谎、懒惰、多疑、性情暴躁、孤僻、固执、心胸狭隘。

老师：在日常生活中我们要虚心听取他人对自己的评价和反馈，改正自己身上不受欢迎的品质，发挥自己的小太阳，使自己更受他人欢迎。

◎设计意图

通过"我的友谊之花"和"我的小太阳"让学生对朋友间的积极品质有比较清晰的了解，并能够从中对照自己的不足，完善自我，以便于交到更多的好朋友。

3. 深入阶段——如何面对友谊中的考验

情境一：小红和小惠是非常要好的朋友，读小学时，小红的成绩就一直领先于小惠，然而上了初中后，小惠的成绩突飞猛进，悄然超过了小红，连续几次考试小惠都超过了小红。两人的关系也发生着微妙的变化，开始从无话不谈变得疏远，慢慢地小红都不想和小惠见面了。

◎思考讨论：我们该如何面对和处理好友间的竞争？

◎小结：好友间存在学习及其他方面的竞争关系，这是很正常的。面对好友间的竞争，我们要选择正确的处理方式，要学会调节与平衡自己的心态，要学会看到自己以及他人的优点，要学会相互帮助，学会共赢。

情境二：小陈刚从外校转学，不久和同桌小欣成了好朋友，两人形影不离，小陈觉得很欣慰。可不久小陈发现，原来的两人行变成了三人行，小华总是和她们在一起，而且小华和小欣总有说不完的话，笑闹个不停，小陈觉得很失落。

◎思考讨论：友谊是动态的，我们该如何面对友谊的动态变化呢？

◎小结：青春期的友谊具有排他性，很多人在与朋友交往过程中都表现出不一般的“占有”倾向，似乎每一份友情都必须对自己负责，而实际情况是同学间的交往是极不稳定的，会因为彼此的兴趣、爱好、成绩、居住环境等交换朋友，所以我们要学会接纳友情的第三者。首先坦然接纳朋友又有新朋友给你带来的不良情绪；其次建立对友谊的自信与认识——凡是吸引我们或被我们吸引的人都可能成为朋友；第三认识到大家都有结交新朋友的需要，要学会换位思考；第四不要将精力只放在一个朋友身上，你会发现可以交朋友的人有很多；第五你也要主动融入进去，接纳他的朋友，这样你也会交到更多的朋友。

情境三：小风和小杰是好朋友，小风觉得自己受到了邻班一个高个男生的欺负，于是叫高大的小杰去帮他出气，把邻班的男孩揍一顿。小杰和小风很要好，但是他也知道打人不对，可是小风坚持要这么做，小杰很为难……

◎思考讨论：当好朋友对你提出不当要求时，应该怎么做呢？

◎小结：朋友之间是需要相互帮助的。当朋友有困难的时候我们要主动帮忙，为朋友解除烦恼。但在原则面前一定要坚定，不能以牺牲原则为代价维持所谓的友谊。建立真正的友谊必须以分清正确与错误、正义与邪恶为前提。那种不分是非善恶、只讲“哥们儿义气”的所谓友谊，绝不是真正的友谊。作为小杰的朋友，应该阻止小杰，并帮助他正确处理事件。

◎设计意图

通过三个冲突情境的展示与讨论，激发学生用积极的态度面对朋友间的分歧和矛盾，用理性的行为和方法去解决和处理。

4. 升华阶段——让友谊天长地久

阅读故事，结合刚才的情境和生活的实际情况，思考讨论朋友间遇到冲突的时候双方该如何摆正心态？如何转危为机？

（1）故事1——《朋友的名字》。

阿拉伯传说中，有两个朋友在沙漠中旅行，在旅途中的某点他们吵架了，一个还给另外一个一记耳光。被打的觉得受辱，一言不语，在沙子上写下：“今天我的好朋友打了我一巴掌。”

他们继续往前走，直到到了沃野，被打巴掌的那位差点淹死，幸好被朋友救起来了。被救起后，他拿了一把小剑在石头上刻了：“今天我的好朋友救了我一命。”

一旁好奇的朋友问道：“为什么我打了你以后，你要把我写在沙子上，而现在要刻在石头上呢”？

另一个笑笑地回答说“当被一个朋友伤害时，要写在易忘的地方，风会负责去掉它，相反如果被帮助，我们要把它刻在心里的深处，那里任何风都不能抹灭它”。

◎分享讨论：当朋友做了伤害我们的事情的时候，该用什么心态对待？
◎小结：宽容，不记仇，理解对方，学会换位思考。
当朋友帮助了我们的时候该用什么心态面对？
◎小结：感恩并用行动将感恩表达出来
（2）故事2——《篱笆上的钉子》。

从前，有一个脾气很坏的男孩. 他的爸爸给了他一袋钉子，告诉他，每次发脾气或者跟人吵架的时候，就在院子的篱笆上钉一根。第一天，男孩钉了37根钉子。后面的几天他学会了控制自己的脾气，每天钉的钉子也逐渐减少了。他发现，控制自己的脾气，实际上比钉钉子要容易得多。终于有一天，他一根钉子都没有钉，他高兴地把这件事告诉了爸爸。

爸爸说：“从今以后，如果你一天都没有发脾气，就可以在这天拔掉一根钉子。”日子一天一天过去，最后，钉子全被拔光了。爸爸带他来到篱笆边上，对他说：“儿子，你做得很好，可是看看篱笆上的钉子洞，这些洞永远也不可能恢复了。就像你和一个人吵架，说了些难听的话，你就在他心里留下了一个伤口，像这个钉子洞一样。”插一把刀子在一个人的身体里，再拔出来，伤口就难以愈合了。无论你怎么道歉，伤口总是在那儿。要知道，身体上的伤口和心灵上的伤口一样都难以恢复。

◎分享讨论：朋友间若发生冲突，我们要怎么做？
◎小结：从这个故事中让我们看到伤害的力量巨大，因此即使朋友间发生冲突，我们也要尽量避免对彼此造成伤害，用积极正面的态度和方法去解决冲突。

◎设计意图

通过《朋友的名字》《篱笆上的钉子》教会学生用宽容的心去对待朋友的过错，用感恩的心去铭记朋友的帮助，发生冲突时，也要尽量避免对彼此造成伤害，用积极正面的态度和方法去解决冲突，珍惜与维持友谊。

5. 结束阶段——总结与拓展

老师：有人说，朋友是夏日里一阵清凉的风，朋友是冬天暖暖的太阳。同学们，也许你们曾经闹过矛盾，也许你现在有些心里话特别想对朋友说，也许……就请都写在友情卡上。

（1）学生制作友情卡。（背景伴奏《朋友》）

（2）传送友情卡。

现在请你把制作好的友情卡亲手送给他（她），并给对方一个拥抱，表示你对你们友谊的珍视吧。

老师：看到刚才那感人的情景，我非常感动，我感受到了同学们之间浓浓的友情，相信你们的友谊之树一定会生长得越来越茂盛。最后请大声地告诉你的朋友：朋友是幸福的重要来源，因为有你，所以我幸福！

◎设计意图

通过制作友情卡和传送友情卡，让同学们行动起来，珍惜友谊，感受友情。

（三） 第三课时　感恩支持， 携手共进①

【设计理念】

一撇一捺写个"人"，少却其中任何的一撇或一捺，"人"字就会坍塌。人与人之间良好关系的维持就像这一撇一捺的相互支持。相互支持并懂得感恩他人的支持是促进学生同伴关系和集体生活更加和谐的润滑剂。本节心理辅导课借助小团体心理游戏的活动方式，充分发挥团体的力量，让学生用心体会支持与被支持的感受，从而懂得去支持他人，为他人奉献自己的一分力量；同时也懂得感恩他人对自己的支持和帮助，提高集体的凝聚力，在集体归属感的体验中提升个人的幸福感指数。

【教学目标】

认知目标：认识团结协作的重要性，懂得付出与回报的道理。

情感目标：促进成员彼此间的接纳程度，体验支持与被支持的归属幸福感。培养学生感恩他人支持与帮助的积极心态。

能力目标：提高学生对他人的支持与帮助的感知能力和感恩能力。

【教学重点】

体验支持与被支持，懂得感恩他人的支持与帮助，提升归属幸福感。

【教学难点】

创设情境，让学生自主分享、坦诚交流。

【教学方法】

活动法、小组竞赛法、书写法。

【教学形式】

心理健康教育团体培训。

【教学场地】

空旷的团体心理教学活动室。

---

① 此课程由中山市小榄华侨中学赖舒旋设计。

【教学准备】

活动道具：海绵垫（按组别数目）、粉笔、笔、便笺纸、感恩大卡纸、磁石贴；

课前准备：（1）事先分好小组，每组10人为宜，选好小组长。

（2）贴好感恩大卡纸，放好海绵垫。

多媒体设备：手提电脑、麦克风、音响。

【教学过程】

1. 爱意传递，热身互动（5分钟）

◎操作流程：（1）各小组成员围圈而站，双手搭在前面人的肩膀上，为他揉揉肩、捶捶背、捏捏肩、拍拍手臂，仔细体会后面同学的力度和带给你的感受。

（2）一分钟后全体同学转身，反过来替他按摩（在过程中可能会出现不和谐的声音，导师要视而不见，可在分享阶段让其谈感想）。

◎分享讨论：（1）谁在帮你按摩，评价一下他的按摩技术如何？

（2）方向一转，轮到你帮他按摩了，你是如何做的？

（3）做完这个游戏，你有什么样的感悟？

◎心感悟：你有什么样的付出，就会得到什么样的回报。如果你想得到别人的支持，首先就要去支持别人。

◎过渡：我们大家同在一个班上，而且要在一起相处三年，那么，你希望和什么样的同学在一起？你希望生活在一个什么样的班集体里？

◎设计意图

通过简单的肢体接触，消除紧张感，拉近小组成员之间的距离感，体会付出与回报的感悟。

2. 七嘴八舌，认知铺垫：我心目中的班集体（5分钟）

◎自由讨论："你希望生活在一个什么样的班集体里？"

◎心感悟：我们都希望生活在一个团结友爱的班级里，我们都有这样的感受，班风好，我们个人也好；如果班上的同学都认真听讲，那么，我们也就会不自觉地收敛自己的行为。

◎过渡：我们班是不是一个互帮互助的班集体呢？能不能接受考验？接下来的环节：一指神功。你相信两个小指头可以抬得起一个人吗？

◎设计意图

让学生构建自己心目中的班集体，为后续的团体活动做好认知铺垫。

3. 一指神功，体验支持与帮助（20分钟）

◎操作流程：（1）一名同学双手交叉在胸前，笔直地平躺在地上。

（2）同组人只用右手的食指和中指，分别放在该同学的肩膀、腰、臀、大腿以及小腿处，齐心合力抬起他，然后慢慢放下来。强调安全问题：①找一个人双手护头；②下来时先放脚，等站定后其他人才能放手；③身体不同部位重量不同，应进行有效分工。

（3）小组进行两分钟练习，然后轮流，每个人都要被抬起来。

（4）播放背景音乐：增强行动力。

◎分享提问（背景音乐：心灵地图）：（1）你认为游戏最难的地方在哪里？你们组是如何克服的？

（2）当你把手指放在同伴的底下，充当“支持者”时，有何感受和想法？从中感悟到了什么？

（3）当你平躺在地上当“飞人”时，心里又有何感想？

（4）为什么我们可以飞得那么高？

（5）联系现实生活，都有哪些人在你背后默默地支持你、帮助你？

（6）你印象最深刻的是哪一次？

◎心感悟：其实，在我们成长的道路上，我们并不是孤军奋战、孤立无援的。我们有父母做后盾，有老师在引领，有同学在相伴，有朋友在鼓励，我们能有现在的生活环境和学习机会，少不了身边这些人的默默支持与帮助。我相信，在过去 13 年的岁月里，你一定得到过不少人的支持与帮助，你曾经得到过谁的帮助？是什么样的帮助？你还记得吗？你对他心存感激吗？借助今天的活动，让我们好好地表达一下对他的谢意吧！现在，就让我们拿起笔，感谢那些曾经帮助过我们、支持过我们的人吧！

◎设计意图

通过团体活动，营造互帮互助的团队氛围，提高学生感知他人支持的能力，同时也学会去支持别人，培养学生的集体归属感。

4. 感恩之心，情感升华（15 分钟）

◎操作流程：（1）播放背景音乐：和你一样。

（2）学生领取卡纸，写下对某人的感谢语。

（3）学生上台分享，并粘贴在感恩板上。

5. 结束：大山的回音（3 分钟）

有个小孩来到山上，无意中喊了一声：“喂……”声音刚落，从四面八方传来了阵阵“喂……”的回声。大山答应了。孩子很惊讶，又喊了一声：“你是谁？”大山也回音：“你是谁？”孩子喊：“为什么不告诉我？”大山也说：“为什么不告诉我？”孩子忍不住生气了，大声喊道：“我恨你！”哪知这一喊不得了了，整个世界传来的声音都是“我恨你，我恨你……”

小孩哭着跑回家，告诉了妈妈。妈妈对他说：“孩子，你回去对大山喊“我爱你”，试试看结果会怎样。”孩子于是又跑回山上。果然，这次孩子被包围在“我…爱…你…”的回声中。孩子笑了，群山笑了。

◎共勉：当我们用感恩之心回馈他人的支持的时候，他人也会回报你以感恩与支持。想想看，一直以来，我们都有父母做后盾，有老师在引领，有同学在相伴，有朋友在鼓励，让我们带着这些感动，紧紧地团结在一起，像大雁一样在知识的广阔天地中尽情地翱翔，从而飞得更快更远！

◎设计意图

联系现实生活，回顾自己日常生活中所得到的支持与关爱，懂得感恩他人的支持与帮助，同时也学会表达感恩之情。

三、 教师支持

（一） 第一课时　走近老师①

【设计理念】

学生的成长离不开老师的教育，一个学生一天有三分之一的时间是在学校里度过，陪伴他们，教育他们的是辛勤的教育工作者。学生应该尊重老师，爱戴老师。但是在日常生活中，很多学生不懂得如何尊重老师，如在课堂里顶撞老师，不听取老师教导，用粗口辱骂老师，甚至网络上还曝光了一些学生殴打老师的视频。这些都告诉我们，进行感恩教师的心灵教育是非常必要的。这不仅有利于构建良好的师生关系，更有利于学生的健康成长。开展一节学生与教师心灵碰撞的课堂，旨在引导学生走近教师的世界，理解教师的付出与无私的爱，从而学会尊重老师，感谢老师。

【教学目标】

认知目标：让学生了解老师，理解老师。

情感目标：感受老师无私的爱，在言行举止中尊重老师。

能力目标：引导学生学会感谢老师，尊重老师。

【教学重点】

引起学生的情感共鸣，让学生学会理解老师，感恩老师。

【教学难点】

让学生在日常生活当中理解与尊重老师。

【教学形式】

心理健康教育活动课。

【教学准备】

制作课件；制作视频《最后一个拥抱》《大爱铸师魂》《老师，您辛苦了》《我是一个老师》；下载歌曲《每当我走过老师的窗前》《感恩的心》《奉献》。

【教学过程】

1. 游戏导入，引出主题

（1）猜歌名：欣赏歌曲《每当我走过老师的窗前》

① 此课程由中山市板芙镇第一中学邹丽琼设计。

老师：上课前，我们先来做个小游戏，猜猜这首歌叫什么名字？（学生猜）

老师：一首动听的《每当我走过老师的窗前》仿佛把我们带回到童年，那时候的我们，都唱着这首对老师的赞歌，诉说着对老师的敬爱。

2. 同学们，你们什么时候开始接触老师？

老师：从幼儿园开始，每天有约三分之一的时间是老师陪我们度过的，每一个人一生中有四分之一的时间在学校里度过，也就是说，老师将陪伴我们走过人生的四分之一。但是，同学们，你们了解你们的老师吗？了解他们的工作吗？今天我们就一起走近老师，了解老师。

◎多媒体显示：走近老师

◎设计意图

提高学生的兴趣，活跃课堂气氛，引出主题。

2. 欣赏视频《最后一个拥抱》

老师：2008 年 5 月 12 日 14 时 28 分，这是一个让全中国乃至全世界悲痛的时刻。因为发生了什么事情？（汶川大地震）

老师：假如在我们上课的时候发生地震，老师能不能比学生更快的脱离危险？为什么呢？

老师：能。因为老师站着，位置好、反应又快，经验更丰富，但为什么在汶川大地震中，那么多的老师都没有逃出教室呢？下面就让我们一起回到那一时刻来找找原因。

◎多媒体显示：播放视频《最后一个拥抱》

◎老师小结：在生命受到威胁的一瞬间，逃生是人的本能反应，但是在汶川大地震中，很多老师就如刚刚看到的何智霞老师一样，放弃了转瞬即逝的逃生机会，为不少学生赢得了生存的希望。

◎思考与交流：**老师**：同学们，地震了，你们怕不怕？（怕）

难道老师不怕？老师怕不怕？（怕）

老师想不想逃生？（想）

她有没有逃生？（没有）

为什么她没有？（救学生）。

老师：同学们，舍己救人，视死如归，说起来是多么的轻松呀，可是要行动起来，真的难于登天呀。但是我们的老师做到了，她毫不犹豫地选择了救学生。这不仅仅是我们看到的何智霞老师，在汶川地震中，还有很多老师做出了这样的选择。

（1）为什么老师们主动放弃逃生的机会主动救学生？

（2）假如你是老师，你能够做出这样的行动吗？

◎小结：灾难面前，老师们忘记了自己，也忘记了自己的亲人，他们心中唯一的愿望就是希望自己班上的学生们尽快地脱离险境。

◎设计意图

通过设问和换位思考引导学生去理解为什么在危难面前老师没有选择逃生，而是选择为学生赢得生存的希望，从而让学生发现教师的伟大和对学生无私的爱，达到情感的升华。

这样的老师是伟大的。可能，有些同学心想，为什么我没有遇上这么好的老师呢？是不是只有为学生付出生命的老师才算是一个好老师？（不是）并不是的。在发生地震以前，四川的老师也只是在自己平凡的岗位上做着平凡的工作。其实，大多数的好老师都在默默地为同学付出着，下面就让我们一起来认识一位我们身边平凡的老师——感动中山的人民教师候选人之一的冯杏芳老师。

3. **大爱铸师魂**

（1）观看视频《大爱铸师魂》。

（2）思考与交流。

①你觉得冯杏芳老师是个怎样的老师？

◎小结：其实，很多老师都像冯杏芳老师一样尽职尽责地工作，关心爱护我们的学生。

②你们身边有没有这样的老师？请学生分享身边的好老师。

◎设计意图

从前面教师爱学生的典型过渡到生活当中教师平凡而无私的爱，引导学生去发现自己身边值得尊敬的教师们，也从情感中的羡慕过渡到生活当中的拥有。

4. **老师，您辛苦了**

有些同学已发现我们身边老师的闪光点，然而很多同学并没有发现就在自己身边的好老师。老师们的努力，老师的付出是默默无语的。老师的用心良苦，有很多你们并不知道，现在让我们一起来了解。

（1）播放视频《老师，您辛苦了！》。

◎小结："孩子，好好读书吧，将来会有用的。"多少老师为了这一句用心良苦的劝告，让不理解的同学讨厌；多少老师因为严厉而让同学们觉得反感，同学们，你是否也曾因为老师的苦心教育而讨厌老师？你是否也曾经因为不理解老师而做出不尊重老师的行为？

（2）同学们，请你诚实地告诉我，在我们身边有哪些不尊重老师的行为？

（3）你为什么觉得这些行为是不尊重老师呢？

◎小结：同学们，我们的成长离不开老师的教育，每一个老师都是尽自己最大的努力在教育着我们，老师是不容易的，当他选择了这个职业就意味着一生的奉献。有一首歌，我觉得唱出了每个老师的心声，今天我把它带了过来，跟同学们一起分享：《我是一个老师》。

◎设计意图

通过欣赏视频《老师，您辛苦了》引导学生从内心深处去理解老师们的付出，从而引导他们认识到日常生活当中有哪些不尊重老师的行为。并且通过老师分享自己的例子，引起学生们情感的共鸣。

5. 聆听老师的心声

欣赏歌曲《我是一个老师》。

◎小结：其实我没要求什么回报，只希望你今后路走好。这是我们每一个老师的心声。

◎设计意图

这首歌唱出了老师的心声，通过观看这一视频引导学生了解老师的苦心。

6. 情感升华：如何尊重老师，感恩教师（背景音乐：奉献）

提问：同学们，了解了老师的苦心，我们应该如何去尊重为我们奉献的老师呢？

◎教师小结：

首先，要在认识上，感情上去理解老师、体贴老师。

其次，要尊重老师的劳动。

第三，要接受老师的教育，在成长过程，有错误是在所难免的，可关键是能否知错就改，如果能，那就既表现出我们的宽广胸怀，也表现出对老师的尊重。

第四，要养成使用礼貌用语，主动向老师问好的习惯。

◎设计意图

这是整节课的升华，通过发现教师的付出，理解老师的苦心，达到尊重老师，感谢老师的目的。通过学生们的回答，在学生中间引起共鸣。

7. 在《感恩的心》歌声中结束

同学们，希望今天这节课能让你获得启发，在今后的学习生活中能够更多地理解我们的老师，尊重我们的老师，不要做那个悔恨的商人，不要把老师那善意的劝告当成烦恼和怨恨。我们要学会感谢老师，尊重老师的付出。更希望同学们能如刚刚说到的，从我们的生活细节做起，尊重我们的老师。最后，我衷心祝愿你们在老师的帮助下茁壮成长、学有所成！

◎多媒体显示：尊重老师，从我做起！

◎设计意图

在歌曲《感恩的心》中结束本节课，沉淀情感。

（二）第二课时　老师伴我成长[①]

【设计理念】

人们把老师比喻为“人类灵魂的工程师”，确实，老师就像是一支红烛，充分燃烧自己，一点一点地融化学生心灵的冰川，让他们远离寂寞，让学生成长。我们的老师，没有华丽的舞台，没有簇拥的鲜花，一支支粉笔是他们耕耘的犁头；三尺讲台，是他们奉献的战场。他们的幸福，是桃李满天下，是学生唤他的一声“老师”。在这个物质横流的社会，学生的成长环境变了，思想也随着环境而变得更为复杂，情感也更为敏感，在与老师的相处过程中，不少学生难以理解老师的付出，觉得在家妈妈啰唆，来到学校后老师更啰唆，不是作业就是纪律，甚至有小部分学生对老师的言行举止产生误解。因此，本节课在于让学生了解为自己传道授业的老师，明白老师的良苦用心，学会处理与老师产生的各种冲突或矛盾，进而学会感激老师，让自己更好地学习，收获想要的硕果。

【教学目标】

认知目标：了解为自己传道授业的老师。

情感目标：体会老师的良苦用心，学会感激老师。

能力目标：懂得处理与老师产生的各种冲突或矛盾。

【教学重点】

懂得处理与老师产生的各种冲突或矛盾。

【教学难点】

体会老师的良苦用心，学会感激老师。

【教学形式】

心理健康教育活动课。

【教学准备】

让两名学生做好小品表演的准备；课前由班主任收集学校部分领导、该班级长和各科科任老师的心里话，最好准备每人一张照片；制作课件。

【教学过程】

1. 歌曲导入：《老师》

歌词：啦啦啦啦啦，啦啦啦啦啦/啦啦啦啦啦，啦啦啦啦啦/你给我一句话，就打开我一扇窗/你给我一个微笑，我就浑身是力量/你给我一个眼神，我就找到了方向/你放开双手让我遨游知识的海洋/老师啊老师，你像我兄长/老师啊老师，像老朋友一样/老师啊老师，是我学习的榜样/你给我的一切，我永远不会忘/你给我一句话，就打开我一扇窗/你给我一个微笑，我就浑身是力量/你给我一个眼神，我就找到了方向/你放开双手让我遨游知识的海洋/老师啊老师，你像我兄长/老师啊老师，像老朋友一样/老师啊老师，是我学习的榜样/你给我的

---

① 此课程由中山市永宁中学罗丹设计。

一切，我永远不会忘/老师啊老师，你像我兄长/老师啊老师，像老朋友一样/老师啊老师，是我学习的榜样/你给我的一切，我永远不会忘/啦啦啦啦啦，啦啦啦啦啦/啦啦啦啦啦，啦啦啦啦啦

◎思考：这首歌让你想到了什么？

师：老师的心，和父母一样：如果说父母给了你生命，那么可以说老师给了你灵魂。如果说父母给了你肉体，那么可以说老师给了你思想。让孩子孝顺父母，让学子爱戴老师！

◎多媒体显示：老师伴我成长

◎设计意图

通过童声版的歌曲《老师》，唱出了老师在学生成长路上所起的重要作用，清脆的童音直击学生的内心深处，引起心灵上的共鸣，既点明主题又为课堂营造了良好的氛围。

2. **配乐散文《难忘师恩》**

明天我就要背起书包踏上新的征程了，临行的前夜我有太多的话想说……

肖，两年来您给我留下的太多太多，我真不知从何说起。您还记得那次作文事件吗？仗着平时与您说话随意，遂在课堂上为自己辩护，不料却遭来您的一顿“猛批”。我自认为是您很得宠的学生，您居然让我在大家面前颜面丢尽。哼，我恨！

于是在您的课上，我头也不抬，再也不回答问题，甚至三心二意，与以前那个积极主动、活泼开朗的我判若两人。您不敢再等闲视之，课后，主动邀我去谈谈。我明白您妥协了，只是不敢去，也不知道去了该说些什么。但终于我还是去了……一切又恢复了正常。

这次我的赌气似乎很奏效，但争强好胜的我却没有丝毫获胜的喜悦。相反，我觉得在您的真诚面前，我输了。

今天我握着这重点高中的录取通知书，太多的往事浮现在脑中，总是难忘您那热情亲切的笑容，信手拈来的如珠妙语，才思敏捷的侃侃而谈。两年来，在您的关怀引导下，我对语文产生了浓厚的兴趣；而且在与您的接触中，我也多了一份理智，少了一份冲动；多了一份稳重，少了一份浮躁。

就要说再见了，但，肖——您这位严厉的老师，亲切的姐姐，热情的女孩，将永远是我记忆中最美好的一页。

◎思考：听完录音后，你有什么感受？

师：老师在我们成长的过程中扮演着重要的角色，喜爱我们的老师，才能更好地喜欢上老师们所上的课，从而做一名优秀的学生。

以一位即将离校学生对往昔师生相处时光的回顾，引出良好师生关系对学生健康成长的影响。

3. 你说我说

师：既然老师在我们的学习生活中扮演着重要的角色，那么在我们的印象中，一定有让你最为感触的老师或老师所做的事。下面请大家一起来回忆，说说你印象最深的一位老师，分享老师所做的让你感动的事。

◎活动：（1）小组讨论你印象最深的一位老师，并详细说说原因。

（2）分享在你的成长过程中，老师所做过的最让你感动的一件事。

◎小结：刚才同学们都很兴奋地说着自己印象最深的老师。确实，细细想来，老师在默默地为我们做了那么多的事，而且从不要求学生回报，春夏秋冬年复一年地送走一批学生又迎来一批学生。老师们在三尺讲台上挥霍着自己的青春年华，为的正是学生们美好的明天。

◎设计意图

让学生从大脑的记忆中找寻老师的影子，学着去理解老师的言行举止，体会那份包含在琐碎唠叨中的爱，最终达到在内心深处去体会老师的良苦用心。

4. 小品表演

现实中，老师与学生的关系并不是一直都处于良性状态的，在青春期荷尔蒙的刺激下，难免有学生会埋怨老师的做法，或者是老师因工作的琐碎未能及时了解情况，从而产生误会，在这种情况下，我们又该怎么去做呢？下面让我们一起来看学生自编自导的小品《生病与做作业》。

师：（语气严厉地）李涛，昨天的作业是怎么回事？

生：（声音怯怯的）昨天的作业我没有做完。

师：学生完成作业是天经地义的事情，你居然轻飘飘的一句话“没做完”就完事了。

生：因为我昨天生病了。

师：病了就有理啦！人人都可能生病，生点小病就不做作业，你也太娇气啦！

生：老师，我不是故意的，实在是肚子疼得做不了作业……

师：不要再狡辩了！给我把昨天没完成的作业抄三遍！

◎思考：

当我们与老师之间产生误会或矛盾时，我们应该怎么做？

师：确实，人与人之间难免会产生误会或矛盾，在老师与学生之间也一样有。当误会、矛盾产生时，作为学生，我们该怎么去做呢？老师在这里给大家提几点建议。

◎多媒体显示：主动沟通

（1）从老师的角度看问题。

（2）正确对待老师的表扬和批评。

（3）原谅老师的错误。

◎设计意图

让学生明白老师与学生之间也会产生误会或矛盾，一旦有这样的误会或矛盾时，要学会运用恰当的方法去解决，尽量让自己与老师之间保持一种良好的师生关系。

5．老师的心里话

课前由班主任收集学校部分领导、该班级长和各科科任老师的心里话，同时准备每人一张照片。

◎设计意图

让学生明白老师的内心想法，老师的严厉、批评甚至责骂，都是有一定原因的，那就是希望学生能够有学生的样，全心投入到学习中去，努力、刻苦、拼搏，在学习上有所成就。

6．我们对老师说

看完老师们的心里话后，同学们都很想谈谈自己的内心想法。

◎多媒体显示：

感恩老师，给我前进的动力；感恩老师，给我飞翔的翅膀；

感恩老师，给我指明人生的方向；感恩老师，给我放眼世界的慧眼。

师：老师的爱，像一股暖流，渗入我们的心田；像一种呼唤，帮我们的心灵找到回家的路；像一阵春风，给我们温暖和温馨。感恩老师，用点滴的进步告诉老师：

老师，我的每一步成长都离不开您的牵引！

◎设计意图

在感动于老师的心里话的基础上，让学生谈谈自己内心的想法。

7．小结：愿同学们都能与老师建立良好的师生关系，进而努力学习，学有所成！

四、 学业成就

（一） 第一课时 我的未来我的梦[①]

【设计理念】

大量调查研究表明：中学生学习动力不足是制约学习效果的主要因素。在日常的教育教学中，我们发现很多初中生对学习毫无兴趣，视学习为负担，把学习当作一件痛苦的事情。没有学习计划、学习目标，没有求知欲、上进心，对学习持消极态度等学习动力不足的情况非常普遍。初中学生正处于青春期，处于人生发展的关键时期，如何对其加以引导，提升学习动力对学生未来的个人发展有着重要意义。

梦想是深藏在人们内心深处最强烈的渴望，也是人们走向成功的原动力。很多中学生对于未来也都有无限美好的憧憬，都有对未来的渴望和追求。如何引领学生把这种美好憧憬清晰化，让他们认识到梦想的实现与现在学习有着密切的联系，用梦想激励学生更好地规划自己的学习生活，这对学生现阶段的学习以及未来发展都具有重要意义。

【教学目标】

认知目标：了解梦想的意义，认识梦想实现和现在学习的关系。

情感目标：激发学生对美好未来的憧憬之情，激发学习动力。

能力目标：为未来造梦，寻找梦想，规划当下生活。

【教学重点】

清晰化梦想，激发学习动力。

【教学难点】

认识梦想的实现与现在的学习有密切联系，激发学习动力。

【教学对象】

七年级学生。

【教学准备】

（1）提前通知学生回忆或留意最近做的梦。

（2）制作课件，准备每人一份的纸笔材料。

（3）舒缓的背景音乐。

【教学过程】

◎课前热身：空中抛球——梦的联想

◎规则：每次接球的同学必须说一个和梦相关联的词。

1．**趣谈梦中故事**

同学们，最近有没有做梦？（如果有同学主动举手，可以让同学分享一下）

每个人都会做梦，有的梦是一些零散的片段，有的清晰得宛如现实生活，有的梦我们已经淡忘，有的梦让我们印象深刻，记忆清晰。你有没有什么记忆特别深刻的梦中

---

① 此课程由中山市纪中三鑫双语学校王盈盈设计。

经历？

（1）分享：自己最近做过或者记忆深刻的一次梦中故事或经历。

（2）思考：你觉得梦对我们来说有什么意义？

你觉得梦里的事物是否有特殊含义？他们是否预示着什么？

我们为什么会做这样的一个梦？

（3）教师科学点评梦境：申荷永——梦是来帮助我们的。

梦是潜意识的语言，梦是我们思想和愿望的表达，我们无法控制梦境，但是我们的生理和心理状态会影响我们的梦境。梦中我们会有非凡的洞察力和创造力，梦可以反映我们的思想和愿望，梦可以帮助我们发现自己的身心状态，可以帮助我们心灵得到成长，但是我们不能掌控睡梦，只能被动体验，那现实中有没有我们可以掌控的梦？（学生回答：白日梦）

◎设计意图

梦对于大家来说是一个非常有神秘色彩的话题，趣谈梦境，激发学生课堂兴趣，增加学生课堂投入度，为后面进入现实的梦想做铺垫。

2. 畅想未来，发现梦想

（1）白日梦：在心理学家看来，白日梦就是人在清醒状态下出现的、带有幻想情节的心理活动。通常是开心的念头、希望或野心。白日梦有时是未来的情景或计划，或者是过去的回忆，就像梦的画面一样。

（2）我的白日梦：在舒缓的音乐中，让学生畅想自己的未来之路。

◎指导语：请大家端正地坐在座位上，双手自然垂在身体两侧，平视前方，也可闭上眼睛，在音乐声中幻想自己希望的未来。（停顿10秒）想一下你希望自己拥有怎样的未来，希望自己经历怎样的成长过程？（停顿5秒）比如你的学习经历，初中你希望自己是什么样子的？高中你在哪里？大学？你希望未来从事什么样的职业？有哪些休闲活动？到哪里旅行？家庭生活？拥有怎样的人际关系？

（3）描绘你的梦想蓝图（文字、图画、图表、符号等）：“写”下你的梦想

我的梦想清单

——勇敢写下你的梦想，人生因梦想而精彩！

对于未来，我的梦想是：

为了实现梦想，我为自己确立的目标是：

为实现这个目标我的计划是：

写一句话，给自己加加油吧！

签名：

◎思考：

当前学校所学是否能为我的梦想实现提供支持？可以提供哪些方面的支持？作为一

名中学生，你现在可以去努力和行动的有哪些？

◎设计意图

通过未来之梦的畅想，激发学生对未来生活的美好憧憬，引学生主动思考我的现实追求和梦想是什么？

3. 梦想大擂台

梦想擂台：假设现在有一个关于梦想的“融资会”，你可以为你的梦想募集各种支持，但是你需要向你的投资团进行游说，并接受提问，你会说些什么？

（每个人都请用2分钟准备，不准相互交流）

（1）活动流程。

①擂主陈述自己的梦想和所做规划以及当前情况及行动。

②投资团成员提问。

③投票决定哪位获得风险投资。

（2）活动分享：学生分享梦想擂台的感受。

（3）梦想再规划：老师小结：在完成梦想清单过程中，可能会出现的问题，如何把梦想转化成清晰明确的目标，如何分解目标。

通过梦想擂台，你发现自己的规划有什么不足？梦想实现中可能会遇到哪些阻碍？你准备怎么去克服？（分享梦想故事：施瓦辛格）

（4）课堂小结：追逐梦想，离不开现实的基础，处在义务教育阶段的我们现在为了梦想可以做的就是努力学习，努力充实自己，为未来的梦想实现打下坚实的基础。

◎设计意图

通过别人的视角帮助学生完善自己的梦想规划，在问答中让梦想和规划更加清晰。

4. 课后追踪拓展

每日小结会，进行自我小结，今天我为自己的梦想做了什么？我的收获是什么？（小组长和心理委员负责主持和监督）

5. 课后反思

以前也设计过关于梦想的课程，发现学生参与的积极性不是很高，并且很难真正把梦想与现在的学习生活相联系。本节课的设计增加了梦的解析活动，学生参与的积极性、课堂投入度大大提高，学生积极分享自己的梦境，在由难以把握的虚幻的睡梦转入自己可以把握的现实的梦想时，学生也更乐于去认真思考了。同时把未来梦想与初中生的学习实际更好的连接起来，更好的触动学生思考自己当前的学习生活，激发学习动力。课后拓展环节，很好地为梦想注入了持续的力量，让因梦想而激发的学习动力随时保持唤醒状态，让学生的学习有更多的主动意识，效果很好。建议持续进行。

6. 附录：施瓦辛格的追梦之旅

1947 年，阿诺德出生在奥地利的一个普通家庭里，父亲是一位警长。年轻时一位欧洲商人曾邀请阿诺德·施瓦辛格一家到他在美国的豪宅一游。美国一游，在阿诺德的心里燃起了一股无法扑灭的火种，让他诞生了一个美国梦。在他 14 岁的时候，他的中学老师让班上同学写自己今后的打算，这个来自奥地利乡村的穷小子写下了一个在大家看来几乎狂妄不切实际的打算。他写道，我将来希望自己能成为美国总统。周围同学们的嘲弄并没有让他放弃梦想，他开始寻找通向自己梦想的成功之路。他认为要想成为总统，必须要有很高的社会地位，用通俗的话来说就是要成为名人，他对照了一下自己的条件，唯一可能性比较高的就是利用自己一身健壮的肌肉，成为健美家。于是 14 岁的他明白了自己应该去追寻的一个个目标：练习健美—参加健美大赛—成为世界级的健美家。随着他的努力，他的目标一个个的实现，他也离自己的梦想越来越近。19 岁获得少年欧洲先生（Jr. Mr. Europe），24 岁获得世界先生，他成为了健美界的超级新星，后来更是被好莱坞的导演看中，进入演艺圈，虽然他没有受过专门的表演训练，但却跻身好莱坞主流影星之列。在好莱坞的经历让他积累了大量的金钱和人脉，他开始进入商界、政治界，最终在2003 年竞选成功，11 月就任美国加州州长，至 2011 年 1 月 3 日卸任，任期 7 年。

（二） 第二课时　学会成功归因①

【设计理念】

归因理论认为，学生对成败持有的归因信念会影响学生的成就期待、情绪情感，从而影响成就表现。如果把成功归因与能力、努力等因素会提高学习满意感、自信和期待，促进学习动机，提高学习成绩。如果把失败归因于能力不足，会降低期待，减弱学习动机，降低学业追求。同时学习归因与学业自我效能又有着密切的关系，如果把成败归因于能力，则学业自我效能会提高。因此学会合理的归因很重要。

结合积极心理学大师塞利格曼的研究，我们可以发现塞利格曼教授认为乐观是一种解释风格，即归因风格，而非人格特质，他是可以通过训练进行学习的，为我们的不良心境提供了积极的选择，这就是塞利格曼教授提出的习得性乐观。

因此合理调整自己的学习归因，乐观的（有弹性的乐观）看待自己的学习，有助于帮助学生建立良好的学习心态，提升学业的自信心，从而更加努力学习，取得更好的成绩，获得更多的成就感。

【教学目标】

认知目标：了解自己的学习归因及其对学习的影响。

情感目标：调整学生在学习方面的自我认识，增强学生学习的效能感，逐步建立积

---

① 此课程由中山市纪中三鑫双语学校王盈盈设计。

极主动的学习心态，树立我能学好的学习自信心。

能力目标：学会对学习事件的成功归因。

【教学重点】

调整学生在学习方面的自我认识，逐步建立积极主动的学习心态。

【教学难点】

掌握成功归因，并应用于自己的学习分析。

【教学方法】

讲授法、讨论法、活动法。

【教学形式】

心理健康教育团体辅导课。

【教学对象】

七年级学生。

【教学准备】

（1）了解班上同学大概的成绩分布，了解他们对自己成绩，以及学习能力的评价，从而使辅导变得更有针对性。

（2）教学课件。

（3）纸笔材料：我的学习自画像。

【教学过程】

1. **热身活动："拍七"（配轻音乐）**

（1）活动规则。

①每个小组围成一圈，每人轮流数数字。从 1 开始数，遇到 7 或 7 的倍数，或末尾是 7 的数字都不准数出来，用手拍一下代替。有人犯错，重新从 1 开始，选出犯错最多的人。

②犯错最多的人要接受惩罚，学一种指定动物的叫声，至少 10 秒钟。（猩猩、狼、猪、狗、驴）

（2）学生游戏。

（3）接受惩罚。

（4）分享惩罚感受：在让你接受学动物叫的惩罚中，你的感受怎样？有困难吗？对于这次的惩罚，你是怎么想的？你的想法影响你的表现了吗？

生 A：很难为情，因为觉得猪的叫声很难听。

生 B：只是一个游戏的惩罚而已，没什么。

生 C：我觉得大家都在看我的笑话，学不出口。

（5）老师小结，引入话题：也许你已经发现，在接受惩罚的时候，你是如何看待这件事情，悄然影响了你的行动！如果你想只是个游戏惩罚，好玩而已，你就会轻松地完成惩罚；如果你想"好尴尬，同学都在等着看我的笑话"，你也许就会叫不出声音，无法完成惩罚。

◎设计意图

调动课堂气氛，调动大家的课堂集体参与度，并导入课程。

2. **学习者自画像**

显然，你对接受惩罚这件事情的看法，影响了你的表现，那么你在学习上对自己又有哪些看法呢？它又如何影响了你的学习表现呢？让我们带着对自己学习情况的思考，来完成这张学习者自画像（图4－4）吧。

◎要求：请分别就学习能力、学习兴趣、学习的努力程度、自己当前成绩对各学科进行一个自我描绘。

（1）请为自己各学科的学习能力进行评价：

A. 能力差　　B. 一般　　C. 还不错　　D. 能力很强

（2）请为自己各学科的学习兴趣进行评价：

A. 没兴趣　　B. 一般　　C. 比较有兴趣　　D. 十分有兴趣

（3）请对自己学习的努力程度进行评价：

A. 不太努力　　B. 一般　　C. 比较努力　　D. 非常努力

（4）各科学习成绩水平：

A. 很差　　B. 一般　　C. 较好　　D. 很好

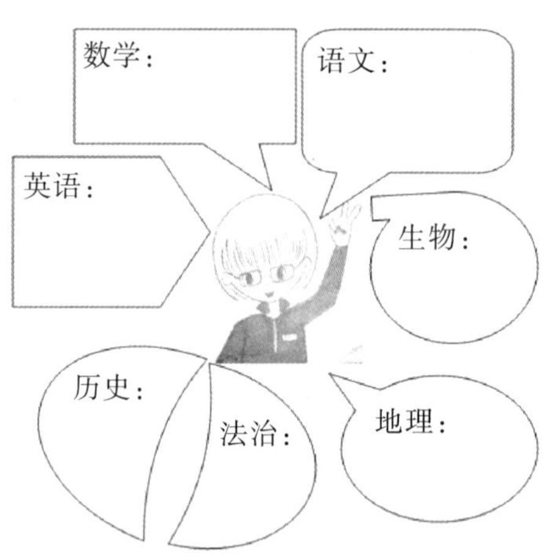

图4－4　学习者自画像

学习者自画像小组分享：你发现了什么？

◎教师小结：大家可以发现，你对自己学习的评价，也就是你的看法对你的学习状况、学业成绩有很大的影响。这就是心理学家所说的学习中的“自我验证效应”。如果你觉得自己在哪一科目上能力比较欠缺，没有这方面的天分，就会逐渐对自己在这一领域的学习失去信心，从而慢慢降低了学习的兴趣。信心和兴趣失去以后，努力的程度也就降低。例如，“反正我的数学能力本身就很差，再怎么努力也赶不上其他数学好的同学，还不如抽出更多的时间来学习语文和外语”。这样，就不会在学习计划的制定、时间的安排、学习方法的尝试等方面来提高成绩。时间一长，成绩就不会有多大的进步，还可能更加糟糕。成绩不好，又会进一步验证和强化自己原先对自己学习能力的认识和评价，从而形成消极被动的恶性循环。反之，如果具有积极的学业自我概念，认为自己在某科目上具有一定的潜能，就会更加自信，学习的兴趣也比较高，这样就会更加努力，更加勤奋，主动摸索有效的学习方法和技巧，随着时间的推移，学习成绩就会更加提高。这样就会更加相信自己的学习能力，产生良性循环。这就是我们学习中的“自我应验效应”。

◎设计意图

通过自画像活动，让学生清晰地看到学业自我评价，如何影响自己的学业成就。

3. 学会积极归因

师：从上面的学习，可以看出在我们取得好成绩或成绩不满意的时候，会从不同的方面寻找原因。而学习归因的方式，对学习者的心理就会有不同的影响，进而对他们以后的学习也会产生不同的影响。

那么先让我们一起来了解一下归因的相关理论吧

（1）归因理论与乐观解释风格。

一般来说，人们往往会从能力、努力、任务难度、运气等四个方面，来解释自己在某事上的成功与失败。

积极心理学大师塞利格曼在归因理论以及理性情绪疗法的基础上，提出了人们在面对不同事件时会有乐观或悲观的解释风格，主要从以下 3 个维度来解释，时间维度（永久性 VS 暂时性）、空间维度（普遍的 VS 特定的）、个别性（内在的 VS 外在的），乐观的人在解释遇到的好事情的时候，习惯解释为永久、普遍、内在的，遇到坏事情的时候则习惯解释为暂时、特定、外在的。

（2）案例分析。

让我们一起来看看下面的这个例子。

进入初中后，在小学成绩优秀的小丽和小明，数学成绩一路下滑，在最近的数学学习中，小丽很少按时完成作业，上课状态也十分的不好。而小明则开始花大量时间在数学学习上。

小学学习成绩不是很优秀的小美和小晴，进入初中后，几次数学考试成绩都不错，但是小美总是担心后面开始学习更难的内容自己会退步，而小晴则对数学学习越来越有兴趣和自信了。

请分析小丽、小明、小美、小晴对于自己数学成绩考不好或数学成绩提升的原因，以及他们对这件事情的解释风格如何？完成表 4－1。

表 4－1 归因训练

行为结果	原因	归因方式	解释风格
小丽			
小明			
小美			
小晴			

◎提问：从上面的案例中，你得出了什么结论？

从上面的分析中我们可以看出，在学生成功和失败的时候，不同归因对自己的心理具有不同的影响，对自己以后的学习活动也具有重要的影响。那么以后当你学习中获得成功或者出现挫折的时候，你应该如何归因，如何解释它呢？

◎设计意图

通过具体案例分析，让学生认识归因方式和解释风格不同对自己学习行为和学业成就的影响。

3. 做乐观的学习者

请大家拿出你的学习自画像，分析你在某个具体学科上的归因方式以及解释风格是怎样的？带给你了怎样的影响？完成表 4－2。

（1）请在小组内和同学们进行分享。

（2）请组长推荐组员进行分享。

表 4－2 做乐观的学习者

日期	事件	归因方式	解释风格	行为结果	是否需要调整？ 调整后
11 月 3 日 周一	例：数学作业不会	能力	永久、内在的	失去学习数学的信心，不会努力去学数学，调整自己的学习方法	今天上课我没认真听讲（努力、暂时、外在的）

师：学习中我们会遇到困难，同样会体验到成功的喜悦，愿各位同学在课后加强自我觉察，调整自己学习生活中不合理、过于悲观的归因和解释，树立积极的学习心态，做乐观的学习者。

觉察自我的不良归因和消极解释，觉察由此而产生的消极学习行为，从而建立积极的归因模式和乐观的解释风格。

4. **课后拓展任务：做乐观的学习者（自我训练日记）**

◎设计意图

把课堂所学落实于实践当中，促进学生认知观念的调整，从而形成稳定的积极归因和乐观解释风格。

（三）第三课时　有效听课我能行[①]

【设计理念】

进入初中以后，学生除了身心发生变化之外，还面临着如何改变小学的学习方式来适应初中学习需要的转折。学习方式是否适应，直接影响学生能否以初中特定的学习方式、学习能力参与到学习中来。初中适应能力的一个重要方面是“化被动为主动”，提高课堂听课效率。只有改变被动的听课方式，采取积极参与课堂活动、认真倾听、细致观察、积极思考、灵活做笔记等主体性学习方式，才能大大提高课堂效率，克服因“走神”、注意力分散引发的学习效率低下等问题。

【教学目标】

认知目标：让学生了解“学会听课”“学会笔记”在初中学习过程中的重要性，懂得一些基本的听课规范。

情感目标：通过活动，让学生感受到听课实际上是一种多感官并用联动的过程。

能力目标：让学生掌握认真倾听、细致观察、积极思考、灵活做笔记等主体性学习方式。

【教学重点】

让学生通过活动掌握认真倾听、细致观察、积极思考、灵活做笔记等主体性学习方式。

【教学难点】

通过活动，让学生感受到听课实际上是一种多感官并用联动的过程。

【教学对象】

七年级学生。

【教学准备】

搜集学生课堂笔记比较有特色的样例，拍成照片；多媒体课件；准备 MP3；综合测试题。

---

① 此课程由中山市东凤中学陈丽兴设计。

【教学过程】

预备铃后，与学生轻松地聊天，了解他们进入初中后的感觉？对比与小学有什么不一样？更喜欢哪一个环境的学习？短短两个月的初中学习，你们班有“学霸”吗？羡慕他们吗？你们有没有想过，同一个班级，同样的老师，为什么有些同学能成为“学霸”，而有些同学还不够理想呢？其中一个重要的因素是我们听课的效率。今天就让我们一起体验“有效听课我能行”。

◎设计意图

通过谈话了解学生对初中生活的适应程度，更好激发学生的兴趣，明确上课的主题。同时，拉近与学生的关系，使课堂气氛更融洽。

1. 趣味小测验

（1）趣味测验。

教师引导：为了更好地了解大家的学习状况，我们先来完成一个综合小测试。请每组的组长从桌子里拿出试卷发给组里的每一个同学。请你们估算一下，完成这样一张测试卷最快需要多少时间。

◎测试要求：①每个同学先把试卷浏览一遍。

②答题时要求安静、独立、迅速、准确。

◎测试反馈：1 分钟内有学生完成、举手。因为听了老师的测试要求，先浏览试卷，看清了考试要求。大多数同学因为注意力不集中，走神，没听到老师的指令，导致事倍功半。

（2）教师点评：课堂上，大家可以通过“听”获取有效信息；另一方面，“看”也是获取有效信息的途径。但是对于大部分同学而言，最困难的是如何集中注意力去听，去看。注意力涣散往往导致思维力度不够，观察不细致，记忆不精确，它是影响课堂效率的最重要的负面因素。

◎设计意图

通过趣味测试，让学生体验没有听清楚老师的要求，没有看清楚要求，就会无法正确完成学习任务，从而明白“听”和“看”的重要性。

2. 活动：当耳朵遇到“我”

（1）教师引导：的确，课堂上，我们可以通过“听”获取有效的信息。（板书：耳到）现在我们就来考验一下我们的耳朵。

（2）规则：在听歌曲的同时，请数一数歌词中一共有多少个“我”字，算好之后，把答案写在白纸上，同时举起你们的组牌。

（3）学生分享：在这个游戏中，要取得胜利，最重要的是什么？学生发言后（板书）

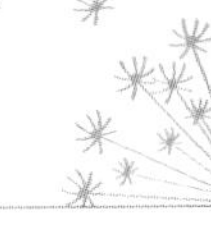

◎设计意图

通过听觉的游戏，让学生体验要在游戏中取胜，就得集中注意力听，排除干扰。课堂上，我们也可以通过“听”获取有效信息。

3. 活动：当眼睛遇上颜色

（1）教师引导：课堂上我们除了耳朵要到之外，还要“眼到”，“看”是获取有效信息的直观途径。下面请同学来看，请小组来挑战一下你们的眼睛。

（2）规则：按顺序读出图中字体的颜色。

（3）在这轮游戏中，你是怎样做到快而准的？学生谈体会。（板书）

◎设计意图

通过视觉游戏，让学生体验要在游戏中做到快而准，就得明确目标，集中精神看。课堂上，“看”是获取有效信息的有效途径。

4. 活动：当大脑遇上数字

（1）教师引导：在刚才的游戏中，同学们都做到耳到、眼到、口到、表现很好。完全具备挑战下一个游戏的资格。准备——开始！

（2）活动规则：请学生用准备好的白纸，把老师报的数字写到白纸上，每组都是一连串的数字，每组数字老师会用不同的指令。数字仅报一次，每组数字的游戏规则也仅报一次，看哪位同学能在最短的时间内完成要求。

例如：

在某个数字下画线，如在“8”下画线：4875578268681440826810372648528

在两个相同的数字下画线：66098755347993429922396675733397

在两两相连的数字其和等于10的两个数字下画线：2596458736559154287537091087 46

（3）活动开始，看谁心静、眼疾、手快。

（4）展示结果之后，请学生分享经验或体会。

（5）教师点评：在刚才的分享中，大家谈到首先要集中注意力，听清楚游戏规则，记录正确的数字组，才能确保最快完成要求。同样的道理，课堂上，我们听课最大的敌人就是注意力不集中，那我们究竟可以通过什么方法来提高课堂学习效率呢？

◎设计意图

通过游戏，让学生体验要完成游戏，就得心静、眼疾、手快，要把眼、耳、口、心等感官都动起来。课堂上，我们也需要耳到、眼到、心到、手到、口到，这样才能有效听课。

5. 展示活动：当我们遇上学霸

（1）教师导入：手到，需要我们有选择地、有技巧地做好笔记。

（2）图片展示学习成绩好的同学的笔记的图片。

◎设计意图

通过图片展示，给学生树立一个榜样的作用，让学生感悟课堂上做到“耳到、眼到、心到、手到、口到”，课堂的效率就会得到提升。

6. 活动：当我们遇上课堂

◎学生感悟并分享：你最大的收获是什么？以后的课堂你会怎样做？把自己的感悟和日后的做法写在书签上。然后分享。

◎设计意图

在优美的音乐中让学生感悟，总结一节课的收获，并且将其运用到日常的学习活动中，以帮助学生提高听课的效率。

7. 课堂小结

同学们的做法都很好。我们要规范自己的课堂习惯、集中课堂注意力，不仅要从“听、看、思、写、说”五个方面监督自己，更要选择适合自己的笔记形式，让“眼、耳、心、手、口”多感官并用联动，这样才能提高听课的效率。适合自己的方法就是最好的方法。祝愿所有的同学能在日后的学习中取得优异的成绩！

8. 课后拓展

每日总结自己的听课状态，在学习小组中进行自我反思，并汇总到心理委员处。

9. 附录

综合测试

（1）请写出你的名字（　　　　），年龄（　　　　），所在班级（　　　　）。

（2）秦统一全国的时间是（　　　　　）。

（3）秦朝时官方统一使用的文字是（　　　　）。

（4）公元前221年，秦灭六国，建立起我国历史上第一个统一的多民族的中央集权的封建国家。这种专制主义中央集权制度的思想来源于（　　　　）。

（5）当地球公转到图示位置时，与我国哪个传统节日比较接近？（　　　　）。

（6）小华从网上查到，地震发生时尼泊尔当地时间是4月25日12时许（北京时间是4月25日15时许），造成这种时间差异的原因是（　　　　）。

（7）如果水位上升3m记作3m，那么 -5m 表示（　　　　　　　　）。

（8）大于 -2.5 小于 1.8 所有的整数和等于（　　　　　　　　　　　　　　）。

（9）把35.4572精确到0.01是__________，此时它有_______个有效数字。

（10）比较大小：$-\frac{2}{3}$_________$-\frac{3}{4}$　（填“<、>或＝”）。

（11）在月球表面，白天最高温度可达127℃，夜晚温度则降低到 -183℃，那么月球表面的昼夜温差为__________。

（12）李商隐在《夜雨寄北》中以会晤的欢娱衬托客居寂寞，把思念深情转化为重聚希望的句子是：__________________，__________________。

（13）（《<论语>十二章》）中，告诉我们兴趣是最好的老师的句子是__________________。

（14）“学而不思则罔，思而不学则殆”强调了“__________”和“__________”相结合的重要性，是我们领悟到__________是__________的基础。

（15）一个老师排除孩子世界里的一件小小的 jiū fēn（　　　），是多么平常。

（16）回想此前和此后 jié rán bù tóng（　　　　　　　）的生活，我不能不 gǎn kǎi（　　　　）万分。

（17）答题提示：仅作试卷的第一题。

五、生活自主

（一）第一课时　时间的影子①

【设计理念】

初中生尤其是初一学生，刚刚从小学到中学，自我管理与约束能力比较差，时间意识不强，不会有效利用时间，导致学习效率低，变相减少了休闲、生活的时间，造成自主性体验降低。因此需要帮助学生了解时间、正确感知时间，进而改善学生的时间管理。

【教学目标】

认知目标：清楚自己的时间利用情况，知道学习、工作、生活、休闲都是人生的必要组成。

情感目标：树立健康的时间分配观念。

能力目标：能分辨自己在时间利用上存在的问题，制定科学合理的一日计划。

【教学重点】

帮助学生学会使用一些管理时间的方法，自主选择并分配时间。

【教学难点】

学会使用一些管理时间的方法，自主选择并分配时间。

【教学方法】

讲授法、讨论法、游戏法、书写法等。

【教学形式】

心理健康教育团体辅导课。

【教学准备】

纸条，“七彩时钟”，彩笔；音乐素材；教学课件。

【教学过程】

1．导入：音乐欣赏

学生欣赏两段时长一样，但不同风格的音乐。（截取《甩葱歌》《时间都去哪儿了》

① 此课程由中山市西区初级中学雷静婷设计。

的高潮部分）。

◎学生分享：两段音乐分别有多长时间？不同的话，哪一段长一点？为什么？

◎教师分享：时间这个东西看不见、摸不着，可它又确确实实地存在着。我们能用计时工具去测量它，但当情绪、兴趣、环境等不同，我们对时间的知觉又会有差异。今天我们就一起去捕捉“时间的影子”。

◎多媒体显示：时间的影子

◎设计意图

通过欣赏两段风格迥异的音乐，创设生活情景，让学生感受到人的时间知觉在不同的环境、情绪、兴趣状态下是有差异的。

2. 感受时间：60 秒的长度

◎教师引导，学生体验：请闭上眼睛，集中注意力。在我说开始之后，请大家在心里默数 60 秒，到时间之后请举手并睁开你的眼睛。注意在我喊“结束”前，保持安静，以免影响他人。

◎学生分享：活动过程感受？平时对于时间的把握是否准确？60 秒能做什么？

◎教师分享：60 秒，一个健康的成年人在休息时呼吸 20 次，新生儿则有 60 次；我们的大脑中会产生 33 个不同的想法；一般人能浏览一份报纸，能跳绳 120 下，算出 18 道算术题，写词语 10 个，吃掉几个饺子，可以收拾床铺，也可以休息一下保持精力。危难时刻可以逃离现场，保住自己的生命……60 秒，看似很短，其实可以做很多事情。每一天都有 1 440 个 60 秒，我们是如何度过这 1 440 个 60 秒呢？

◎设计意图

通过 60 秒的默数，使学生对自己的时间知觉准确性有更感性的认识。通过讨论 60 秒能做的事，让学生了解到 60 秒看似很短的时间原来可以做很多事情。

3. 活动：时光履带

◎教师引导：（1）每个人把手中的纸条分成 12 等份。假如这个纸条记录的是你的一天，每等份代表 2 小时。

（2）估算每天睡觉的小时数，将纸条相应的长度撕下，写上“睡眠”，放在桌面。

（3）剩下的就是我们清醒状态。估算每天吃饭、看电视、玩电脑、体育活动、交通时间、生病、人际交流等所用时间粗略估计，撕下相应的长度，写上“生活、休闲”，放在桌面。

（4）最后看看手里纸条的长度。代表了什么？（学生回答）手里剩下的纸条，代表的是学习和工作的时间，请写上“学习和工作”，放在桌面。

（5）比较三段纸条。

（6）与同学对比三段纸条。

◎学生分享：对比这三段纸条，你有什么感受和体会？你最喜欢哪一段？你觉得哪

一段对你的人生更有意义？为什么？

◎教师小结：三段对我们的人生都有意义。睡眠，使我们有足够的精力去更好地生活、娱乐、学习、工作；吃饭，才能使我们有足够的能量和营养，去参加各种活动；休闲娱乐，让我们放松身心，心情愉快；学习工作，让我们获得知识和技能，去创造更好的未来，实现自己的价值。可以说，纸条里的这些事情对我们来说的都是有其存在的意义和价值的，这样的人生才丰富、才精彩。

◎设计意图

通过对一天时间安排的反思，形象地呈现在纸条上。通过对不同内容纸条的对比，帮助学生了解自身时间、内容分配的合理性。

4. **时间都去哪儿了**

（1）阅读材料："小橙作业是如何完成的"（片段）。

晚饭后，在房间里找一个光线充足的地方，坐在宽大舒适的椅子里，前面放一叠书、作业、参考书和文具。

到外面去倒一杯水进来，以便在非常投入的时候不会因口渴需要走动而打断思路。

到洗手间的镜子前看看牙齿，顺便弄一下头发。

图 4－5　时间都去哪儿了

打开 mp3 听里面自己最喜欢的一首歌，他/她发誓，只听一首，听完这一首就立刻开始复习。

再听一首，接着又是一首。

整理一下书桌。

读一遍作业登记，把每个字都在舌头上翻一次，咽下它特别的味道。

打开电脑并发誓只上一会儿，就仅仅看一下自己的空间有没有新的留言。

发现别人的空间里更新了一些内容，出于好奇进去看看。

突然想起一个之前很想看的节目，登录在线视频软件，看了一下视频。

再看看别的新推出的节目。

在房间里找一个光线充足的地方，坐在宽大舒适的椅子里，前面放一叠书、作业、参考书和文具。

再一次仔细阅读作业登记，再一次确定今天需要完成的任务。

家长进房催促赶快睡觉，才惊觉已经10点多了，大呼："作业还没做，我的时间都去哪儿了？"

（2）小组讨论并发言：小橙的时间去哪儿了？为什么会出现这样的结果？我们自己有类似的经历吗？如何避免这样的情况再次发生？

（3）教师小结：时间对每一个人是公平的，我们拥有一样长度的时间。时间如影子，看似无形，却能被我们左右。但要平衡好每天的学习、工作、生活、休闲，我们首先需要制定一个靠谱的计划。

◎靠谱计划的原则：

①分步骤：把事情切割成小任务，小步子，脚踏实地。

②可观察：以某个行为来界定是否完成。

③可实现：目标达成产生的成就感能增强下一个任务的动力。

④有奖励：小奖励能增强每一任务实施的动力。

⑤松弛有度。

◎设计意图

以阅读材料为引子，激发学生思考如何合理利用时间和反思自己在日常时间利用方面存在的问题，并通过小组讨论，探讨解决问题的方法。

5. **七彩时钟**

◎教师引导，学生制作："七彩时钟"代表你周末的一天，请制定一个靠谱的计划，把每个事项标注在钟面上，并涂上不同的颜色（图4－6）。

◎小组交流并发言：组内分享自己的"七彩时钟"，讨论其合理性并给出建议。

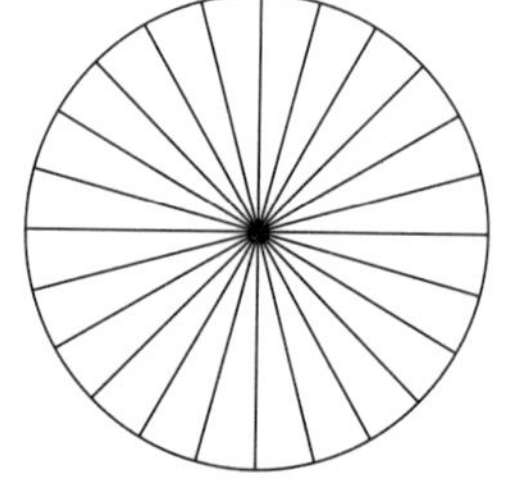

图4－6　七彩时钟

◎设计意图

让学生根据个人实际填写"七彩时钟"，进一步落实"靠谱计划的原则"，科学、系统地改进自身的日常安排。

6. **课后攻略**

继续完善自己的"七彩时钟"，并按"七彩时钟"的计划实施，记录实施的效果。

◎设计意图

一切教育都该回归生活，课上获取的知识和体验，都需要在生活中检验和调整，最终探索出最符合学生自己的模式。通过课后的实践，学生能在过程中发现问题、调整计划、改变策略，最终获得一个更符合自己的模式。

（二）第二课时　做自己的“时间管理师”[①]

【设计理念】

我们身边都会有这样的人，工作、学习、社交、生活、兴趣什么都不落下，日子过得丰富多彩。在惊叹他们管理时间的能力时，其实我们不知道的是他们管理的是精力。初中生存在诸如“休闲时间太少”“除了学习，做其他事情都是在浪费时间”“每天的时间都不够用”等不合理的想法。帮助学生正确认识学习、工作、生活、休闲的关系，学会一些管理时间的科学方法，能更好地满足学生的“自主性”需要，提升幸福感。

【教学目标】

认知目标：知道学习、工作、生活、休闲的时间需要合理分配和管理的。

情感目标：形成珍惜时间、科学管理时间的生活态度。

能力目标：学会使用一些管理时间的方法，自主选择并分配时间。

【教学重点】

帮助学生学会使用一些管理时间的方法，自主选择并分配时间。

【教学难点】

学会使用一些管理时间的方法，自主选择并分配时间。

【教学方法】

游戏法、讲授法、书写法。

【教学形式】

心理健康教育团体培训。

【教学准备】

多媒体设备、课件、打印《待办事项清单》和《我的一日活动归类清单》。

【教学过程】

1. **谜语**

师：如果每天有 86 400 元进入你的银行户头，而你必须当天用光。你会如何运用这笔钱？

师：揭示每人都有这样一个户头，那就是……以秒为计量单位的时间。提问学生“会否如管理金钱一般管理时间”“如何管理”。

◎多媒体展示：做自己的“时间管理师”。

---

① 此课程由中山市西区初级中学雷静婷设计。

◎设计意图

用谜语中的86 400元，激发学生讨论金钱的合理使用。揭示谜底，引起学生管理时间的兴趣。

2. 回顾“七彩时钟”

◎学生分享：上一节课的“七彩时钟”实施情况，过程中遇到什么困难和问题。

教师：实际操作起来我们发现有很多问题，而且人与人的差异很大。是有的人时间比较多，有的人时间比较少吗？我们身边都会有这样的人，工作、学习、社交、生活、兴趣什么都不落下，日子过得丰富多彩。我们在惊叹他们管理时间的能力时，其实我们不知道的是他们管理的是精力。

◎设计意图

回顾上一节课的课后作业，了解学生实践中遇到的困难和问题，引导学生理解时间管理的必要性，激发学生继续探索解决问题的积极性。

3. 时间管理有妙招

第一步：列清单——把杂事放在头脑以外的“收件箱”。

学生填写《待办事项清单》，列出放学后要完成的事项，每项只写一件事，注意要内容具体、书写简洁。

第二步：四象限法则——区分每个事项的重要、紧急程度。

（1）介绍四象限分类方法：

①第一象限：紧急、重要——没什么好说的，立即去做！（红色）

②第二象限：不紧急、重要——有计划去做！（黄色）

③第三象限：紧急，不重要——尽量少做！（绿色）

④第四象限：不紧急，不重要——尽量不做！（灰色）

（2）学生将以下的活动归类进四个象限，并说明理由。

①明天要交的语文练习册，但你还没开始做。

②下周美术课要交的作业，你已经完成了一半。

③好友想约你这几天去看一部他（她）很想看的电影，请你马上回电。

④你已经准备好周五的数学测验，但你想在测验前再复习一遍笔记。

⑤你的朋友想请你参加一个演唱会，但你一点兴趣也没有。

⑥即使明天考试，你还是很想看好几个小时的电视。

教师引导学生认识四象限法。四象限法是一种分清事情轻急缓重的原则，哪种事情分配到哪个象限要因时、因地、因人而异，灵活处理。要按四象限的顺序安排自己的活动，一般是先做第一象限的活动，接着第二象限的活动，最后是第三象限的活动，第四象限活动是不需要做的。

（3）学生根据自己的实际，把《待办事项清单》的项目填写到四象限中。

第三步：番茄工作法，开启免打扰模式。

◎设问：掌握了这个四象限策略，把自己的待办活动排列妥当，我们就能把自己的时间管理得妥妥的吗？执行起来会很顺利吗？你有什么妙招？

◎小结：对付艰巨任务，把它切割成小任务，使用计时器设定一个在固定长度（小于 30 分钟）的时间，在计时器发出信号之前集中精力完成一项任务。

◎设计意图

学生经过上一课时的学习和一周时间的实践后，对自身的时间管理问题比较清晰，此时学生学习新方法的主动性比较高。

4. 教师寄语：几点忠告

（1）一切不像想象中的简单。

（2）贵在坚持。

（3）适可而止。

（4）休息一会。

（5）计划先行，回顾殿后。

5. 课后拓展：

总结，布置课后拓展作业：填写并按照《我的一日活动归类清单》（表 4－3）予以实施，并进行跟踪记录，看一周之后自己确实做到的有哪些，没有做到的有哪些，有针对性地改进自己的计划和做法。

表 4－3 《我的一日活动归类清单》

项目	紧急		不紧急	
重要		○		○
		○		○
		○		○
		○		○
不重要		○		○
		○		○
		○		○
		○		○

（三）第三课时　休闲的学问①

【设计理念】

休闲是一种自由支配时间的活动，“是指每个人在工作、学习和自理生活以后，可以自由支配的一种状态”。初中生在学习的压力和家校管理压力下，休闲时间越来越少。同时，不少初中生的“休闲”走进了“内容消极”“形式成人化”的误区。如何健康休闲，是一门值得研究的学问。

【教学目标】

认知目标：认识健康的休闲活动的意义与原则。

能力目标：能根据个人实际，科学、合理地安排自己的休闲活动。

情感目标：树立健康休闲的理念。

【教学重点】

能根据个人实际，科学、合理地安排自己的休闲活动。

【教学难点】

认识健康的休闲活动的意义与特征。

【教学形式】

心理健康教育活动课。

【教学准备】

打印“假日时间蛋糕”“健康休闲我做主”活动材料；制作课件。

【教学过程】

1. **导入活动：心有灵犀**

请一至两名学生上台，根据教师提供活动名称（如：画画、听音乐、散步、打篮球……），用肢体动作表演出来，台下的学生仔细观察同学的动作，猜猜他做的是那种活动。

◎思考：这些活动属于哪种类型的活动？

师：是的，这些就是我们生活中常常参与的休闲活动。生活中，你还有哪些休闲活动，做一做，让大家猜一猜？（请学生自主上台表演、竞猜）

◎思考：这些风格各异的休闲活动有什么共同特征？（心情、场景、时间……）

师：印度诗人泰戈尔说：“休息属于工作就像眼睑属于眼睛。”休闲是我们生活的重要组成部分。你们都会休闲吗？如何更好地休闲呢？这节课我们就一起来探索休闲的学问。

◎多媒体显示：休闲的学问

---

① 此课程由中山市西区初级中学雷静婷设计。

通过做竞猜的活动，活跃课堂气氛，激发学生参与的积极性，引出“休闲”活动的主题。

2. “假日时间蛋糕”

◎要求：如果以一个蛋糕（图4－7）代表你某一天的假日生活，请你按时间比例“切蛋糕”，并把相应的活动内容写在蛋糕上。

图4－7 “假日时间蛋糕”

◎思考：你对自己的“假日时间蛋糕”满意吗？为什么？

请学生分享自己的“假日时间蛋糕”，说出满意或不满意的地方，并说出理由（可以请同学建议、补充）。

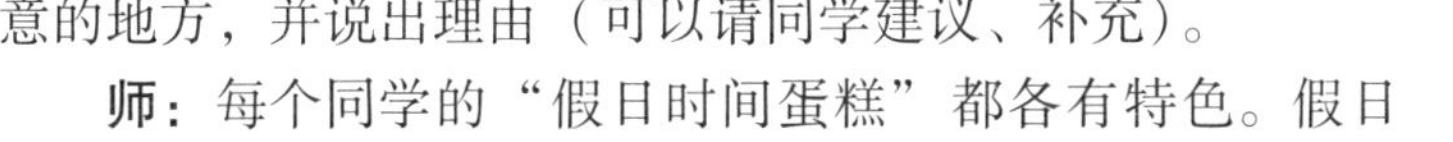

师：每个同学的“假日时间蛋糕”都各有特色。假日里的休闲使我们的“假日时间蛋糕”色香味俱全。

休闲是我们在脱离工作学习约束、家庭社会义务和满足睡眠等基本需要之后的，在可自由支配的时间内，自主选择、能够获得身心愉快、精神满足、自我实现与发现的各种活动。

◎设计意图

学生通过填写“假日时间蛋糕”，直观呈现了自己的休闲活动在假日中的分配情况，说出自己对该“蛋糕”的满意度，使学生能更深入地反思安排的合理性和带来的感受。

3. 休闲“小顾问”

小蓝的“假日时间蛋糕”

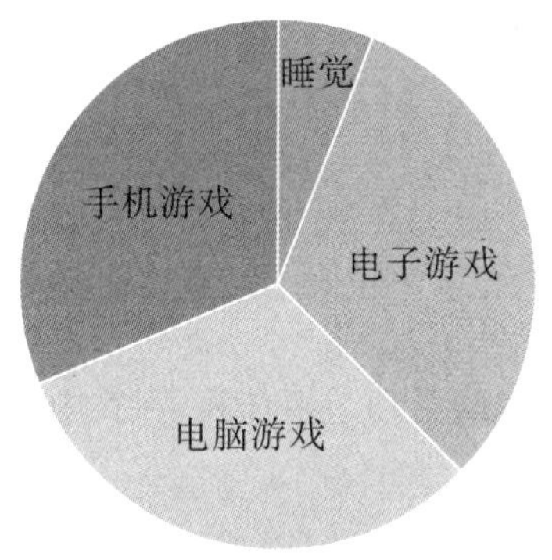

小黄的“假日时间蛋糕”

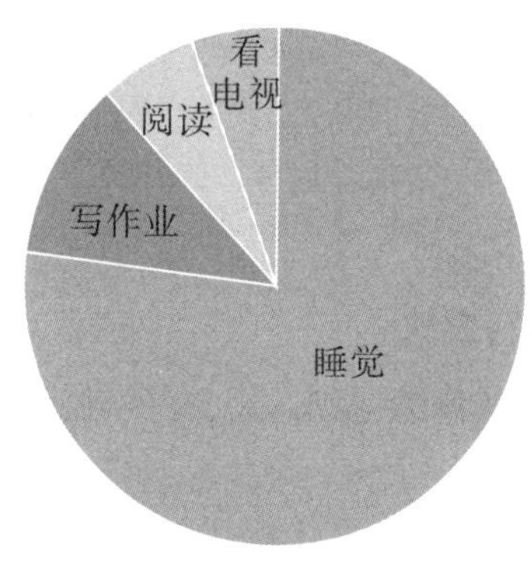

图4－8 假日时间蛋糕

小组讨论后，填写“假日时间蛋糕”（图4－8），由小组发言人发言。

师：“悠闲的生活与懒惰是两回事（富兰克林）”“我们的心智需要松弛，倘若不进行一些娱乐活动，精神就会垮掉（莫里哀）”。只有健康地休闲，才能给我们的身体和头脑“充电”。健康的休闲应该是一种自由的、有意义的活动，不仅能给我们休息和调整身心，还能带来全面“发展”的机遇。

◎小结：健康休闲的原则

①自由、有意义

②适合自己

③科学、合理、有度

④善于发现生活中的乐趣

◎设计意图

通过对两个具体案例的展示和讨论，辩证地看待休闲活动，激发学生思考和归纳健康休闲活动安排的原则，树立健康休闲的意识。

4. 健康休闲我做主

以健康休闲为原则，重新规划自己假期一天的休闲活动，填在表4－4中。

表4－4　假期一天的休闲活动

时间	项目

学生交流分享，教师点拨引导。

◎设计意图

学以致用，通过本活动，使学生学会运用健康休闲的原则，规划自己假日休闲活动。

5. 课后攻略

以健康休闲为原则，规划并实施自己上学日的休闲活动，填在表4－5中。

表 4－5　上学日的休闲活动

时间	项目

◎设计意图

学生的休闲时间不只存在于假日，上学日也需要合理安排休闲活动。通过本活动的布置，进一步促使学生科学、合理、健康地安排自己每天的休闲活动。

第五章
高中生幸福课程的设计

一、 家庭温暖

（一） 第一课时　爸爸妈妈，当我成为你①

【设计理念】

高中学生处于青春期，自我意识加速发展，独立性渐渐加强，内心逐渐产生一种要自己支配生活和学习的欲望，逆反心理渐长，因此易与父母发生误解、矛盾，甚至冲突，导致双方关系疏远或紧张。因此，如何指导学生掌握亲子沟通的技巧，学会有效地处理亲子矛盾，具有一定的现实意义。

同理心是指在人际交往过程中，能够体会他人的情绪和想法、理解他人的立场和感受并站在他人的角度思考和处理问题的能力。可见，同理心对于个体维系良好的人际关系起着至关重要的作用。而亲子关系是中学生人际关系中最重要的方面之一，培养学生的同理心有助于其建立更高效的亲子沟通渠道，塑造更和谐的亲子关系。

基于上述现实背景和辅导理念，本课设计旨在引导学生通过换位思考的角色扮演活动，体会父母的爱子之情，学会理解、宽容、尊重父母，培养同理心，进而改善亲子关系，增进亲子沟通，改善家庭环境，从而增强学生的幸福感。

【教学目标】

认知目标：了解同理心的含义及其在人际沟通中的重要意义。

情感目标：体会感受父母爱子之心，学会理解父母、尊重父母。

能力目标：培养换位思考的能力，从而提升亲子沟通的有效性，增进亲子关系。

【教学重点】

培养换位思考的能力。

【教学难点】

体会感受父母，学会理解父母。

---

① 此课程由中山市华侨中学王晓芹设计。

【教学准备】

提前分组、教学 PPT、视频片段、歌曲片段、角色扮演卡片。

【教学过程】

1. 导入：你不懂我的心

◎设计意图

通过生动的视频，导入课题，让学生对亲子矛盾有深刻的体会。

◎播放《小孩不笨》片段 1，展现父子之间的矛盾争论。

提问：视频中角色之间是怎样的关系？

提问：视频中因为什么问题产生了矛盾？

提问：在生活中，你有没有和爸爸妈妈发生过矛盾？主要矛盾具体体现在哪些方面？请学生简要回答，教师注意引导，如穿衣打扮、学习问题、交友问题等。有时候，我们真的很奇怪，为什么任何事情，爸妈都要干涉，任何事情，爸妈都要持反对意见？如果我们是爸妈，我们肯定不会这么为难孩子。真的是这样的吗？我们进行一个活动“爸爸妈妈，当我成为你”。

◎导入本课主题：爸爸妈妈，当我成为你

2. “爸爸妈妈，当我成为你”主题活动

◎设计意图

生活中常见的情景出现的时候，学生总觉得自己有理，从来没想过爸爸妈妈为什么会跟自己的想法不一致，通过体验当父母，让学生明白爸妈的心里想什么，爸妈的出发点是什么，触动他们换位思考，触动他们用同理心跟父母相处。

（1）分组准备小品。今天，我们的活动内容是：“爸爸妈妈，当我成为你”。现在，让我们闭上眼睛，感受时空的扭转，当我们再次睁开眼睛的时候，我们就成了爸爸或妈妈，下面需要大家以爸爸或妈妈的身份来思考和行动。

布置分组讨论活动任务：每个小组抽取一张角色扮演卡片，卡片上分别写着各种亲子沟通中的典型情境事件，要求每组各位小爸爸或小妈妈们共同商讨决定“遇到这样的情况，作为爸爸或妈妈，你会怎么做”，并通过角色扮演的形式展示各自的处理方案。

角色卡片内容如下：

①孩子快考试了，复习阶段特别辛苦，我担心他营养跟不上，给他准备了牛奶、水果、营养品端到他房间，可是他一把把东西推开，不耐烦地说：“烦死了，你不要进来影响我”，这时候我会……

②孩子疯狂地迷恋偶像鹿晗，而我觉得偶像应该是正能量满满的英雄人物，这样才能作为孩子的榜样，激励孩子成长。我一跟孩子谈起偶像的问题，孩子就说：“你烦不烦，你好老土，你怎么这样呢？我爱喜欢谁就喜欢谁，不用你管。”这时候，我会……

③孩子考试成绩不理想，我总是认为孩子很优秀，应该还有很多进步空间，考完试

我都会说："孩子，咱再努力一下，说不定会更好。比如少玩电脑，少玩手机，周末多学习，成绩上升，一定可以的。"孩子这时表现得十分烦躁："够了，够了，天天学习学习，学习能当饭吃，学习好了又能怎样？我什么都不玩，生活有乐吗？"这时候，我会……

（2）小品展演。

◎设计意图

小品展演，让学生充分思考，也让他们体会到有些话真的很伤爸妈的心，开始反思他们该怎么对待父母。

各小组以小品的形式向全班展示自己小组商讨得出的情境事件的处理方案。

◎要求：每个小组针对各自的角色扮演卡片内容，共同商讨出最理想的解决办法和处理方案；小组内协调分工，决定演出小品的导演、编剧、演员角色分配等，各司其职，设计出一场2~3分钟的小品短剧，将本小组的处理方案演绎出来。

3. 开始懂了

◎设计意图

将学生的体悟说出来，引发更多的同学思考，并注意以后与爸妈的相处。

提问：大家觉得做爸爸妈妈的感受如何？通过活动，大家有什么收获？学生分享活动的体验和收获。

◎总结：体验了做父母的感受，了解了做父母的难处；了解到父母的担心，了解到父母的期望；认识到亲子之间沟通的重要性，开始学习互相体谅、互相理解。

4. 歌声中感悟同理心

◎设计意图

提出希望，用同理心与爸妈相处，并了解怎样才能用同理心与爸妈相处。

播放歌曲《牵手》片段，"因为苦过你的苦，所以快乐着你的快乐"，让学生用心聆听歌词内容。

在歌曲背景声中讲解同理心的内涵意义。同理心，就是将心比心，同样时间、地点、事件，把当事人换成自己，也就是设身处地去感受、去体谅他人。

每个人的心都像上了锁的大门，而同理心就是打开心门的钥匙。爸爸妈妈和我们之间，由于年龄、身份、生活经验等种种不同，如果缺乏有效的沟通，可能就会出现彼此不能理解的情况。这时候，我们手里这把同理心的钥匙，就可以帮助我们打开心门，达成理解。如何做到用同理心与父母相处？站在父母的角度；专心听父母说话，让父母觉得被尊重；能正确辨识父母情绪；能正确解读父母说话的含义。

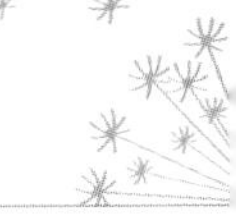

5. **爸爸妈妈和你一样大**

◎设计意图

进一步理解父母，当父母的过程也是学习的过程。

◎展示句子：爸爸妈妈和你一样大。提问如何理解这句话，进行解释分析：你长几岁，也就是他们成为爸爸妈妈的第几个年头。所以，爸爸妈妈是和你一起长大的。长大的过程中，一定不是尽善尽美的，爸爸妈妈也会犯错，也许他们教育的方式并不完美，但是他们一定是做出了他们认为最合适的选择，用他们认为最好的方式来对待你。家人的爱常常隐藏在生活的细节中，仔细听、认真看、用心去感受，你一定能够捕捉到。

6. **课后任务**

◎设计意图

将所学，所感悟用于实际生活中。

回忆最近一次和爸爸妈妈之间不愉快的经历，拿起同理心的钥匙，变身成为爸爸妈妈，感受他们的想法和情绪，捕捉到潜藏在不愉快背后真实的温暖和爱。

7. **结语**

◎设计意图

提出希望，给出祝福。

给爸爸妈妈多点理解和尊重，相信你能成为更好的你，爸爸妈妈也会成为更好的爸爸妈妈，亲亲一家人，大家共成长！

（二）第二课时　面对唠叨的父母①

【设计理念】

父母对于子女的关心与理解会随着子女的年龄变化而变化。例如儿童时期，父母对于孩子的一切行为，有着更多的包容，但对于已经十五六岁的高中学生，则有了更多的要求。另外随着孩子年龄的增长，他们渐渐地会离开父母的掌控，这使得父母会对孩子产生更多的担忧与焦虑。高中阶段的学生面临的各方面的压力很大，随着自身的成长，学生的自我意识难以跟上快速变化的世界。他们非常需要得到相应的帮助以及来自父母家庭的支持与理解，但是渴望成年和独立的他们有着自己的主见和想法，面对父母的关心与爱，他们也有了自己的解读。他们既渴望关爱，又难以接受父母的唠叨。因此在本节课的设计中，通过歌曲、活动体验、情景体验等环节，让学生能理解父母的唠叨，并

① 此课程由中山市桂山中学邓秀平设计。

学会如何面对父母的唠叨，从而建立更和谐的亲子关系，让学生感受到来自家庭温暖的幸福感。

【教学目标】

认知目标：通过活动，认识到父母唠叨背后的爱。

情感目标：使学生能理解父母，并站在父母的角度去感受父母的不易。

能力目标：学会如何面对唠叨的父母。

【教学重点】

通过活动，让学生理解父母，并学会如何面对唠叨的父母。

【教学难点】

让学生学会面对唠叨的父母。

【教学方法】

歌曲欣赏、游戏实验法、活动法、讨论法。

【教学准备】

多媒体课件、《妈妈的唠叨歌》MTV、歌曲《时间都去哪儿了》、眼罩、障碍物。

【教学过程】

1. 歌曲欣赏：《妈妈的唠叨歌》

◎设计意图

通过《妈妈的唠叨歌》引出主题；通过《你若懂我，该有多好》引出学生与家长相处的困惑。

创作并演唱这首《妈妈的唠叨歌》的，是美国一位喜剧女演员安妮塔·兰弗洛（Anita Renfroe）。今年48岁的安妮塔是3位孩子的母亲，为了照顾小家伙们的起居，她和天底下很多妈妈一样，整天唠叨不停。一天，一个偶然的机会，安妮塔灵光闪现，想到把唠叨谱成一首歌，一定很有趣。于是她将自己每天常絮叨的话写成简短的歌词，配着意大利作曲家罗西尼的《威廉退尔序曲》唱了出来。

◎提问：《妈妈的唠叨歌》中，同学们看到了妈妈的唠叨关注的都是什么吗？让你有什么感受？

根据学生的回答，引出诗《你若懂我，该有多好》

你永远也看不见我最爱你的时候，因为我只有在看不见你的时候，才最爱你。

同样，你永远也看不见我最寂寞的时候，因为我只有在你看不见我的时候，我才最寂寞。

也许，我太会隐藏自己的悲伤。

也许，我太会安慰自己的伤痕。

从阴雨走到艳阳，我路过泥泞，路过风。

一路走来，你若懂我，该有多好。

◎老师总结：你若懂我该有多好，我想这不但是大家的心声，也是父母的心声。父母觉得自己付出了那么多，却得不到孩子的理解，而孩子觉得自己已经长大，父母却一

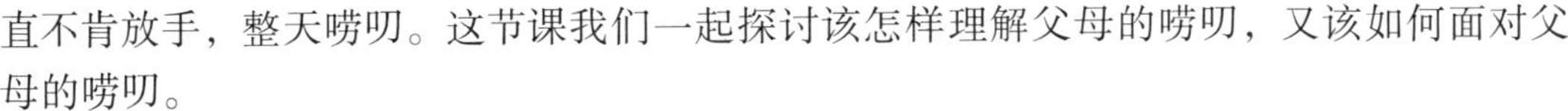

直不肯放手，整天唠叨。这节课我们一起探讨该怎样理解父母的唠叨，又该如何面对父母的唠叨。

2. 游戏：让我靠近你

◎规则：(1) 请一位同学扮演小孩，再请扮演小孩的同学邀请一位同学扮演自己的父母。

(2) 孩子站在终点，父母站在离孩子5米左右的起点，任务是父母必须在蒙着眼睛的情况下，通过孩子的帮助，靠近孩子。

(3) 游戏分三轮，父母和孩子必须在三次的机会中，至少有一次完成任务，不然就要接受惩罚，因为不和谐的亲子关系，对家庭和孩子的成长影响非常的大。

(4) 父母和孩子之间的障碍每一轮都不一样，父母和孩子接到的任务都不一样，任务将由工作人员派发，只能参与者看，不可以读出来，父母和孩子在完成任务前不能交流。

◎情景设定：(1) 亲爱的父母，您的孩子现在在对面，遇到了很大的困难，需要您的帮助，请您尽快去帮助她/他，但是作为父母的我们，却对孩子的内心知之甚少，所以，我会蒙上你的眼睛，你要尝试理解孩子，以安全到达目的地。

(2) 亲爱的孩子：你现在需要父母的帮助，你唯一能做的就是按照任务纸上的要求帮助父母走向自己，并且帮助自己脱离困境。

◎第一轮：

◎设计意图

通过游戏，让学生看见自己在生活中与父母交流的其中一种方式。我们从不愿对父母主动表达什么，却期望父母能读懂我们内心和我们那好不明显的暗示。当父母担忧孩子的状况，而又无法靠近，无能为力时，唠叨是一种担忧和焦虑。

父母的任务：你现在是他的父母，你的任务就是在蒙上眼睛的情况下抵达他的位置，在这个过程中，你虽然看不见，但是可以向对方提问，以安全地抵达终点。过程中触碰到障碍物就算犯规。

孩子的任务：你现在是她/他的小孩，你的任务是协助他/她从起点走到终点，而且不会出现危险，但是你不可以张口说话，可以通过咳嗽或者拍掌等方式来提醒对方。

结果预设：在没有孩子的明确指示时，父母无法靠近孩子，即使成功，父母也必定伤痕累累。因为没有孩子的指示，父母又不知道孩子的任务的情况下，父母只能不断地提问，“唠叨”。

◎讨论：(1) 爸爸猜猜看，孩子的任务是什么？

(2) 同学们猜猜看，孩子的任务纸上写的是什么？

(3) 请孩子读出自己的任务，并说说自己的感受？

(4) 请父母读出自己的任务，并说说自己的感受？

(5) 同学们觉得这个过程中父母“唠叨”吗？为什么？

◎第二轮：

◎设计意图

通过游戏，让学生看见自己在生活中的又一种交流方式。这个方式中的学生，只关注自己的心情，却没有让父母真正的了解他们，也没有关心父母的感受。当父母企图帮助和靠近自己的时候，自己却用一些冷冰冰的话语把父母挡在门外，令父母难受而又不知所措，这时的唠叨是一种担忧和无奈的爱。

父母的任务：你现在是他的父母，你的任务就是在蒙上眼睛的情况下抵达他的位置，在这个过程中，你虽然看不见，但是可以向对方提问，以安全地抵达终点。过程中触碰到障碍物就算犯规。

孩子的任务：你现在是他（她）的小孩，你的任务是协助他（她）从起点走到终点，而且不会出现危险，现在你可以自由的表达，通过语言帮助对方安全抵达终点。

结果预设：父母能在孩子的帮助下，顺利地到达终点，帮助孩子脱离困境。

◎讨论：（1）请父母读出自己的任务，并说说这一次，感受如何？

（2）请孩子读出自己的任务，并说说自己的感受。

（3）在一旁的同学们，说说看，为什么这一轮能顺利的完成任务呢？

（4）在这一轮，父母还唠叨吗？为什么？

◎第三轮：

◎设计意图

通过游戏，让学生看见自己在日常生活中与父母交流的第三种模式。在这个模式中，我们清晰的表达了自己的要求和内心的想法，父母就能很好地了解我们。因为对我们放心，没有了焦虑、着急和担忧的父母便放下了唠叨。

父母的任务：你现在是他的父母，你的任务就是在蒙上眼睛的情况下抵达他的位置，在这个过程中，你虽然看不见，但是可以向对方提问，以安全地抵达终点。过程中触碰到障碍物就算犯规。

孩子的任务：你现在是他（他）的小孩，你的任务是协助他（她）从起点走到终点，而且不会出现危险，现在你可以自由的表达，通过语言帮助对方安全抵达终点。

结果预设：父母能在孩子的帮助下，顺利地到达终点，帮助孩子脱离困境。

◎讨论：（1）请父母读出自己的任务，并说说这一次，感受如何？

（2）请孩子读出自己的任务，并说说自己的感受。

（3）在一旁的同学们，说说看，为什么这一轮能顺利的完成任务呢？

（4）在这一轮，父母还唠叨吗？为什么？

◎总结讨论：

（1）在三轮游戏中，大家发现了父母的任务是什么样的吗？

（2）父母的任务不变，为什么每一轮父母的表现都不一样呢？你觉得最舒服的是哪一种完成任务的方式，为什么？

（3）为什么第三轮游戏中，父母不唠叨了呢？

（4）通过游戏，你能发现父母唠叨背后是什么吗？

（5）那么面对父母的唠叨，我们可以做什么呢？

◎教师总结：通过游戏，同学们对父母的唠叨有了更多的理解和接受，也能从中发现自己可以做的事情有哪些。

2. 情景体验：

◎设计意图

通过对比，让学生意识到当面对唠叨时，我们的回应不同，结果会有不同。

（1）请两位同学，一位扮演孩子，一位扮演妈妈。

情景梗概：孩子去参加同学聚会，答应了妈妈9点以前回家，可是妈妈等到10：30孩子才湿淋淋的回家，期间也没有打电话告诉妈妈要晚回家。

情景一：

母："你疯到哪里去了？都过了10点半了，你说好9点之前一定回来，你这个人根本就无法让人信任！"

子："哼，我刚跨进家门，你也不管我浑身湿透了，也不给我解释的机会，有你这样做母亲的吗？"

母："你竟然这样跟我说话？你从来只知道关心自己，从不关心别人的感觉。我为了什么？还不都是为了你？而你，却自私得要命！"

子："你才自私呢，不分青红皂白开口就骂，你才是只考虑自己的感觉，从不为我着想！"

母："好了，好了，你不要再说了。我规定你以后晚上不准和同学出去，任何时候都不行！"

◎讨论：情境中的孩子面对妈妈的唠叨，反应如何？你觉得有没有更好的方式呢？

（2）从情景二中来看看，这样会不会好一点。

情景二：

母："你疯到哪里去了？都过了10点半了，你说好9点之前一定回来，你这个人根本就无法让人信任！"

子："能让我有个解释的机会吗？"

母："你会有什么理由，说来听听。"

子："今天真是很糟糕，汽车抛锚，我们必须走到下一站等车。可是这条路线的车特别少。我想打电话回来，附近的公用电话又坏了。我急得不得了，可一点办法也没有。我真抱歉让你这样担心。对不起，妈妈。”

母：“好了，好了，快去擦洗干净，吃点东西吧。”

◎讨论：为什么同一个问题，结果却不一样?

4. 如何面对父母的唠叨

◎设计意图

总结游戏以及情景剧的收获。

（1）理解1：唠叨背后的爱。

行动：做我们能做的——做好自己。

①主动与父母分享自己的成长

②学会与父母对话

（2）理解2：日渐年老的父母的需要。

行动：用心倾听

◎总结：当我们还是小宝宝，我们最爱的就是爸妈的唠叨声，我们在唠叨声中体会爱与安全感，并获得成长；现在我们长大了，唠叨声背后的爱依旧，可是我们却要离开父母的怀抱，然而父母却仍深深的依恋着我们。因此，多点包容和理解，好让爸妈的爱有个家!

5. 升华

◎设计意图

通过课后的思考，让课堂的效果延伸至课后，并且让课堂的体会能在生活中得到应用和实践。

请同学们课后思考一下自己在面对父母唠叨时的表现，今天之后，你会有什么不同吗？设计一个你与父母之间完美交流的场景。

6. 歌曲欣赏：《时间都去哪儿了》

◎设计意图

品味歌词，更好的理解面对父母的唠叨。

让我们最后用一首歌来结束我们今天的课程。这是春晚中最催人泪下的歌曲，他唱出了亲情的无价与温暖，唱出了父母无私的爱。因为爱，所以才会在乎，因为在乎，才会有担忧，因为担忧，唠叨才不会少。让我们在学会面对父母的唠叨的同时，也多些包容，多些接纳，不要让这沉甸甸的爱无处安放!

（三）第三课时　为爱架起心桥梁[①]

【设计理念】

良好的亲子关系源于有效的亲子沟通。但是，由于高中生自我意识的进一步发展和情感行为的内隐性，他们与家长间的沟通存在诸多障碍。这必然损害和谐亲子关系的建立。而“我讯息”作为一种说话表达技巧，它可以有效地促进亲子间的有效沟通。基于此，本活动通过创设各种生活场景，利用亲子 AB 剧场引导学生学会运用“我讯息”的表达方式，改善亲子关系。

【教学目标】

认知目标：了解亲子沟通中造成冲突的根源，理解“我讯息”表达和“你讯息”表达的异同，以及它们带来的不同效果。

情感目标：体验父母的爱，树立积极的沟通态度。

能力目标：掌握“我讯息”表达，与父母进行有效沟通。

【教学重点】

理解并掌握“我讯息”表达，与父母进行有效沟通。

【教学难点】

将“我讯息”表达用于实际生活。

【教学形式】

视频、情景剧、小组讨论。

【教学过程】

1. 导入

◎设计意图

通过“爱”的联想以及两组对照图片，为课堂的深入做好情感铺垫，在这个基础上引出主题。

（1）“爱”的联想。

看到“爱”字的时候，你首先想到了什么？

（学生自由联想）

师：爱的内涵非常丰富，但是却只有一种爱从我们出生开始就一直相随，是什么？

（学生回答：父母与子女之间的爱）

（2）呈现一组爱的图片。

师：可以说，父母爱子女，子女也同样深爱着父母，这是一种最原始和本能的爱。

（3）呈现一组冲突的图片。

师：但是，我们发现，即使有爱，各种争执和矛盾还是不断出现在我们的生活中。

---

① 此课程由中山市华侨中学陈晓新设计。

所以，仅仅有爱是不够的，我们还需要为爱架起心桥梁。

2. 由“爱”到“伤”：谁之过？

◎设计意图

视频中体现出“爱”与“伤害”的强烈碰撞，之后通过问题的层层设问，让学生发现沟通表达方式是导致冲突的主要原因。

（1）视频剪辑：《父女》。

内容简述：故事发生在公交车上，女儿带父亲体检完回家。路上，女儿不停指责父亲没有随单位去体检。这时，公交车上出现小偷，正在盗窃其他乘客的东西。父亲不顾女儿的劝告去阻止小偷，差点被伤害。女儿情急之下，与父亲又一次剧烈争吵，最后不欢而散。

（2）分享交流。

①女儿对父亲有没有爱？体现在哪里？

②剧情以什么结局收场？

③从“关心”走向“伤害”，问题出在哪？

◎师总结：粗暴犀利的话语背后虽然隐藏有关爱，但是却由于伤人的语言导致无法有效沟通。在与父母的相处中，我们并不希望这一幕发生。应该如何避免这一类冲突和伤害，下面我们通过亲子AB剧场进一步学习。

3. 亲子AB剧场

◎设计意图

通过亲子AB剧的形式，学生在体验中区分“你讯息”及“我讯息”两种表达方式，以及在沟通中可能引起的不同结果。同时，通过对剧本台词的深入分析、归类，掌握这两种表达的本质内容。

亲子A剧场：“你讯息”表达

（1）观看亲子A剧（请学生上台表演）。

亲子A剧

妈妈：就知道玩，周末回来到现在除了玩电脑就是玩手机。你还要不要眼睛？

儿子：你才不要眼睛。你也不管我用电脑是在做什么事，你也不给我解释的机会，开口就骂。你真是过分！

妈妈：要是你把时间用好了，我用得着这样说吗。你看看，房间像个猪窝一样，还是人住的地方吗，也不好好收拾一下。

儿子：你不要干涉我。你明明说过，我长大了，你会给我空间。你说话

不算话。

妈妈：你竟然这样跟我说话，我这一切还不都是为了你。

儿子：你烦不烦，少说两句会死啊。你别管我。真怀疑我是不是你亲生的。

妈妈：你玩，我让你玩。（把电脑插头拔掉，把网线收走，摔门而出）

（2）讨论分析。

①儿子的话语中表达了什么？话锋指向谁？

②对此，妈妈如何回应？

（学生讨论回答）

（3）“你讯息”表达。

师：母子的表达一致把矛头指向对方，强烈数落对方的不是。心理学上称之为“你讯息”表达。它具体可以分为主观判断、责备、指使三类内容。下面，根据这个划分，请同学们把A剧中儿子的相关表达内容填入表中。（学生组内讨论，完成表5-1）

表5-1 “你讯息”表达

“你讯息”表达：对他人加以主观判断、责备、指使的信息	
信息的类别	表达的内容
主观判断	你也不管我用电脑是在做什么事。你也不给我解释的机会……
责备	你真是过分。你说话不算话……
指使	你不要干涉。我你别管我……

◎师总结：“你讯息”表达如同伸出食指攻击、责备、评价对方。在A剧中，母子除了相互指责外，并没有传递出任何有效的信息，导致无法有效沟通。

亲子B剧场：“我讯息”表达

（1）观看亲子B剧（请同学上台表演）。

亲子B剧

妈妈：就知道玩，周末回来到现在除了玩电脑就是玩手机。你还要不要眼睛？

儿子：妈，这个周末我是用很长时间在上网。但是，我又不是一直都是在玩。你这样责骂我，我心情很不好受。

妈妈：我这不是心里着急你一玩起来就忘了学习，既耽误了功课，对眼睛也不好。

儿子：我理解你担心我。但是，这个周末，除了英语听力部分的作业外，我还得准备学校社团一个剧本的素材，都需要用到电脑。我希望你能理解我。

妈妈：可是，我进来房间两次，你都在那里聊天。

儿子：那是因为剧本碰到了难题，我跟同学在进行交流。能再给我点时间吗？

妈妈：好了，我知道了。那你赶紧弄完好休息一下。

（2）讨论分析。

①B剧里，儿子的话语中表达了什么？话锋指向谁？

②对此，妈妈如何回应？

（学生讨论回答）

（3）“我讯息”表达。

师：母子的表达把对象指向了自己，不加评价地陈述了事实和自我的需求。心理学上称之为“我讯息”表达。它具体可以分为说清实情、表达感受、陈述期望三类内容。下面，根据这个划分，请同学们把B剧中儿子的相关表达填入表格。（学生组内讨论，完成表5－2）

表5－2　“我讯息”表达

“我讯息”表达：对他人说清实情、表达感受、陈述期望的信息	
信息的类别	表达的内容
说清实情	英语作业和剧本素材需要用到电脑剧本；碰到难题，在跟同学交流……
表达感受	我心里很不好受；我理解你担心我……
陈述期望	我希望你能理解我；能再给我点时间吗……

◎师总结：“我讯息”表达可以让对方更能认清你的感受和需要，并给予对方机会做出恰当的回应。在B剧中，母子间的“我讯息”表达，传递了彼此间的想法和感受，最后达到相互理解。

4. “我讯息”表达“三步曲”

◎设计意图

通过对“我讯息”表达给出可操作性的步骤，即表达“三步曲”，为下一环节的实战训练做好准备。

师：每个人都是自己人生剧本的导演。如果你更愿意出现B剧的一幕，那么，我们应该学会如何进行“我讯息”的表达。

“我讯息”表达“三步曲”：

第一步：不加评价地说出客观的具体事情或言行。（避免对方主观的判断、猜想）

第二步：直接陈述出你的感受以及对对方的理解。（避免攻击、责备）

第三步：说出你希望对方的做法。（有助于对方做出恰当的回应或改变）

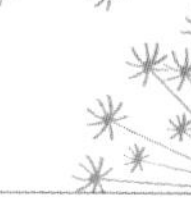

5．**实战训练：A 剧大转身**

◎设计意图

利用真实的亲子冲突事件进行“我讯息”表达训练，使学生从认知上的理解提升到行为上的有效解决。同时，在实战训练中能够对表达不够准确的地方及时给予反馈并改进。

◎情景剧表演

◎规则：以小组为单位，把抽到的亲子冲突事件（A 剧），转化为 B 剧，即充分利用“我讯息”的表达有效地化解亲子间的矛盾。

（注：课前布置“亲子冲突情景作业”，要求每个学生写下发生在与父母之间的亲子冲突事件，并以情景剧对话的形式记录下来。教师选取其中比较有代表性的事件进行加工，形成实战训练的剧本）

◎流程：（1）小组抽取题目。

（2）讨论合作，生成 B 剧本。

（3）角色扮演，汇报。

◎分享交流：在 B 剧中，你如何利用“我讯息”顺利解决矛盾？

6．**结语**

◎师总结：“我讯息”表达能够真实传达出我们的情感和想法，同时得到对方更多的积极回应和支持。在我们和父母之间架起一座“我讯息”沟通心桥梁，可以让“爱”更加温暖与平和。

（四）第四课时　陪孩子一起成长①

【设计理念】

高中学生独立意识增强，反感爸妈的唠叨，反感爸妈的教育与规劝，总觉得自己是有理的。家长对高中孩子的教育显得手足无措，不管又担心，管了又觉得不起作用。陪伴高中的孩子真的是一门学问，需要家长认真对待，找到恰当的高中学生可以接受的方式陪伴他们，改善亲子关系的质量。

【教学目标】

认知目标：了解高中孩子的心理需求，懂得陪伴他们的正确方式。

情感目标：激发家长理解孩子现阶段的特点，从而改善亲子关系。

能力目标：日常生活中，不断反思自己，找到恰当方式陪伴孩子一起成长。

【教学重点】

学会如何陪伴孩子成长。

---

① 此课程由中山市华侨中学王晓芹设计。

【教学难点】

将所学用到实际生活中。

【教学过程】

1. 导入

◎设计意图

由绘本引入主题《陪孩子一起成长》

（1）分享绘本：等一会儿，聪聪

（2）家长谈体会：你们家中会出现这种状况吗？

（3）教师总结：这是每一个做父母的都该读的故事。怪兽是什么？怪兽是孩子生活中到处潜伏的凶险和邪恶的诱惑。孩子感觉到了危险的存在，孩子本能地向爸爸妈妈寻求温暖和帮助，可是我们大人，总有那么多重要的事情要忙。一次一次地让孩子走开，让孩子等一会儿。渐渐，被冷落的孩子走向凶险和邪恶所在；最终，慢慢学坏的孩子被凶险和邪恶完全吞噬——变成了凶险和邪恶的本身。

当那一天来到，父母往往惊恐万状、哭天喊地：孽障啊！逆子啊！这哪里是我的孩子，这明明是魔鬼，是冤家！他们忘记了，让孩子一点一点变成孽障、逆子、魔鬼、冤家的，正是他们自己，是他们无休止的忙碌。有时候，忙碌也是一种残忍。那我们该如何陪伴孩子一起成长呢？

2. 父母的辛苦与困惑

◎设计意图

让父母觉得自己被理解，道出带孩子养孩子的困惑，指出虽然难，但要做称职的父母，是需要学习的。

（1）家长发言：讲述自己的辛苦与困惑。

（2）教师总结。

现代父母真是为难啊，刚生出来，听不懂；等懂事了，又讲不听；终于长大了，反而要你听他的。

现实中亲子关系的真实写照：

忙：忙得不可开交。为家庭的生活、为孩子的学费而忙。

芒：芒刺在背。孩子的行为问题越来越令人无所适从，旧的教育方法行不通，新的方法自己又没经验，也缺乏信心。

茫：茫无头绪。高学历不代表成功、叮咛太多怕压力大，又怕他懦弱无能，叮咛太少怕比不上别人，该如何拿捏。

氓：打是情？骂是爱？但孩子不理解，爸爸是流氓。

盲：现代父母的盲点很多。

并阐明父母与孩子交流的时间很少。当发现孩子有这样或那样的问题之后，你反思过自己吗？指出做个称职的父母，是需要学习的，认清自己的角色，才能引导孩子、教育孩子。良好的“身教”示范，将是孩子最不费力地学习。

3. 如何陪伴孩子一起成长

◎设计意图

通过案例，让父母反思自己教育中的问题。

（1）案例探讨。

案例一：高一女生，自己诉说，妈妈虽然嘴上说，你这么大了，懂事了，不给你压力了。可是每当学习时，考试前考试后，妈妈就开始不停地碎碎念。“你怎么能考这么差呢？怎么回事呢？”“你应该向某某学习，你看她多努力啊。”……烦得不得了，这哪是不给压力啊，这就是压得喘不过气。

案例二：高一学生，成绩比初中时退步，妈妈认为与孩子的睡眠有关，与孩子的自我管理有关。妈妈非常想掌控孩子的一切，一旦孩子离开自己，就觉得掌控不到孩子，就觉得难受。这次因为孩子成绩退步，便有了掌控孩子的借口，于是打算辞职，在学校旁边租房子，陪孩子学习。孩子怎么说呢？孩子说，我压力很大啊，辞职来陪我学习？我觉得自己没差到这个程度啊。我就是学习没动力，我从小到大都是被安排好的，去哪里读书，做什么，一点不敢做其他的，怕妈妈伤心，她为我付出那么多。我不知道除了被安排，我还能做什么。我也尝试跟妈妈谈我想自主学习，妈妈一旦做决定了，不会改变的。

（2）讨论分享：你如何看待这两个个案？父母的做法会对孩子造成什么影响？

（3）老师总结：通过案例，让父母反思自己教育中的问题，比如爱唠叨、爱拿自己的孩子跟别人比较，生活中没有自我等等。

4. 如何陪伴高中的孩子呢？

◎设计意图

进一步根据案例，反思自己，并找到陪伴高中生的有效方式。

（1）学会发展自我，做孩子人生的引导者。

如果父母没有自我，孩子压力大，没有主动性，没有学习动力，得过且过。

韩国首席妈妈全惠星：要学会发展自我，千万不可以为孩子牺牲自己。要想培育优秀的孩子，就得先提高母亲自身的能力。作为父母，关键在于如何能够成为孩子们的引导者，帮助他们看到未来，走上属于自己的人生道路。要想成为最好的引导者，父母首先要思考自己的人生目标。

（2）学会在教育中不比较。

理解孩子学习的艰辛。如果孩子失败，帮助他找到原因，协助他成功。不要拿您的孩子跟别人比较。每个孩子都有个别差异，不要拿他与另一个孩子比较，即使是兄弟姐妹也要避免。

◎请看看专家的分析：

①经常被比较为不如人的孩子常会表现：丧失信心、退化或幻想、仇视或敌意、害怕被遗弃、攻击别人的缺点、为赢而不择手段等行为。

②经常被比较为比人强的孩子常会表现：怕退步的焦虑、担心失去手足朋友的情谊、凡事求完美而造成压力、骄傲自大或不合群等行为。

◎积极的做法是：

①发现与肯定孩子的优点。

②鼓励孩子欣赏别人的优点，但不可借别人的优点批评他。

③鼓励孩子自己跟自己比，有进步就可以了。

④让孩子体会父母真心爱他。

孩子都有优点和特有的能力，父母要多发现他的优点，鼓励他成长和学习，而非一味地与人比较，协助他走出亮丽的人生。

（3）学会抓住合适的机会与孩子沟通。

有人研究，高中的孩子之所以不愿意与父母交流，是因为：第一，父母不理解他，总是从自己的角度教育他；第二，父母不能提出建设性或者启发性的建议。如果跟父母说说心里话，父母总拿自己的经验大做文章，听不进孩子的想法，不尊重孩子的选择，这样的话，哪个孩子还愿意跟父母谈心呢？好的父母要始终记住两个词语：聆听，建议。与孩子一起做他所喜欢的事情，购物啊、看电影啊、看电视啊等，自然地营造一个两人时间，氛围变得轻松自然了，聊天就可以开始了。

5. 总结

◎设计意图

对父母提出希望。

你要像一个宽阔的港湾，安详地等待远航的渡船归航；你要像一个坚实的阶梯，作为孩子进取的基石。最重要的，你要以宽厚、理解和温暖的胸怀，随时拥抱孩子紧张、疲惫的身心，并传达一种坚定而稳重的信心：放心去吧，孩子，无论如何，我都会以鲜花迎接你的归航。

（五）第五课时　“家”，助孩子幸福成长[①]

【设计理念】

高中生普遍存在的问题，其突出的特点是学习热情下降，感情温度上升；进取心减退，厌学情绪加重；个性较强，自我封闭，与他人缺乏交流；心理状态复杂，辨别是非的能力差，对外界的各种诱惑缺乏防范与抵御能力，一旦沾染上某种不良嗜好便沉迷其中而难以自拔。在这个时期，家长的教育以及家庭环境的塑造就显得尤为重要。本课的设计主要针对高一年级的学生家长，旨在通过课程，给家长提供一些家庭教育对策，以使孩子能够健康、幸福成长。

【教学目标】

认知目标：认识到了解孩子心理特点，给予正确引导的重要性。

情感目标：家庭是孩子心灵最大的支撑，家长是孩子一生的责任人。

能力目标：学会正确的、行之有效的教育方法。

【教学重点】

帮助家长认识到家庭是孩子心灵最大的支撑，家长是孩子一生的责任人，并学会与孩子相处的方法。

【教学难点】

让家长自我反省，反思自己的家庭教育不足之处；帮助家长学会正确的教育孩子的方法。

【教学方法】

案例分析、视频欣赏、讨论法等。

【教学准备】

PPT，每人一张 A4 纸；每人一张信纸和一支笔。

【教学过程】

1. 活动：

◎设计意图

由活动引起家长的反思。

（1）活动名称：您了解您的孩子吗？

◎活动要求：根据问题回答是或否，若回答“是”，请用双手摆出“V”字形，若回答否，请用双手摆出“X”字形，

（2）活动内容。

①您知道孩子在学校中最好的朋友是谁吗？

②您知道孩子最喜欢哪个老师吗？

---

① 此课程由中山市华侨中学张环设计。

③您知道孩子最近的睡眠状况吗？

④您知道孩子为什么总是很情绪化吗？

⑤您知道孩子在学校是否有异性缘吗？

⑥您知道孩子为什么那么喜欢上网吗？

⑦您知道为什么孩子大了后和你没那么亲密了吗？

⑧您知道为什么孩子大了后和您的谈话越来越少了？

◎小结：通过刚刚的答案可见，我们的家长并不是那么了解处于高中的孩子的心理特点，也并不是对孩子在学校除了学习以外的其他情况那么了解。孩子进入高中后，心理特点有很多质的变化，如果您没有很好的掌握，很容易在与其交往中矛盾重重，因而使您和孩子的距离远拉越远，那么这节课就针对高一学生的心理特点，谈谈我们的家庭教育问题。

2. 高中孩子的心理特点

◎设计意图

让家长进一步了解高中孩子的心理特点，以便根据孩子的特点进行教育。

（1）不屑与人交流。

据调查资料显示，相当一部分高分学生因为没有考入理想学校而对目前的学校不满。他们认为自己周围的学生素质太低，不屑于和这些学生交流；不适应老师的讲课方法，对班主任及任课教师不满意。存在这种不平衡心态的学生心理上也相继发生了一些微妙的变化：性格孤僻，学习和生活上都不屑于跟其他同学协作；很骄傲，不刻苦学习，造成这部分学生进入高中后成绩大幅度下滑。

（2）厌学情绪严重。

不少老师反映，进入高中后，课堂上原本较为活跃的气氛逐渐沉寂，学生问问题的少了，打瞌睡的多了。久而久之，班级状态非常糟糕。

（3）违纪事件屡禁不止。

一些学生在熟悉了学校情况后，在小范围内如鱼得水，这和那些入校成绩较好的同学形成了鲜明的对比。成绩不好的学生迟到、请假、旷课现象有所增加。尽管不少学校采取了一些措施，但情况并没有明显好转，大部分同学依然我行我素。

（4）早恋现象公开化。

学生早恋本不是高中才有的一种现象，但进入高中后，这种情况还是跟其他学段有明显的区别，具体表现在早恋比例较高，并且不少学生将早恋由地下转为公开，在校园内一些亲昵的举动也逐渐出现。

◎讨论：面对此种情况的孩子，您通常是怎样处理的？

3. 家长通常采取的方式

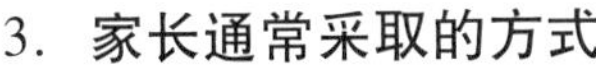

◎设计意图

让家长直观了解经常用到的方式的无效性，从而反思自己的教育状况。

师：刚刚各位家长都谈到了关于如何处理一些特殊情况的方法，从中可以看到家长的些许无奈。接下来我与大家一起分析一下家长通常在家庭教育中采取的方式，以及这些方式有哪些优缺点。

（1）观看视频一，引出方式一。

方式一：责骂或唠叨。

优点：省时、省力、不需动脑筋。

缺点：容易引起逆反心理、经常用效果差、责骂容易激化矛盾。

（2）观看视频二，引出方式二。

方式二：不关注孩子的内心需要；主观臆断；不能够耐心倾听；不能以身作则。

优点：不必花费太多心思，不影响自己的生活。

缺点：关闭孩子与父母沟通的大门；弱化父母在孩子心中的形象。

（3）观看视频三，引出方式三。

方式三：长辈介入家庭教育问题；激发夫妻矛盾。

优点：情绪及时发泄，不至于憋在心中难以忍受。

缺点：引发手表效应、导致孩子夹在夫妻中间左右为难、孩子容易缺乏安全感，可能情感外移。

（4）观看视频四，引出方式四。

方式四：无视孩子的优点。

优点：不必花心思陪伴孩子、了解孩子。

缺点：让孩子对你失去信任、不再沟通。

师：刚刚大家看到的是一部电影中的片段，可能你觉得他们演的风趣幽默，过于夸张，可是这些情况确确实实存在在我们的家庭中，那么，大家可以猜测一下，这种教育方式会导致怎样的后果呢？

（5）观看视频五。

◎小结：由此视频可见，孩子走上偏离正常轨道的道路，有其深刻的原因，在此，作为家长的我们是否应该好好反思一下呢？

还有其他的方式，比如说：

①居高临下

“我在你这个年龄时早就……”“你不听也得听”等等。

②冷嘲热讽

“你以为自己很能干吗？”“你可真是厉害啊”等。

③绝对否定

“你从来没有考好过”“你总是撒谎”等等。

④言过其实
“这是我见过的最好玩的玩具”“你是全世界最美的女孩”等
⑤人身攻击
“你胖得像头猪”“你蠢得像头驴”等等。
⑥威胁恐吓
“若考不好就不要再出去玩”“你不乖就不要你了”等。
⑦冷若冰霜
“你没看到我正忙着吗”“待会儿再说”等等。
◎讨论：①请问上述家庭教育方式您符合哪几种呢？
②在您的家庭教育中存在哪些问题？该如何改进？

4. 我们应当这样做

◎设计意图

教给家长一些实际的方法可以让孩子更容易接受。

（1）任何时候都对孩子满怀希望。
（2）经常了解孩子喜欢什么，让孩子感到在家里很快乐。
（3）经常鼓励孩子，当孩子遇到失败的时候，不要泼冷水。
（4）要求孩子做到的，父母首先做到。
（5）父母不在孩子面前争吵。
（6）能向孩子承认自己的错误。
（7）不在别人面前数落孩子。
（8）当别人指出孩子的缺点时，不护短。
（9）鼓励孩子主动做事，即使失败了，也认为是值得的。
（10）经常和孩子讨论各种问题，加强双方思想情感的沟通和交流。
（11）孩子有话对你说时，不管你多忙也要耐心倾听。
（12）批评孩子时，允许孩子辩解和反驳。
（13）不对孩子说“就你笨，什么都不会做”之类的话。
（14）一般不强迫孩子，给孩子自己选择和判断的机会。
（15）对孩子许诺的事，说到做到。
（16）欢迎孩子的朋友来家里玩。
（17）注意孩子的情绪变化，了解其心理需求。
（18）在家里，给孩子一块属于自己的天地。
（19）经常与老师保持联系。
（20）家里有大事，尽量征求孩子的意见。
（21）孩子犯错误时，不要与孩子算陈年老账。
（22）不要纵容孩子的攀比心理。
（23）不要对孩子不闻不问或放任自流。

（24）学会表达你的爱。

5. 活动："助孩子幸福成长"改进计划

◎设计意图

促使家长通过改进计划，改善自己的教育状况。

◎活动过程：

（1）列出您目前的家庭教育现状。

（2）列出您想要达到的家庭教育目标。

（3）实施过程，包括：1. 时间 2. 方式 3. 过程。

6. 活动：《给儿子/女儿的一封信》

◎设计意图

进一步加深家长与孩子之间的情感连接。

根据刚刚的改进计划，请结合您家庭的实际情况，给您的女儿或儿子写一封信，信的内容可以是您对家庭教育的反思，以及今后改变的决心和信心，或是您一直想说但却羞于表达的对孩子的爱，总之内容不限定，只要是您想写、想表达给孩子的都可以。回家后，把写好的信交给您的孩子，并告诉他，你也期望他能把心里的想法告诉你，并期望她的回信。

7. 总结

◎设计意图

提出希望，送出祝福。

通过这节课，希望家长们可以更好地认识和理解自己的孩子，要知道您是孩子的最强大心灵支撑，您是他成长中一生的责任人，祝愿我们每一个家庭都能够幸福美满，祝愿每一个孩子都能够健康幸福的成长。

二、 同伴支持

（一） 第一课时　同学，相伴[①]

【设计理念】

社会心理学家舒茨提出的人际需要三维理论，三种基本的人际需要包括包容需要、支配需要和情感需要。

① 此课程由中山市第一中学林志华设计。

情感需要指个体爱别人或被别人爱的需要，是个体在人际交往中建立并维持与他人亲密的情感联系的需要。当个体在早期经验中没有获得爱的满足时，个体就会倾向于形成低个人行为。舒茨认为这三种基本的需求是人类成长的关键，它们必须同时被满足，任何一个需要不能得到满足都会造成个体心理上的创伤。如果个体在早期生活中的权利需求被压抑，那么个体只能去虚拟的世界里寻找一种平衡。如果个体的童年生活不能和别人建立合适的情感需要，等到长到之后就缺乏了与他人沟通的能力。

【教学目标】

认知目标：了解同伴关系的重要性。

情感目标：感受良好同伴关系的积极作用。

能力目标：增加同伴交往的主动性。

【教学重点】

增加同伴交往的主动性。

【教学难点】

感受良好同伴关系的积极作用。

【教学形式】

心理健康教育活动课。

【教学准备】

新龟兔赛跑情景剧排练。

【教学过程】

1. **活动导入：《我认识你》PK 赛**

◎设计意图

通过互动游戏《我认识你》，让同学们感受“自己在别人心里”的味道。

◎规则：每组选一个代表，分别在黑板上写出自己认识的同学的名字，台下的同学可以写在纸上。

◎提问：（1）写这些同学时内心的感受？

（2）被别人写在名单里，感受如何？

◎小结：我们成为同学已经有一段时间了，你是否记住了所有人呢？你是否又住进了别人的心里呢？我相信刚才所有的同学都希望自己“榜上有名”，因为“被人记住很幸福”，当然“记住别人很重要”，因为记住和被记住是相互的，谁都希望有一群好同学相伴度过美好的高中生活。

2. **故事欣赏**

◎设计意图

通过故事，让学生体会良好同学关系的重要性。

◎提问：（1）你为什么能记住这么多同学？

（2）对于高中生的我们而言，你们觉得同学关系重要吗？

◎小结：刚才同学说了一个很重要的字“想”，想认识每一位在座的同学，每个人都想要和同学建立良好的关系，好的同学关系的影响力能有多大呢？我们一起来聆听故事《地狱与天堂》。

有一个人想知道天堂和地狱究竟有什么区别，于是他找到了上帝，请求他带自己去看看。

进到第一层楼时，他发现一张长长的大桌子，两旁都坐着人，而桌子上摆满了丰盛的佳肴，可是没有一个人能吃得到，因为大家的手臂受到魔法师诅咒，全都变成直的，手肘不能弯曲，桌上的美食，夹不到口中，所以个个愁苦满面。

他听到楼上却充满了欢愉的笑声，他好奇地上楼一看，同样的也有一群人，手肘也是不能弯曲，但是大家却吃得兴高采烈。原来每个人的手臂虽然不能伸直，但是因为对面的人彼此协助，互相帮助对方夹菜喂食，结果大家吃得很尽兴。上帝告诉他，第一层就是地狱，第二层就是天堂。

◎提问：（1）好的同学关系就如刚才故事中的天堂，它会给人什么感觉？

（2）不好的同学关系就如刚才故事中的地狱，又会是什么感觉？

（3）同样的条件，同样的设备，为什么一些人把它变成了天堂，而另一些人却经营成了地狱？

◎小结：

（1）好的同学关系：温暖、有爱、归属、愉悦、积极、融合、想念；

（2）不好的同学关系：消沉、厌恶、压抑、烦躁、焦虑、紧张、逃避、远离；

（3）原来，天堂和地狱并不遥远，它就在我们身边，同学之间彼此支持就是天堂，彼此争斗互相排斥就是地狱。

3. 明镜台

◎设计意图

通过明镜台（图5-1），让同学们审视班级同学关系，唤醒同学交往的主动性。

◎提问：我们班同学交往之间营造的是天堂的感觉？还是地狱的感觉？我们能感受到彼此之间的支持吗？

◎规则：（1）你觉得班级同学关系如“天堂”的，就把纸条贴在蓝色区域。

（2）你觉得班级同学关系如“地狱”的，就把纸条贴在灰色区域。

（3）介于两者之间的，就把纸条贴在白色区域。

（贴完后）提问：

（1）为什么贴在“天堂”？

（2）为什么贴在“地狱”？

（3）为什么贴在“人间”？

图5-1　明镜台

◎小结：有人认为我们班是天堂，有人认为是地狱。天堂和地狱其实在于我们在座的每一个人，就像刚才的故事，当你主动用你的手给别人喂食物时，别人也一定会把你喜欢吃的食物送到你嘴里，让你吃到你喜欢的食物。我们都想创造天堂般的同学关系，那就要我们主动伸出友谊之手，相互支持，彼此帮助，最终共同营造你好我好的同学关系。

4.《新龟兔赛跑》续演

◎设计意图

通过续演龟兔赛跑，让学生进一步体会同伴支持的重要性，增强同伴支持的主动性。

◎规则：(1) 先让学生观看第一、二场。

第一场：兔子跑出来了，并一路领先。乌龟被远远抛在了后面，兔子觉得，自己应该先在树下休息一会儿，然后再继续比赛。

于是，它在树下坐了下来，并且很快睡着了。乌龟慢慢地超过了它，并且完成了整个赛程，无可争辩地当上了冠军。兔子醒了过来，发现自己输了，后悔万分。

第二场：自从上次因为睡过头输了比赛之后，兔子心里很不服气，它向乌龟发起了第二次挑战。

兔子：我跑我跑，我跑跑跑，（跑到终点时说）我的速度可不是一般的迅猛，而是相当的迅猛，别小看我是吃素的，乌龟你在哪呢？

乌龟：兔大哥，兔大哥，你等等我啊！

老师旁白：这一次，兔子全力以赴，毫不停歇的从起点跑到终点，它把乌龟甩在几公里之后。到目前为止兔子和乌龟1∶1打成了平手。

(2) 分组讨论，分为乌龟组和兔子组，分别设计第三、第四场比赛，并续演。
(3) 最后观看老师设计的第五场比赛。

第五场比赛：

森林里举办运动会，设计的跑道，可以在半小时内完成，胜者可以获得10万森林币。评委丹顶鹤就是我，我邀请乌龟和兔子参加。

兔子：你这不是往我口袋里装钱，我可是赢定了哦。

乌龟：既然兔大哥都这样说了，我也不好意思再做缩头乌龟了。

老师旁白：你们可不要这么得意，你看这里又有山，这里又有水，我看你们怎么过？

一声口哨，比赛开始了。

兔子遵循了原先的策略，坚持以最快的速度飞跑。

兔子：森林我过，泥塘我过，山丘我过，大河我过不了。

乌龟慢慢赶上来了说：兔大哥，你怎么有空在这里喝茶啊？

兔：我过不了，我不会游泳，你赢定了！

乌龟：那我可当仁不让，我先走了！

老师旁白：乌龟游了一半又游了回来。

兔子：你怎么又游回来了？

乌龟：哎，即使我游到了对岸，可是现在只有10分钟，我也是不能到达终点的，怎么办？

停顿了一会。

乌龟：要不我背你过河，你再背我跑到终点好吗？

（乌龟背着兔子绕一圈，兔子背乌龟绕一圈）

师：最终这对合作的好伙伴，终于拿到了10万森林币。

◎提问：（1）这五场比赛中，你们更喜欢哪场比赛？

（2）活动中的兔子和乌龟令你想到了什么？

◎小结：其实，在高中生活中，我们都是兔子和乌龟。有些地方我们比较有优势，这个时候我们是兔子，有些地方我们相对落后，这个时候也许我们是乌龟。每个人各有所长，各有所短，并不是我们每个人都永远是兔子或乌龟，所以我们更需要同学之间彼此相互支持，携手共进，就没有过不去的坎。

如果你想走得更快一些，那就请你一个人走。

如果你想走得更远一些，那就彼此支持一起走。

5. 活动：穿越（配乐《和你一样》）

◎设计意图

通过时空穿越，唤醒同学间对美好关系的期待，激发同学交往的主动性。

◎规则：假设我们来到10年后，同学再相聚，忆往昔，曾经的同学留给你的最美好的回忆会是什么？把你们想到的都写在纸上。

◎小结：如果把刚才同学的分享总结成一句话，就是“不管生活中的酸甜苦辣，我们一起走过，有你在身边就好！”所以请同学们彼此珍惜，彼此支持，让我们每一个人都能真切地感受到“同学，有你真好！”

（二）第二课时　同学，相处[①]

【设计理念】

同伴关系在高中生的发展和社会适应中起着重要作用，也是其幸福感的重要来源。促进高中生与同伴进行正常的人际交往，提高其人际适应能力是学校心理健康教育的一个重要目标。不良的同伴关系可能导致自卑、孤独、学校适应困难等问题，甚至会对学

① 此课程由中山市第一中学林志华设计。

生以后的社会适应造成消极影响。引起高中生人际适应不良的重要因素就是其人际交往技能。如何提高其获得同伴支持的能力，是本节课要解决的问题。梅奥（George E. Mayo）人际关系理论认为，要信任他人必须先开放自己，接纳他人，袒露自己的情绪、感觉、思想和意见，愿意与别人分享资源和观念；要能与他人有效地沟通、建立亲密关系，自己应先令人觉得可信、值得信赖、靠得住。根据交往分析理论（PAC），人与人相互作用时的心理状态有时是平行的，如父母—父母、成人—成人、儿童—儿童。在这种情况下，对话会无限制地继续下去。如果遇到相互交叉作用，出现父母—成人、父母—儿童、成人—儿童状态，人际交流就会受到影响，信息沟通就会出现中断。最理想的相互作用是成人刺激—成人反应。基于此，本节课以“自我修炼”+“有效应对”为着力点，提高学生获得同伴支持的能力。

【教学目标】

认知目标：让学生认识到同伴交往是相互的。

情感目标：感悟到个人品质对同伴交往的影响。

能力目标：学会人际问题的有效应对方式。

【教学重点】

感悟到个人品质对同伴交往的影响，从改变自己开始改善同伴关系。

【教学难点】

学会人际问题的有效应对方式。

【教学形式】

心理健康教育活动课。

【教学准备】

了解学生常见的人际问题及喜欢（讨厌）的同学言行。

【教学过程】

1. 活动引入，真心话大冒险

◎设计意图

真心话大冒险是学生非常喜欢玩的游戏，在放松的状态下倾听最真实的声音，能够很好地调动学生的情感，导入课堂。

◎规则：抽签助手停止，出现的数字就代表这个数字学号的同学回答相应的问题。会抽出四位同学，分别回答四道题。

（1）你觉得自己的同伴交往能力如何？你希望自己是个人际高手吗？

（2）与同学交往中你觉得最重要的是什么？

（3）你容易和同学发生冲突吗？

（4）你觉得自己化解人际冲突的能力如何？

◎小结：每个人从出生开始就在与人交往。一天的时间，除了睡觉，我们都要和同学相处。每个人周围都有自己喜欢的和不喜欢的同学，有些人和同学相处如鱼得水，有些人却处处碰壁。到底是什么在影响着我们？如何才能和同学友好相处？让我们一起进

入今天的课堂。

2. **活动：天使还是恶魔**

◎设计意图

通过天使还是恶魔游戏，让学生领悟到同伴交往是相互的，要先从自身入手，做好自己。

◎规则：请一个同学上台说一件烦心事，选6位同学扮演天使，6位同学扮演恶魔，天使的扮演者用言行尽可能使这位同学开心，恶魔的扮演者则尽可能使他痛苦。

提问：

（1）你喜欢剧中的天使还是恶魔？

（2）有没有比剧中天使表演得更好的同学？有没有比剧中恶魔更可怕的同学？

（3）觉得自己身边有天使的请举手，觉得自己身边有恶魔的请举手。

（4）你是别人生命中的恶魔还是天使？

◎小结：任何人身边，时时刻刻都会有两种人，一种是天使，一种是恶魔，将心比心，谁都希望自己身边没有恶魔存在，前提是我们每个人都要尝试去成为天使，哪怕你做不了别人心中的天使，也不要做别人心目中的恶魔。

3. **活动：追寻心中的天使**

◎设计意图

通过追寻心中的天使，让学生一起探寻自我修炼的方向以赢得更多朋友。

◎规则：分组讨论，回答下面两个问题，每组只需列出三样即可。

（1）同学交往中你最欣赏的言行。

（2）同学交往中你最讨厌的言行。

◎小结：同学中令人欣赏的言行折射出这个人对人是尊重的、理解的、包容的、诚恳的。同学中令人讨厌的言行折射出这个人对人是自我中心的、狭隘的、虚伪的、计较的。

这世界上有四种人：

一是，没你不行；

二是，有你更好；

三是，有你没你都行；

四是，没你更好。

老师希望，你们是让别人的生活因你而更好的人，甚至你在别人生活中是不可或缺的！我也坚信这也是你们的希望。

4. 问题解决：这些人这些事

◎设计意图

通过处理“这些人这些事”，让学生一起探寻同伴交往的有效问题应对方式，提高学生的同伴交往能力。

（1）规则：假如你在同学交往中遇到这些事，你会怎么办?

①你已经多次“警告”同学们别再叫自己的绰号。可是，今天中午同学A当着全班同学的面又叫了你的绰号，其他同学哄堂大笑。

②晚自习课，李平大声讲话，你善意提醒，他还是继续，对你完全忽视。

③你与同学C是同班同学，又是好朋友。某天，你听到他似乎在跟别人说你的坏话。

（2）小结：解决人际问题时，我们常常会使用以下五种策略，如图5－2。

满足自己的需求，不满足对方的需求，这是暴力策略；

既不满足自己的需求，也不满足对方的需求，就是回避策略；

只满足对方的需求，不满足自己的需求，是迁就策略；

既要满足自己的需求又要满足对方的需求，则是协作策略。

如果两方面都取中，一部分满足自己，一部分满足对方，就是妥协策略。

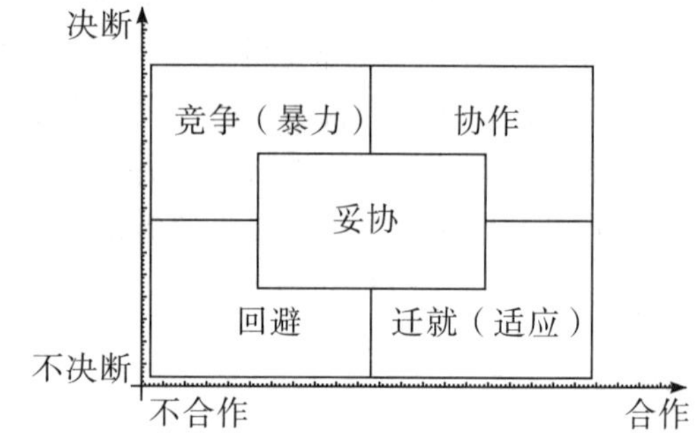

图5－2　解决问题方法

◎提问：我们刚才说到的方法属于哪种策略？以被说坏话为例，我们一起分析，如表5－3。

表5－3　策略分析

策略	被说坏话	
	处理	结果
暴力策略	也说对方坏话	关系受损
迁就策略	当作没听见	关系受损
回避策略	疏远对方	关系受损
合作策略	双方沟通	关系加强
妥协策略	双方沟通	关系加强

（3）提问。

①哪种策略更能解决问题?

②合作和协商策略要想成功取决于什么?

（4）小结：我们都知道协作策略和妥协策略更能有效地解决问题，这种策略能否有效实施取决于我们的处事方式。在处理问题时，不能只关注自己的需求，而不考虑对方，只有这样才能找到“双赢”的解决方式。

6．升华：同学，谢谢你

◎设计意图

通过对同学表达“谢谢你”，让学生深刻体验到有效的应对方式带来的影响力，从而激发他们在日后运用有效方式来处理人际问题的动力。

◎规则：对那些曾经用过迁就策略或协作、妥协策略对待自己的同学，写一句话，送给他。

◎小结：人字由一撇一捺组成，相互支撑而为人，这也正揭示了同伴相处的奥妙，就是“由己及人，将心比心”。让我们从改变自己做起，塑造良好的自我，让我们每一位同学都能幸福地说出：你是我生命中不可或缺的同学！

（三）第三课时　同学，相容①

【设计理念】

一个群体的“相容”度如何会影响到学生在集体的归属感，而归属感又会影响到个体对幸福感的感知。在人际关系方面，人们有三种基本的人际需要：包容的需要、控制的需要和感情的需要。包容的需要是指人们希望与别人发生相互作用，并建立和维持和谐关系的需要。这三种人际需要之间具有继承性和连续性。所以，在同伴交往教学中，学生应该学会宽容，有能包容他人的广阔胸襟。

高中生处于自我意识发展的高峰期，由于多种原因，很容易出现自我中心倾向，表现在人际关系中就是过多地考虑自己的感受而忽略对方的感受，心胸开始变得狭窄。这会严重影响学生良好人际关系的建立，从而影响其主观幸福感。

高一学生刚进入高中生活，会出现不适应现象。而这不适应现象的背后，除了学习方面的因素之外，很大程度上是人际关系的因素。具体表现在：离开了原来的好朋友，新的人际关系网络尚未完全建立；因性格、生活习惯等不同而导致的室友关系不协调。只有使他们学会宽容，才有可能拥有融洽的人际关系。

【教学目标】

认知目标：认识到同伴交往中宽容的作用。

情感目标：感悟到同伴交往中宽容的力量。

能力目标：学会以宽容的态度对待别人。

【教学重点】

学会以宽容的态度对待别人。

---

① 此课程由中山市第一中学林志华设计。

【教学难点】

感悟到同伴交往中宽容的力量。

【教学形式】

心理健康教育活动课。

【教学准备】

一是心灵红绿灯游戏，可以先调查本班学生“他们最不能容忍什么”，把调查结果设计在游戏中，对学生更有启发感悟意义；二是小品内容并不局限在宿舍，可以先了解本班最容易又最经常发生冲突碰撞的事件，将事件编成剧本，表演出来，更能引起学生的共鸣，启发他们深层次的思考。

【教学过程】

1. 游戏引入：《气球和牙签》

◎设计意图

通过活动，让学生直观感受到“牙签”和“气球”的象征意义，引出本课。

◎游戏规则：每组派两位同学上讲台来比赛，一位同学吹气球，另一位同学拿牙签插进气球里，看哪组的同学在1分钟的时间里插进去的牙签最多，气球一旦爆破就失败。

◎提问：(1) 牙签扎在气球的哪个部位不易爆炸，扎在哪个部位容易爆炸？为什么？

(2) 怎样使气球扎进更多的牙签？

(3) 如果把气球和牙签之间的接触比作人与人之间的交往，你会有什么感悟？

◎小结：假如你是气球的话，你喜欢别人像牙签那样对你吗？我们知道，在生活中，我们都不可避免会遇到像牙签式的人或牙签式的事情，这时候我们又怎么办呢？

就像刚才的活动，气球怎样才能扎进更多的牙签？把气球的气放一点，气球的容量就会增大，这时候的气球不仅能扎进更多的牙签，和牙签共处，甚至于那些不是那么尖锐的牙签，不管怎么扎都扎不进。这就正如我们的人交往，要不断增加自己的肚量，有容人之量才能和他人和睦相处。所以在与人相处的过程中，同学，相容很重要。

正所谓，泰山不辞抔土，方能成其高；江河不择细流，方能成其大。

宽容别人就是善待自己，成就自己，不能宽容往往会使我们无意当中失去很多东西，甚至生命中最宝贵的人。

2. 配乐故事欣赏《越战归来》

◎设计意图

通过故事，深化学生对宽容的体验，激发学生用宽容对待他人的情感。

◎提问：同学们，听完故事你们的感想是怎样的呢？谁能说说呢？

◎小结：要去喜爱面貌姣好，健康积极或优秀能干，个性健全的人很容易，但是要喜欢那些造成我们不便和不快的人却太难了。

3. 活动：心灵红绿灯

◎设计意图

通过心灵红绿灯对自身宽容度进行评价，在和别人对比的过程中，引起深思。

◎规则：下面我们来做一个心灵红绿灯的游戏。如果你可以接受或谅解、宽容就亮绿灯，如果不能就亮红灯。

情景一：假如有个同学借了你 1 元钱没还，你能谅解他吗？10 元呢？100 元呢？1 000 元呢？

情景二：你的一支笔被人弄坏了，你能谅解他吗？如果是你的作业？鞋？MP3 播放器？手机呢？

情景三：一次，你无意中听到同学说你的坏话，你能谅解他吗？如果是听到 2 次？听到 3 次？经常听到呢？

情景四：如果昔日和你成绩平平的同学在一次考试中比你多了 1 分，你能接受吗？多了 5 分呢？多了 50 分呢？他考了第一名呢？

◎小结：是不是觉得自己的心灵彻底的亮起了红灯呢？真的就到了自己的宽容极限了吗？怎样才能变得更宽容呢？

4. 活动：满了吗？

◎设计意图

通过直观演示活动，让学生领悟宽容度是可以改变的。

◎规则：在一个瓶子里放进石头，提问学生满了吗？接着放进红豆，再次提问满了吗？再依次放进绿豆、芝麻、水、糖、盐，每放进一样东西，都提问学生满了吗？

◎提问：同学们，由刚才的活动你们想到了什么呢？

◎小结：在生活中，当我们觉得自己很受伤害，无法宽容的时候，不妨问一下自己，真的就到了宽容的极限了吗？真的容不下了吗？此时，你会发现你能容下的东西比你想象的要多得多。只要我们有容人之心，想办法去容人，很多事情也许没有你认为的那样大件事（引出如何变得宽容第一点要有容人之心）。

5. 观看小品：《宿舍风波》

◎设计意图

通过观看宿舍风波这一源于现实的小品，让学生从旁观者的角度理性看待人际冲突，提高宽容度。

◎剧情介绍：宿舍里有四个同学，分别有各自的缺点，A 同学脚臭鞋臭又不愿意听别人意见；B 同学整天把滴水的湿衣服到处挂，半夜还喜欢听 MP3 吵得别人睡不好；C 同学整天唠唠叨叨像个女人，睡觉老是说梦话，唱歌经常走音，晚上又爱打手电筒看书；

D同学吃东西声音非常大，还喜欢翻别人的东西。事情因C指责A的脚臭言语不当引起，逐渐演变成宿舍四个人缺点大暴露的口角争执战，最终差点以打架收场。

◎提问生：(1) 这场宿舍风波因何而起?

(2) 在你的生活中，有类似的人存在吗？有类似的事情发生吗?

(3) 你认为谁是对的，谁是错的?

(4) 这场风波应该如何平息呢?

◎小结：正如刚才同学们所说的，一件事情发生，往往没有谁全对，没有谁全错的，大家互相体谅，退一步则海阔天空，这是我们作为旁观者的想法，但是一旦我们变成了故事中的当事人呢，我们还能这样去思考吗？现实生活中一旦发生了什么事情，我们的惯性思维就是自己是对的，是对方做错了我才这样对他的。这个时候如果我们能换个角色来思考问题，往往能帮助我们理智的宽容的解决问题（引出如何变得宽容第二点学会换位思考）。

当我们遇到不能容忍的事情时，不妨试一下换位思考。

换位思考“四步曲”，如果我是他:

第一步，我需要的是……

第二步，我不希望……

第三步，我的做法是……

第四步，我是在以他期望的方式对他吗?

当你经过这四步之后你最终你会认识到;

用别人对自己不好的方式来对别人，是鸡肠小肚;

用希望别人对你的方式来对别人，是将心比心;

用别人期望的方式来对待别人，是善解人意。

现在我们就来听听善解人意的故事。

6. 配乐故事欣赏《宽容是一种拯救》

◎设计意图

通过故事，进一步升华主题，学会以宽容之心处理人际问题。

◎提问：同学们，听完故事后你们想到什么呢?

◎小结：如果用伤害对付伤害，伤害就成了一个死结。用宽容对待伤害我们就能收获爱。因为宽容是爱过之后的感激、理解，宽容是心境相通之后的幸运、珍重。

◎活动：拥抱

◎规则：和曾经宽容过自己的人拥抱（配乐）

◎小结：宽容别人的人是智者、仁者，被宽容的人是幸福者、幸运者（引出如何变得宽容第三点：记住被宽容的感觉）。正所谓，能宽容，就能得人。土地宽容了种子，于是拥有了收获；大海宽容了江河，于是拥有了浩瀚；天空宽容了云雾，于是拥有了神采；人生宽容了遗憾，我们便拥有了未来。愿我们带上这把宽容的钥匙去开启人际之门，走出我们的美丽人生。

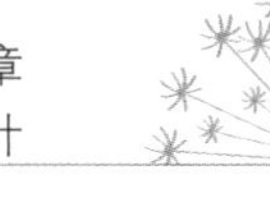

（四）第四课时 同学，相知[①]

【设计理念】

个体对同伴支持的感知力会影响其幸福感。认知加工理论（Cognitive processes theory）认为，孤独感的产生不是因为人类固有的社会交往需要得不到满足，而是因为个体对觉知到的人际关系现状不满意。即当一个人意识到他想要的或期望的人际关系与实际现状之间存在差距时，孤独感才会产生。出于此原因，认知加工观被描述为孤独感的“差距观”，它在考察孤独感时，是站在当事人的角度，注重孤独的个体怎样觉知和评价他的社交生活。认知加工观强调的不是孤独感的情感成分，而是孤独感的认知成分，因为人们以不同的标准评判自己的社交状况。提倡孤独感“差距观”的研究者认为，个体对自己人际关系的评价和估计既受以前社交关系史的影响，也受到对别人人际关系观察的影响。两个有着客观上相同或非常相似的社交状况的个体，可能有着完全不同的体验。其中一个可能感到非常高兴和满意，而另一个因为他（她）觉知到在实际的人际关系状况与预期之间存在差距，从而会体验到孤独感。结合交往分析理论的人际交往四种心态类型：“我不好—你不好”，“我不好—你好”，“我好—你不好”，“我好—你好”，这四种心态类型极大影响着一个人的人际交往状况，本节课从分析心态类型入手，让学生认识到同伴支持的感知力高低取决个人的认知，改变个人的评价标准和看问题角度，可获得更高的同伴支持感。

【教学目标】

认知目标：让学生认识到同伴支持的感受度与自身认知有关。

情感目标：体会四种人际交往心态给人带来的交往感受及后果。

能力目标：学会从改变交往心态来改变同伴支持感受度。

【教学重点】

学会从改变交往心态来改变同伴支持感受度。

【教学难点】

体会四种人际交往心态给人带来的交往感受及后果。

【教学形式】

心理健康教育活动课。

【教学准备】

了解学生常见的人际困扰及自身的同伴支持度。

---

① 此课程由中山市第一中学林志华设计。

【教学过程】

1. 活动引入，说说同学间“暖心”事

◎设计意图

通过回忆同学间同伴支持事件，唤醒学生对自身感受到的同伴支持的觉察，引出本节课。

◎规则：男女生各推一个代表，依次说出我们班同学之间彼此支持互助，让人暖心的事。

◎提问：（1）听到这些事内心是怎样的感受？

（2）你觉得让你回忆同学之间暖心事困难吗？能回忆超过10件的举手，20件的呢？勉强想到几件的？（举手回答）

请评价一下自己在班级里感受到的同伴支持度（图5－3）。

同伴支持小调查

请你评价自己在班级感受到的同伴支持，满分是10分，最低分是0分。

图5－3　同伴支持调查

◎小结：同一个班级，同样的同学，我们感受到的支持度为什么会不一样呢？如果感受不到同学间的支持，内心的感受又会如何？

孤独感会很强烈，人是一种群居动物，没有人喜欢孤独！

◎心理实验：人能承受多少孤独

沙赫特的一个实验：他以每小时15美元的酬金聘人到一间没有窗户但有空调的房间去住。房内有一桌、一椅、一床、一灯，此外别无他物。进餐由人送至门底下的小洞口，住在里面的人伸手就可拿进食物。一个人住进这房间后即与外界完全隔绝。

◎结果：有五名大学生应征参加实验。其中一人只待了二十分钟就要求出来，放弃了实验；三人待了两天；最长的待了八天。这个待了8天的人出来后说：“如果让我再在里面待1分钟，我就要发疯了。”

同学们，你们又能忍受多久的孤独感呢？为什么总有同学感受不到别人的温暖呢？

2. 案例分析：身边的故事

◎设计意图

通过身边的真实故事，引导学生思考不同交往心态类型对人际交往状况的影响，进而反思自我。

◎规则：以组为单位，第一、二组讨论第一个问题，第三、四组讨论第二个问题，第五、六组讨论第三个问题

故事一：小A初中的时候是班上的佼佼者，高分考进一中，人又多才多艺，

自信满满的参加班长竞选，结果却落选了，她心里很气愤，同学们竟然选了D。D这个人样子平平，又没有什么过人的能力，有时还不会讲话，她还发现这个班的同学都挺懒散的，又肤浅，自己也越来越不开心，为什么会分在这样的班级。

故事二：小B来自镇区，来到一中后她发现自己身边的同学都很厉害，又有各种才艺，有时候跟他们交谈，他们说的很多话题自己都接不上，自己变得不太敢和同学说话，总怕说错，在班里感觉很孤独，没有朋友。

故事三：小C不喜欢自己的宿舍同学，因为他们总说自己打电话影响他们，洗澡时间太长，扫地扫不干净令宿舍扣分，小C觉得是他们在针对他，宿舍有的同学洗澡的时间更长，有的说电话比他大声多了，有些还忘记值日了，他们凭什么说他？

◎讨论：(1) 小A为什么不开心？

(2) 小B为什么找不到朋友？

(3) 小C为什么和宿舍同学相处不愉快？

◎小结：人际交往的三种模式，见表5-4。

表5-4　人际交往的三种模式

模式	表现	后果
我好—你不好	骄傲自大、自以为是、攻击	伤害别人
我不好—你好	自卑、顺从、讨好、委屈	伤害自己
我不好—你也不好	偏激、自暴自弃、悲观绝望	双方敌对

相信很多同学一定领悟出人际交往的第四种模式了，这种模式是什么呢？我们来看第四个故事。

3. 案例分析：竞选

◎设计意图

通过身边的真实故事，引导学生思考不同交往心态类型对人际交往状况的影响，进一步反思自我。

故事四：小E在班级表现并不突出，也没有担任任何职务。但慢慢地班级出现了不少问题，为解决这些问题，大家想推选一个新的班长，结果小E竟然高票当选了。

许多人选小E的理由是：小E不仅自信，而且他在与人交往时，非常尊重别人，总是能说出大家许多优点，鼓励大家发挥自己的特长，即使同学彼此间对同一个问题有争议时，他也很少会轻易地否定别人，面对问题总是积极乐观的应对。

◎提问：为什么小 E 能当选？

◎小结：这就是人际交往的第四种模式，见表 5－5。

你好—我好：能接受自己和他人，并努力去改变他们能改变的事物，善于发现自己和他人的优缺点与长处，使自己保持一种积极、乐观、进取的心理状态。

表 5－5　人际交往的四种模式

模式	表现	后果
我好—你不好	骄傲自大、自以为是、攻击	伤害别人
我不好—你好	自卑、顺从、讨好、委屈	伤害自己
我不好—你也不好	偏激、自暴自弃、悲观绝望	双方敌对
我好—你也好	自我悦纳、欣赏他人	友好共处

"你好，我好"是一种成熟，健康的人际交往的心态，哪种人际交往心态更能感受到同伴支持？

4. 心灵透视

◎设计意图

通过对人际交往模式的进一步分析，让学生更深层地领悟到影响一个人同伴支持感受度的真正原因。

◎规则：按组分析以下四种人际交往模式，填在表 5－6 中，什么原因在影响他们对同伴支持的感受度？以及最终他们能感受到的同伴支持的高低，并给他们提改进建议。

表 5－6　人际交往四种模式表

模式	原因	同伴支持感受度	建议
我好—你不好			
我不好—你好			
我不好—你也不好			
我好—你也好			

◎小结：对照表 5－7，生活中的你，如果想让自己的人际关系更融洽，感受到更多的同伴支持，是否找到了改进的方法呢？

表 5－7　人际交往四种模式例表

模式	原因	同伴支持感受度	建议
我好—你不好	用高标准评价他人	低	改变对他人的评价标准
我不好—你好	自我价值感过低	低	改变对自己的评价标准
我不好—你也不好	看问题角度片面消极	低	换个角度看问题
我好—你也好	正向、积极看问题 客观评价自己及他人	高	—

5. 活动：慧眼识人

◎设计意图

通过“慧眼识人”让学生认识到人的多面性，要从积极角度客观评价他人。

◎规则：让学生听两段话，并作出判断。

詹姆走出家门去买文具，他和他的两个朋友一起走在充满阳光的马路上，他们一边走一边晒太阳。詹姆走进一家文具店，店里挤满了人，他一边等待着店员对他的注意，一边和一个熟人聊天。他买好文具在向外走的途中遇到了熟人，就停下来和朋友打招呼，后来告别了朋友就走向学校。在路上他又遇到了一个前天晚上刚认识的女孩子，他们说了几句话后就分手告别了。

放学后，史蒂芬独自离开教室走出了校门，他走在回家的路上，路上阳光非常耀眼，史蒂芬走在马路阴凉的一边，他看见路上迎面而来的是前天晚上遇到过的那个漂亮的女孩。史蒂芬穿过马路进了一家饮食店，店里挤满了学生，他注意到那儿有几张熟悉的面孔，史蒂芬安静地等待着，直到引起柜台服务员地注意之后才买了饮料，他坐在一张靠墙边地椅子上喝着饮料，喝完之后他就回家去了。

你认为以下判断哪项是对的?

（1）詹姆是个性格外向的人。

（2）史蒂芬是个性格外向的人。

（3）詹姆对人比较友善，乐于与人交往。

（4）史蒂芬对人比较友善，乐于与人交往。

（5）詹姆比较安静，不太喜欢跟人说话。

（6）史蒂芬比较安静，不太喜欢跟人说话。

◎小结：其实詹姆和史蒂芬是同一个人，他的名字就叫詹姆·史蒂芬，可见人是有多面性的。客观地评价他人，看到人的好的一面才能感受到人际支持，因为人无完人。

7. **活动：携手共进**

◎设计意图

通过“携手共进”让学生收获来自他人的支持，携手创造良好的同伴关系。

◎规则：请每一位同学选择班里的一位同学，许下一份支持的承诺，格式如下：

> 亲爱的________同学：
>
> 在你____________的时候，我愿意为你____________________，此承诺的有效期是
>
> 你的同学：

◎小结：有一句话是这样说的，一个人有多优秀得看他身边有什么人，对于每一位高中生而言，同伴支持的分量是无可估量的，没有人能离开他，也正因为我们都需要，我们更要彼此互相给予，并善于感知。

三、 教师支持

（一） 第一课时　师生交往心理效应[①]

【设计理念】

人际关系的质量会受到关系双方所表现出来的交往模式的影响，而交往模式又会受到关系双方各自的内在认知活动的影响，例如对关系的期望、对对方的认识和评价等。由认知活动的共同特征所归纳出来的各种心理效应是帮助人们认识人际交往规律，提升人际交往策略的一种比较有效的途径。师生关系属于人际关系中的一个方面，因此人际交往中的一些心理规律在师生中同样适用。使学生认识师生交往中的心理效应，尤其是妨碍师生关系的心理效应，可以有效帮助学生更好的调整自己的心态，构建更好的师生关系。

【教学目标】

认知目标：了解师生交往中主要的心理效应。

能力目标：学会合理利用心理效应，帮助自己构建更好的师生关系。

情感目标：提升对老师在师生关系中的积极评价。

【教学重点】

了解并学会合理利用心理效应。

---

① 此课程由中山市第一中学李闻设计。

【教学难点】

提高运用心理效应促进师生关系的能力。

【教学形式】

心理健康教育活动课。

【教学准备】

A3 纸若干；彩笔若干；教学课件；活动分组（将全班学生以 6 人为一个小组分成若干小组，每组设立一名组长，负责组织小组同学参与课堂活动。）

【教学过程】

1. **引入**

◎设计意图

引导学生体会都是在其学习过程中的重要性。

◎活动一：列举重要他人。首先让学生列举自己在学校生活中的重要他人，然后统计全班的列举结果。

一般而言，大多数学生会列举到老师这一群体。从而使学生通过全班的列举结果看到老师的重要作用，并引入本系列课程的主题——教师支持。

2. **大家心目中的老师**

◎设计意图

体会老师在同学们心目中的形象，引发同学们对如何正确看待老师以及如何处理师生关系的思考。

◎活动二：共绘老师卡通形象。以小组为单位，每个小组的组长抽一个纸签，纸签上面写着一个高中学科（语文、数学、英语、物理、化学、生物、政治、历史、地理）的名字。小组拿到纸签后，小组成员需要依据他们对纸签上所写学科老师的印象，在一张 A3 纸上面共同为所抽学科的老师设计一副卡通形象。设计完成后，每个小组选派一名代表到讲台上对卡通形象的典型特征做简要描述。

展示完成后，老师提问学生，引导学生思考：（1）刻画的形象和特征是依据什么想出来的？（2）现实中老师真实的样子是什么呢？（3）为什么我们会对各科老师形成卡通形象所表达出来的印象呢？

◎老师总结过渡：同学们在绘制某个学科老师的卡通形象的过程中，可能会依据自身以前与某个学科老师的交往经历，也可能会依据进入高中后第一眼看到这个学科老师时给你留下的印象，也可能会依据别人对某个学科老师的描述，所有的这些依据的背后其实都反映了一种心理效应的存在。心理效应在我们感知一个人的时候，既可能发挥积极的作用，也可能发挥消极的作用。接下来，我们就一起来认识一下，在师生交往中都有哪些主要的心理效应。

3. **师生交往中的心理效应**

◎设计意图

学习师生交往中基本的心理效应，以及基于这些心理效应的正确应对方法。

本环节以"活动+讨论"的形式进行，引导学生从认知上树立正确的师生交往观。

（1）刻板效应。

◎活动三：说说刻板印象中的老师形象。让同学自由列举所知道的对老师的刻板印象，并对这些刻板印象应该持有的正确态度进行小组讨论并进行分享。

老师总结：一些同学会基于过去经验中对各科目老师的认识和态度而对现在的各科目老师有各种刻板印象，其中有些是正面的，例如只要我们自身足够积极主动，可以更容易地与老师建立积极的关系；也有些是负面的，例如高中老师会更加严肃冷漠，不会像小学或者初中那样关心学生。积极的刻板印象可以促使我们靠近老师，而消极的刻板印象则会导致学生从主观心理上制造了和老师之间的距离。在现实中，我们要学会以更开放、更友好和更积极的心态去面对新的老师，发现老师身上的优点，同时包容老师身上存在的一些缺点。

（2）首因效应（第一印象）。

◎活动四：按照序列位置效应的实验方法让学生现场体验记忆的序列位置效应，并引申到人际交往中的首因效应，即第一印象。

◎老师总结：老师与学生开始的几次互动会让学生对这个老师形成初始的印象，并影响到后面的交往。在与老师的交往中，我们要避免从开始几次接触中形成的印象来推断老师的全部，以及认为老师的某些特点不会改变，而要学会以发展动态的眼光看待老师的特点，尤其是最初不太好的印象。

（3）投射效应。

◎活动五：模拟罗夏墨迹测验的测试方法，让学生现场体验投射心理的作用原理，从而使学生更好地理解在师生交往中如何将自己的某些想法投射到老师身上。

◎老师总结：一些同学会把自己的一些想法投射到老师身上，例如本是自身不能接纳自己的某个特点，却投射到老师身上，认为老师也不能接纳他这个特点，进而对老师形成不好的评价，并逐渐疏远老师。投射心理在人际交往中比较普遍的存在，我们需要客观评价自己并学会悦纳自己的全部，避免将主观的心理投射到对方身上，伤害两人关系。

4. **寄语师生情**

◎设计意图

强化学生积极构建良好师生关系的意识，提高学生行动力。

最后让同学们在最初绘制老师卡通形象的 A3 纸上，每人写下一句对将来如来构建良好师生关系的寄语，并由老师向全班同学分享，增强学生对构建良好师生关系的意识，并促进从认知到行为的转变。

（二）第二课时　主动求助，收获支持[①]

【设计理念】

学习活动是师生关系中的重要内容，师生在学习方面的互动程度也在很大程度上影响着学生所感知到的教师支持程度。受老师与学生的角色地位差异的影响，师生互动中，老师很难做到对每一位学生都有相同的关注程度，这就需要学生主动地通过适当的途径去争取老师的关注和支持帮助，因此学生的主动性在很大程度上决定了他能够获得来自老师的支持的程度，即是否能够主动与老师探讨学习上的问题，教育心理学中将学生的这一行为称作学业求助行为。

【教学目标】

认知目标：提高学业求助意识，了解发现阻碍向老师进行学业求助的认知特点。

能力目标：学会突破认知误区，能够主动向老师进行学业求助。

情感目标：感受学业求助对提高师生关系、获得更多教师支持的积极作用。

【教学重点】

提高学业求助意识，发现阻碍向老师进行学业求助的认知特点。

【教学难点】

由认知的改变促进行动的改变。

【教学形式】

心理健康活动课。

【教学准备】

提前打印学业求助自省 & 行动表。

【教学过程】

1．引入

◎设计意图

故事导入，引出课程主题。

◎故事导入：一位父亲在 6 岁的女儿面前放了一个大箱子，箱子的重量远远超过女儿的力量。然后父亲让女儿将箱子搬到门外面去，并且告诉女儿她可以用任何想到的办法去完成这个任务，完成任务后会给女儿一个大大的奖励。女儿兴高采烈地答应了。可是，年幼的女儿站在箱子面前，想尽了各种办法，不论是推、拖、撬都不行，箱子始终纹丝不动的待在原地。十分钟后，筋疲力尽的女儿选择了放弃，瘫坐在地上，脸上一脸沮丧。这时，一旁的父亲问女儿："孩子，你确定没有其他办法了吗？"

◎老师提问学生：同学们，你们觉得故事里的女儿还有其他可行的办法吗？

学生自由发言并一起讨论该方法是否适用于故事中的女儿。

---

① 此课程由中山市第一中学李闻设计。

◎老师小结过渡：故事的结尾是这样的，“女儿坚定而沮丧地摇摇头说：‘我不知道怎么办了’，父亲摸摸女儿的头，向女儿说道：‘孩子，其实你还忘记了最便捷有效的一个方法，就是你可以让我帮你搬出去呀’，孩子充满疑惑地问道：‘真的可以吗？’父亲坚定地告诉她：‘可以的！爸爸告诉你可以使用任何想到的办法，所以当然也包括向我求助。以后你在人生的路上同样要记住，当你遇到自己解决不了的问题时，别忘了还可以向其他人求助！’”故事向我们传递了问题面前向他人求助的作用，今天我们也一起来学习一下“求助”的知识。

2. 小调查

◎设计意图

了解周围同学的求助类型，引导学生认识到在应对问题时的两种方式，即自行解决和向他人求助。

老师提问学生“当你在学习上遇到问题时，会选择自行解决，还是向他人求助”，并让学生举手选择。通过学生的举手表决，可以发现部分学生会选择自行解决，而另外还有部分同学会选择向他人求助。

◎老师小结：同学们，通过刚才的小调查，我们发现，自行解决和向他人求助两种方式都有同学选择。在现实中，我们确实也会发现，有些同学会比较喜欢向老师、同学问问题，而有些同学好像很少向他人问问题，那么遇到问题时，自助和他助，究竟哪个更重要呢？

3. 辩论活动——学习上的自助和他助哪个更重要

◎设计意图

通过辩论的形式提高学生的课堂参与度，激发学生对“自助”和“他助”两种方式的思考比较，促进学生对“他助”的积极意义的认识。

◎活动设计：设置“自助队”和“他助队”两个辩论队，学生自主选择加入其中一个队。每个队设置一名队长，队长负责组织队员积极思辨，并参与辩论。具体环节如下：

环节一：队内思考：队长组织队员针对所支持的问题解决方式提出支持证据，并做好记录；

环节二：两队辩论：由抛硬币的形式决定优先发表意见的队伍，开始辩论后两队依次派出队员发表看法，直到某一队不能再派出队员进行辩论为止。辩论过程中，每队需要派出一名同学担任记录员，将本队所发表的每一条证据写在黑板上。

环节三：老师提问：两队辩论结束后，老师向大家提问，“通过刚才的辩论，大家现在认为自助和他助哪个更重要，为什么？大家从中能够得到什么样的启发？”

环节四：老师总结：在学习过程中，自助是我们每个人都需要努力达到的一个目标。毕竟最终问题的解决，例如考试，只能依靠我们自己的力量，不能获得任何外界的支持。因此，自助代表了一种问题解决方式，也代表着一个人独立解决问题的能力，而在尚未

获得这种能力前，我们就需要通过一些方式去提升自己的能力，这时就需要发挥他助的作用。因此，自助和他助并不是矛盾对立的两个方面，自助是他助的目的，他助是走向自助的有效途径。“他助”在心理学上有一个专业术语，即学业求助。学业求助其实是我们的学习策略的一种，也是管理学习资源的一种策略。因此有更强的学业求助动机和更多的学业求助行为的人代表着他有更好的学习策略，他在学习上也更可能取得更大的成就。学业求助的对象可以是老师，也可以是同学，还可以是家长。但是心理学的调查发现，在实际中，越需要学业求助的学生，他们的学业求助行为越少，尤其在向老师求助时。接下来我们就一起探讨一下向老师进行学业求助的话题。

4. 小组情景表演——学业求助者的内心独白

◎设计意图

通过观看情景表演，引导学生体会阻碍学业求助行为的心理因素，进而促使学生思考如何使自己在向老师进行学业求助方面有更好的表现。

以小组为单位，每个小组选择一个学科，然后设计并展示一个情景。

情景内容：一个同学遇到了一个所选学科的问题，自己怎么也解决不了却又不敢向老师求助，内心十分的纠结和矛盾。小组在设计和展示该情景时，需要将情景中学生的内心活动以独白的形式表现出来。

表演结束后，老师引导学生以小组为单位思考以下问题：

（1）基于不同学科问题的情景中，学生的内心活动有什么共同点？

（2）如何突破该种内心活动对学业求助行为的阻碍？

学生讨论结束后，老师首先针对第一个问题随机提问三个小组，并从学生的分享出发进行总结提升（在向老师进行学业求助时，学生往往会顾虑老师是否会真诚地进行解答、老师是否会“嫌弃”自己所提问题太简单等）；然后老师再针对第二个问题随机提问三个小组，并从学生的分享出发进行总结提升（学生需要意识到向老师进行学业求助是提升自己解决问题能力的最有效途径，之所以有很多顾虑，可能是受到自我设阻心理、对老师的刻板印象等心理作用的影响。学生需要做的便是冲破心理阻碍，敢于向老师求助。）

5. 师生互动，从我做起

◎设计意图

引导学生明晰自己在向老师进行学业求助方面存在的问题，以及行动努力的方向，提高学生的行动力。

最后，引导学生从意识的强化转向行动的实施，增强学生向老师进行学业求助的信心。

该环节要求学生完成一份引导其进行自省以及指向未来行动的表格，见表 5 – 8。

表 5－8　学业求助自省 & 行动表

姓名	
1. 在向老师进行学业求助方面，你做得比较好的是：	
2. 在向老师进行学业求助方面，你需要改善的地方是：	
3. 在以后的学习中，在向老师学业求助方面，你会如何期望自己：	

（三）第三课时　师生同台心沟通①

【设计理念】

学生与老师之间的信任程度越高、关系越亲密，学生对老师进行学业求助的积极性和主动性也会越高，最终学生对教师支持程度的评价水平也会更高。因此，本次心理课旨在通过师生共同参与心理游戏，促进师生间的互相了解，增进彼此之间的感情和亲密度。

【教学目标】

认知目标：促进师生之间的互相了解。

能力目标：使学生在活动中学习与老师相处的方式。

情感目标：使学生感受和老师积极互动所带来的积极情感体验。

【教学重点】

增进师生之间的情感联结。

【教学难点】

学生在活动中学习感受与老师的相处方式。

【教学形式】

团体心理活动课。

【教学准备】

眼罩。

【教学过程】

1. **信任盲行**

◎设计意图

提高学生对老师的信任感，增进师生情感。

◎游戏过程：将学生按照老师的人数分成若干个队伍，每个队伍由一名老师带领。学生全部戴上眼罩，老师不用戴。老师需要带领学生沿着指定的路线行走。所有队伍以比赛的形式进行，全部成员率先完成盲行路线的队伍获胜。

① 此课程由中山市第一中学李闻设计。

盲行结束后，以比赛队伍为单位，一个队伍的全体师生围坐在一起，分享感受。

◎分享环节：（1）首先请每个队伍的学生分享想对老师说的话；

（2）每个队伍的带队老师分享最想对学生说的话；

（3）提问全体：“盲行过程中，师生之间最重要的是什么？”

◎老师总结：通过盲行活动，我们可以看到老师为了带领同学们率先完成任务，会想尽一切合理的办法来帮助大家尽快地前行，同时还要耐心地保护每一位同学的安全。也许在盲行过程中，师生之间的互动沟通会出现一些问题，但是因为同学们对老师的信任和老师对同学们的关爱，每一个人都顺利到达了终点。在实际生活中，我们的同学们和老师之间同样需要这样的信任。即使某个时刻老师在教育大家时会出现一些不能让每一个同学满意的情况，但是大家一定要相信我们的老师始终是以一颗希望大家成长的心态对待大家。

2. 共解手结

◎设计意图

通过师生共同解决一个问题，增进师生之间的合作意识，提高学生应对师生关系的信心。

◎游戏过程：首先，将全班学生平均分成两部分，老师平均地分到两个队伍中。两个队伍均围成一个圆圈。然后，让每个人记住自己左手边和右手边的人。确认每个人都记住后，让大家在圆圈的范围内自由走动。待观察到一个队伍的成员足够分散时，立即让大家原地站立，不要继续移动。最后，让每个人保持位置不变的情况下，用自己的左手去拉住最开始站在自己左边那个人的右手，整个队伍最终形成一个互相交织缠绕的“结”。

活动任务便是在不松手的情况下解开这个结。两个队伍以比赛的形式进行，用时少者获胜。

◎分享环节：（1）大家觉得在解结的过程中，哪些因素是最重要的？

（2）从这个活动中得到什么启发？

◎老师总结：在游戏中，成员之前的积极沟通和配合是尽快解开结的关键。在实际学习和生活中，也存在像游戏中的一个个结一样，例如学生遇到的学习上的困难、师生之间的误会、老师对学生的批评等。但是只要同学们和老师积极沟通，积极配合，相信这些结一定也能够被解开。

3. 师生共话，教学相长

◎设计意图

提高师生之间交流的针对性，进而提高老师对学生提供教师支持的有效性，以及学生向老师寻求教师支持的信心和能力。

◎游戏过程：本环节的游戏是本次团体心理活动课的最后一个环节，因此需要让全体师生调整状态，静下心来总结交流。该环节中，先由学生自由陈述对师生关系的美好期望，再由老师们依次陈述对学生在以后学习和师生交往方面的期望。达到师生之间心与心的沟通，拉近师生之间的心理距离，明确师生在互动交往中需要注意的方面，提升互动交往质量。

4. 老师总结

◎设计意图

总结本次活动，结束课程。

通过今天的游戏，相信同学们和老师之间的了解又得到了进一步地加深，师生之间的情感联结也得到了有效地加强。在以后的互动交往中，同学们要始终以积极的心态来看待老师，并积极主动地与老师沟通所遇到的问题，主动寻求老师的支持和帮助。

四、学业成就

（一）第一课时　成就自我，寻找你的学业目标①

【设计理念】

高一是高中生涯的开端，也是学生迈向成年的关键阶段，因而需要较为具体的发展目标和生涯规划，以利于其形成明确的自我信念、价值观，提高学业成就。由于现实中许多学生习惯跟着老师走，对自己高中生活缺乏思考，为此设置本课，让学生意识到自己的高中学习生活是可以也是需要自己做主，激发他们为自己设立高中学习生活目标和发展方向的欲望，并树立完成这些目标的信心，提高学生的学业成就。

【教学目标】

认知目标：激发学生设立高中学业目标的认识和欲望。

情感目标：掌握目标设定方法，提高学业成就。

能力目标：树立实现高中学业目标的信心。

【教学对象】

高一学生。

【教学时间】

40 分钟。

【教学重点】

明确高中学习生活的目标和发展方向。

【教学难点】

增强“高中学习生活”我做主的体验，提高学生的学业成就。

【教学形式】

① 此课程由中山市纪念中学李素卿设计。

游戏活动、故事介绍、问题思考、讨论交流。

【教学准备】

音乐、人物故事材料、多媒体教学工具。

【教学过程】

1. **热身**

（1）播放英文歌曲，让学生尝试翻译其中文意思。

（2）呈现歌词，强调主调“be what you wanna be（成就自我）”从而导入主题。

◎教师过渡语：Be what you wanna be，你可以成为你想成为的人。这个道理我相信大家都懂，可同时我还知道，许多同学心里可能会这样子想：老师，It's easier said than done！现在我们就来看看 Is it really that hard？

◎设计意图

吸引学生的注意力，提升学生参与课堂的兴趣，导入主题。

2. **小人物　大事件**

（1）呈现人物图片（Paul Potts，成名前的照片），让学生说出对这个人物的第一感觉。问题：你觉得这个人怎样？他给你的第一印象是什么？

（2）待学生发表完对图片人物的印象的评价后，播放 Paul Potts 参加比赛的视频以及其成名后的宣传海报，与前一环节产生强烈反差，形成冲击的同时引导学生往坚持理想的方向思考，进一步结合主题“成为你想成为的人”。

（Paul Potts 简介：保罗是一家手机店的销售员，生活不富裕。曾经因为生病和车祸两年没有工作，并且欠下不少债务。但保罗非常热爱歌唱，并没有因为生活的艰难而停止歌唱。

保罗小时候因身材矮小，长相过胖，经常受到同学的欺负。但是，他在歌唱中在自己的歌声中找到快乐和寄托。保罗太普通了，没有人会注意他的孤独。有一次，保罗听到了柴可夫斯基的《悲怆》交响曲，从此迷上了古典音乐，决定学习歌剧演唱。

保罗没有英俊的外形，却有着要做专业歌唱家的梦想，曾经用所有的积蓄赴意大利学习意大利语和歌剧演唱技巧。可是生活的磨难一次次打击着他，一度使他躺在家里无法练习歌唱。一天傍晚，他在网上看到了《英国达人》比赛的申请表，他对自己缺乏信心，于是决定丢硬币来决定自己要不要去参加。幸运女神在对他开了多次善意的玩笑后，终于眷顾他了，他投出了申请。他没有想很多，照样每天安心地销售手机。就因为他投出了这张表，从此英国有了一位能荣幸地为女王演唱歌曲，能受到首相接见，能让万众瞩目的男高音歌手。

保罗·帕茨的执着和努力实现了自己的理想，他是普通人的典范。保罗·帕茨是一位普通的手机销售员，因为一直坚持着他的音乐梦想，从此有了不平凡的人生。）

◎教师过渡语：像这样的一个普通人物，一个手机销售人员，融入于人群中毫不起眼，可有一天，他凭借着对自己兴趣的坚持，获取了成名的机会。可见，知道自己想要什么并坚持去做是一件多重要的事情。同学们，你知道自己在这里学习的目的是什么吗？

你想过什么样的高中生活？我相信，只要我们能找到在这三年生活的目标，只要我们坚持不懈，总有能够让它实现的一天。

刚刚我们见识了别人的成功事例，现在让我也来预测一下自己将来的成功吧！请大家闭上眼睛。（播放音乐）

◎设计意图

利用生活中的真实事例，激发学生设立高中生活目标的意愿和实现理想高中生活的斗志。

3．描绘未来的高中生活

◎活动：（1）未来的我。

播放轻音乐，让学生在音乐声中跟着感觉走，试着想象自己在一年之后，会是什么样子？做些什么？又做了些什么？两年之后又会是什么样子？在学校过着什么样的生活？

（2）分享交流。

先以四人小组为单位交流分享“看未来”的经历。

问题：你刚刚看到了什么景象？你的未来高中生活和别人又有什么不同？

教师指导语：每一个人都从过去走到现在，又从现在走向将来。大家在自己的生活道路上前进，前进。看到了一些你曾经向往的事情变成了现实。时间在慢慢地流逝。1年了，你看到了1年之后的自己，你在做什么？你又已经做了什么？（稍作停顿）我们继续前进，时间慢慢地流逝。2年了，这时，你是什么样子的？在学校过的怎样？（稍作停顿）大家慢慢地睁开眼睛，回到现实。（教师在讲导语时，要做到声音低沉、平稳、缓慢，留有空间，令人产生联想。）

◎教师过渡语：同学们的答案其实就是我们对高中生活的设想，也即是我们高中的目标。目标是你通过活动希望得到的结果。每个同学看到的景象并不一样，因为每个人的理想是不同的，实现的程度也不一样。而影响实现程度的一个重要因素便是——你如何去实现目标。

◎设计意图

通过想象，帮助学生初步设定高中学习生活的大体目标、发展方向，形成自我设计高中生活的自主意识。

4．目标实现6要素

（1）在动手写你所愿意从事的一系列目标时，要考虑它们所代表的实际意义。所有的目标要取于个人爱好，另外应包括个人的各方面的情况，如生理、心理、情绪、体力等。

（2）目标要具体明确，切实可行。癌症病人重新对生活产生兴趣时，重要的是“获得成效”，使他们能达到目标，“成功感”是颇为重要的，这样会增添他们的自信心与勇气。他们会觉得自己仍能自我控制生命。为此，制定的目标要切实可行，要比较容易完成，制定目标要避免使用笼统的言辞：如“我要赚更多的钱”“我要提高自己的文化修养”等。如果换成：“换一个轻松一点的兼职工作”“读些心理学方面的书”“学会运用电子计算机”“和朋友们谈谈自己的感受”等，则便明确而且切实可行了。

（3）明确定出目标中的有关数字，以便对照检查。这样做表明你很认真，而且也是一种意志锻炼。例如每周慢跑3次，每次2 000米；每年参加一个成人教育班；每周写日记3篇等。不过要记住，在制定具体数字时，要把自己的时间安排得充裕一些。此外，如因某种原因未能完成计划，要顽强地补上去。

（4）目标要与实际结合。在制定目标时，要同时考虑自己的能力及过去的专业训练背景。同时还应注意时间问题，如果你安排时间过于紧迫，容易失败；同样，如果你同时想达到许多目标，也不会成功，要以“欲速则不达”为戒。

（5）目标一定在自己能力范围之内。如果一位病人所定的目标是要作外婆，听起来很有趣，可是这只是女儿和女婿的事。显然这是一个失败的方案。因此在制定目标时，切忌将希望寄托于他人所采取的措施上。

（6）不要怕怀抱梦想。不少事例证明，看起来不切实际的想法，可能演变成为切实可行的目标。因此建议在制定目标时，要回忆以往自己的生活，哪些是你曾经乐意做的事情，哪些事情上你以前曾犯过错误并可由此吸取教训，引以为鉴。然后，不妨与亲朋好友交谈一下你的生活目标，他们可能会帮你分析并与你一起消除障碍，但须记住的是：不要因为注重别人的想法，而轻易改变自己的初衷。

◎设计意图

向学生介绍目标实现的6个要素，为学生制定适当的目标、正确有效地实践目标提供参考，并为下一环节的应用作铺垫。

5. 实践未来

◎活动：学生分成小组，进行讨论，各抒己见，设计出一个实现目标的方案。（示例题目：一个月的数学学习提升计划。）

◎教师过渡语：前面我们明白理想的重要性和可行性，跟着我们又对自己的未来两年进行了设想，然后了解了实现理想的一些方法建议，那么现在就让我们来实践一下，制定一个可实现的未来吧！至于目标是什么，同学们可以和自己组员商量确定。老师在这里举个例子，比如说，为期一个月的数学学习提升计划。

◎设计意图

将前面学过的知识应用到实际学习生活中，学会制定适当的目标，并且能够正确有效地执行，树立“高中学习可以掌握在自己手中”的观念，管理自己的高中生活。

6. 再看未来

◎活动：播放轻音乐，让学生在音乐声中跟着感觉走，试着想象自己在一年之后，会是什么样子？做些什么？又做了些什么？两年之后又会是什么样子？在学校过着什么样的生活？

◎要求：要求学生想象的内容需要更加具体、更加贴切实际。不再分组分享，而是学生用纸记录自己的答案。

（教师指导语与前一次想象一致。）

◎教师过渡语：前面我们尝试地设想了一下自己的未来，现在我们对于理想或目标了解得更多了，如果让你再来一次，你又会怎样设计自己未来三年在这学校的生活呢？你将会如何实现自己的这个设想呢？我相信同学们这一次可能会更加具体，而且更加符合自己的实际情况了。好，请大家再次闭上眼睛。

◎设计意图

帮助学生进一步确认自己的高中生活发展方向，深化“高中生活由我创”的体验，强化管理自己高中学习生活的理念，提高学生的学业成就。

7. **总结**

设定自己的将来，坚持自己的梦想，不管遭遇什么，不轻易言弃，那么，你就能够成为你想成为的自己了。

（二） 第二课时　合理归因，快乐学习①

【设计理念】

一个人把他（她）的成功或失败归因于什么，会影响到他（她）对今后行为的认识。若把失败归因于稳定的原因，如能力不足，则不会再去争取胜利；若认为失败是不稳定原因造成的，如自己努力不够，则将倾向于通过再努力，以求成功。学生总是有意无意地为自己的学习成绩寻找原因。学生对自己的归因方式不仅反映着他们寻找学业成就倾向，而且还会影响到学生的学习动机。因此帮助学生了解自己的归因类型，引导他们对自己学业成就等进行合理的归因，对激发学生的学习积极性、培养良好的人格特征显得很重要。

【教学目标】

认知目标：意识到不合理归因产生的不良影响，了解自己的归因特点。

情感目标：能够主动学会合理归因，提高自己的学业成就。

能力目标：建立合理归因的积极体验。

【教学重点】

学会合理归因，提高自己的学业成就。

【教学难点】

学会合理归因。

---

① 此课程由中山市华侨中学王晓芹设计。

【教学形式】

讲授、小组讨论、活动体验。

【教学准备】

PPT、针线、心理问卷。

【教学对象】

高一。

【教学时间】

40 分钟。

【教学过程】

1. 游戏导入：穿针引线

◎游戏规则：(1) 每组派两位同学参加。

(2) 一位同学拿针，一位同学拿线，在 5 秒钟内将线穿过针孔。

(3) 要求：开始前两个人都必须将手放下，时间到时拿针的同学必须放手。

(4) 其他同学监督，用数“5、4、3、2、1 停”来帮助计时。

寻找游戏中成功和失败的原因。

请参加游戏的同学讲讲成功或者失败的原因，也请同组的其他同学发表看法。

教师总结，并引出主题：合理归因。

归因：归因简单地讲就是寻找原因，即你对学习、工作成败的原因做出判断。今天这堂课我们就来探讨如何进行合理归因。

◎设计意图

通过简单而有趣的游戏创设轻松的课堂气氛，并由此引入课题。

2. 归因自评

发放问卷，并说明：

(1) 选择符合自己实际情况的项目，如果你认为还有其他原因，请写在问卷下面的“其他”栏里面。

(2) 在你所选的内容中再选出五个最主要的，将他们依照重要的次序填写（写题号即可）。

◎设计意图

通过问卷的方式了解学生的归因方式。

3. 情景剧表演，学生讨论分析案例中的归因方式

(1) 学生表演情境

旁白：考试后，高一某班的两位同学在教室里坐在一起，闲聊起来：

甲：唉！这书读得真没劲啊！

乙：喂，这次考试考得怎样？

甲：唉，别提了，不想说。

乙：你平时够努力的，怎么会没考好呢？

甲：是啊……初中凭着小聪明考的还行，高一就差劲了！唉，看来自己真的不是学习的材料啊，再努力也恐怕没用了！——你呢？

乙：我？我跟你一样：初中也算可以，现在就成了学渣了！但是我认为自己不笨，之所以落得今天这地步，都得怪老师没有把我们管好教好！尤其是我的物理，你看看我们的物理老师，越看越不顺眼，你说我怎么能学好呢？不怪老师，还能怪我吗？

（2）分小组讨论：他们是如何归因的？他们以后会怎么做？

◎设计意图

具体的事例启发学生思考。

4．问卷分析

同学们对于别人的归因方式都发表了自己的看法，现在来看看同学们自己的归因又有什么样的特点。

◎组织学生进行问卷分析：（1）统计结果：单数题中，你打“√”的有几个？双数题中，你打“√”的有几个？

（2）说明结果：

如果你更多地选择单数题号的选项，你可能是一个外部控制的人，也就是说你通常习惯把自己成功和失败的原因归于外部条件和环境；

如果你选择的大多是双数题号的选项，那说明你善于从自己内部寻找原因，你是一个内部控制的人；

如果你的单数题和双数题差不多，这说明你不是典型的内部控制或外部控制的人。

◎理论分析

①教师说明：心理学家维纳认为我们一般把原因归结为以下几个方面：能力、努力、任务难度、运气等。同学们看看自己所列出的五个重要原因是不是这几个？如果还有其他的，把它归在“其他”项里。（课件出示表5－9）并且，他把人们归纳的这些原因进行了分类：从来自于内部和外部将它分为内因和外因，从它能不能被我们个人意愿所控制将它分为可控和不可控。

表 5-9　归因方式

归因类别	成败归因向度			
	因素来源		可控性	
	内	外	可控	不可控
能力	√			√
努力	√		√	
任务难度		√		√
运气		√		√
其他				

②师生共同完成原因的分类。

③请个别学生说说他认为最重要的原因，并谈谈自己依照这样的归因今后会怎么做。一起分析归因的后果，有助于学生理解合理归因的重要性：将成功归为能力（内在的稳定的不可控的），会产生自豪感，并期望以后还会成功；将失败归为能力，会感到羞愧，并期望以后还会失败；将成功归因于任务简单（外在的、不可控的、稳定的），会减少自豪感；将失败归因于任务太难，会减少羞愧感，但期望下次还是失败的结果。

④提醒学生注意“努力”是唯一可控的因素。成功时：多做努力归因。如你取得这么好的成绩一定下了不少功夫吧。不要简单归因于聪明，因为一旦失败就会怀疑自己的能力。也可以归因于思路正确、擅长某类问题解决，增加自我效能感，不要归因于运气。失败时：不要简单地归因于努力不够，应重视努力的过程，对学习方法进行分析改善。

⑤利用所学的归因理论，以及归因的后果，归因的合理性等考虑自己的归因特点，讨论：在归因的时候我们应该注意什么？

◎设计意图

高中生的认知能力和知识水平使得他们能够接受一定程度的理论知识。维纳的归因理论通过列表的方式呈现给学生，一是促使学生审视自己的归因特点，二是希望通过学生的讨论分析能明白归因影响行为。同时，引导学生注意可控的“努力”这一因素，使理论能结合实际。

5. **学以致用**

◎小组讨论分享：结合最近的一次考试，谈一谈你过去是如何归因的，现在看看是否合理。

◎设计意图

检查课堂效果。

6. **总结**

学会合理归因，才能快乐学习，才能提高自己的学业成就。

◎设计意图

对学生提出希望。

（三）第三课时　学习，学习，我爱你①

【设计理念】

现在的高中生普遍认为学习是一件苦差事，不清楚学习的意义，短暂的学习快乐很快就会消失，学习动机不能持久，面对繁重的学习任务，学习对他们来说就是一种煎熬，学习计划很难执行，行动力不足。如果不能够及时引导高中生认识学习意义，激发他们对学习的热情，将会对他们的成长与人生非常不利。热爱学习是积极心理学中过有意义生活的一个重要方面，塞利格曼认为这也是实现幸福人生应该具备的24个积极心理品质之一。本节课希望通过讨论、角色扮演、游戏等活动引导学生认识学习的意义，享受与学习相处的酸甜苦辣，激发对学习的热情，把热爱学习融入积极个性品质，使高中生活更有意义。

【教学目标】

认知目标：引导学生正确认识学习的意义和对于个人的价值。

情感目标：掌握保持学习热情的方法，学会苦中作乐。

能力目标：体验学习之乐，爱上学习，享受学习。

【教学重点】

让学生认识到学习对于自己的价值，掌握保持学习热情的方法。

【教学难点】

始终保持对学习的热情，享受学习的过程。

【教学准备】

背景音乐、视频剪辑、纸篓与A4白纸、制作课件、分小组。

【教学对象】

高一。

【教学时间】

40分钟。

---

① 此课程由中山市第一中学韩闯设计。

【教学过程】

1．热身活动：考试成绩出来之后

针对刚刚过去的段考，让同学们谈谈自己看到成绩之后的心情，把这个心情写在大白纸上，让同学们分享。

同学们分享感受之后，观看视频《三五一十五》视频。

师：看来视频中的小女孩和大家一样，面对学习表现出更多的消极情绪，通过这节课希望激发学生对学习的热情，更加坚定对学习的信心，不管学习虐我千百遍，我们都要大声说出《学习，学习，我爱你》。

◎设计意图

通过热身活动，一方面把学习比作一场恋爱，创设了一个轻松愉悦的课堂氛围，另一方面导入本节课的主题，紧接下一环节。

2．学习，我的人生不能没有你

◎快速联想：（1）假如再放7天假，不用学习，你会怎么想？

（2）假如从今天开始，你以后再也不能学习，没有学习的机会和权力，你会怎么想？

（3）假如通过学习可以帮你实现3个愿望，你希望通过自己学习得到什么？

第1和2个问题让同学们想到什么就写在黑板上，第3个问题让学生写在A4白纸上。

师：刚才我们看到了同学们有的希望通过学习……，看来大家对学习这位漂亮的女生是早有图谋不轨之意啊，不但想要得到她的心，还想得到与学习有关联的一切美好的东西，这也就是古人所说的书中自有颜如玉，书中自有黄金屋。非常好，这说明大家都已经非常清晰学习的意义和对于自己的价值。

◎设计意图

通过快速联想活动，一方面让学生意识到学习是自己人生中的重要一部分，另一方面明辨学习的意义和学习对于自己的价值。

3．奔跑吧同学——爱情保卫战

（1）小组活动——爱情菠萝菠萝蜜。

师：现在请大家把A4纸揉成纸团，我们来玩个游戏，在座的各位同学都是学习这位漂亮姑娘的追求者，前面那个纸篓就是裁定我们最终能否把学习追到手的神器。谁能够把纸团扔进纸篓，谁就会赢得学习的芳心，并得到你纸团里你想得到的一切。但前提是，就坐在自己座位上，不能移动身体。

提问：提问坐在前面扔进纸团的同学是否成功扔进纸团？

提问坐在前面没有扔进的同学是否成功扔进纸团？

提问坐在后面没有扔进的同学觉得活动是否不公平？

◎教师小结：没错，越靠近纸篓，你的机会就越大，这就是优势与特权。各位同学是拥有学习优势和特权的人，就像刚才看到的学校各方面的优质教育资源，如果我们没有抓住机会，不珍惜自己所拥有的，是一件非常遗憾的事情。但是请注意，拥有优势和特权，不代表一定会成功。没有优势和特权，也不代表一定会失败。所以希望同学们抓住现在的难得的学习机会，通过学习得到你想拥有的一切。不要等到失去这些，才后悔。

（2）奔跑吧同学——爱情保卫战。

同学们，通过刚才的活动，我们知道了在追求学习的过程中机会难得，你不努力别人可能就会把你心目中的学习抢走，所以机不可失，失不再来，况且我们还有很多先天的天时地利人和的有利条件。最终能不能把学习追到手，还需要你们落实到行动中。

◎小组讨论：与学习相处中，如何始终保持热情，让我们保持学习动力高效学习呢？有什么具体的方法和措施。

小组展示后，小组间找出对方小组中你们最认同的一种方法，并对该小组同学赠送一句勉励的话。

◎教师小结：同学们，通过大家的激烈讨论最终评选出以下几种最有效的方法，希望你们谨记在心，在学习中应用这些方法。

◎设计意图

通过爱情菠萝菠萝蜜活动，让学生意识到学习的机会非常难得，要懂得珍惜，另一方面让同学们笃行保持学习热情的方法。

4. 有情人终成眷属

我相信，如果同学们能够始终保持对学习的热情，做到不离不弃，那么学习也一定不辜负大家，做到生死相依。最终与学习走进幸福的婚姻殿堂，享受你们的美丽人生。择日不如撞日，这个机会非常难得，不妨现在就让我们演绎一场西方欧式婚礼的场面，让他们共同见证我们与学习这位美丽姑娘的浪漫爱情故事。

婚礼过程：所有的男生扮演学生男士，所有的女生扮演学习女士，在座的评委和老师们扮演亲友，上课老师扮演神父，学生男士把右手放在胸口，学习女士把右手放在胸口。神父宣读婚礼主持词。最后也请所有的同学履行你们对学习的诺言，并一起向学习发出自己的呐喊《学习，学习，我爱你》

◎设计意图

通过演绎举行婚礼的过程，让同学们深刻感受到对学习的热爱，坚定他们对学习的信心，最终把活动推向高潮。

（四）第四课时　遇见更好的自己[①]

【设计理念】

高中生在遇到学业困境时，常常以“受害者”的角色出现。本节课以“受害者心理”为切入点，主要原因在于受害者采取的消极应对方式容易使他们丧失自我掌控力。而自我掌控力对积极情感体验、自我改变与成长有重要影响。从“受害者”转变为“掌控者”，个体才能积极应对困境，成就更好的自己。

【教学目标】

认知目标：澄清并理解作为一个受害者需要付出的代价；能够发现掌控者的内在力量；

情感目标：学会觉察并反省自身的受害者心理；运用“我可以，我能够”去积极处理学习中出现的问题；

能力目标：体验受害者内心矛盾的情感，即逃避责任后的“舒适感”以及失去掌控后的“无力感”；建立起掌控者的积极情绪反应。

【教学重点】

体验受害者内心矛盾的情感。

【教学难点】

运用“我可以，我能够”积极应对学习问题。

【教学形式】

讲授、情境表演、活动体验、讨论。

【教学准备】

情景剧、视频。

【教学对象】

高一。

【教学时间】

40 分钟。

【教学过程】

1. **导入**

（1）情景表演。

情境一

同学 A 看了一下试卷，说：“又考这么差，能怪我吗？谁叫我是差班的学生。学校肯定安排了最差的老师来教我们。班里很多人都不想学，总是闹哄哄的，上课时同桌还老讲话。想回到家里好好学吧，父母又天天吵架。真郁闷。可是我能有什么办法！”

① 此课程由中山市华侨中学陈晓新设计。

情境二

自习课上，全班同学都在认真地完成作业。这时，同学 B 突然把作业本撕掉了，气愤地趴在书桌上。同桌 C 同学问他，“你怎么啦？”

同学 B 说：“我真搞不明白，我们为什么要读这么无聊的知识，高考有什么用处，我们就是应试教育的牺牲品。哎，可是我又能怎么样呢？”

（2）引出“受害者心理”。

提问：情境中的同学有什么共同处？

（学生回答）

◎师总结：两位同学都把问题归罪于别人，觉得自己一点办法也没有。在心理学上，这种情形叫受害者心理。即：一个人习惯于把错误指向他人，情绪和行为受外界控制，对此自己却无能为力的心理状态。在学习过程中，这种受害者心理同样会对我们有各种各样的影响。

（3）呈现主题。

师：看到这个题目时，同学们可能会觉得很矛盾。受害者听起来很凄惨、痛苦，而天堂听上去很美好、舒适。这样的两个词为什么会放在一起呢？带着这个疑问，接下来我们一步步了解。

◎设计意图

以学生表演的情景剧引出“受害者心理”。接着引出主题，以“矛盾式的题目”激起学生的好奇心，为课堂的深入做好铺垫。

2．受害者的世界——“喜”与“悲”

（1）受害者的“喜”。

◎体验活动一：都是“你”的错

规则：每位同学伸出食指对着自己坐的椅子，以“都是你害的，所以我才……”为句式说一分钟。（内容限于学习上的问题。）

◎活动分享：作为受害者，你有什么舒服的体验？

（学生的可能回答：发泄的快感、舒服、没有负担和压力、觉得自己是正确的、不用承担责任……呈现关键词“不用承担责任”。）

◎师总结：当把错误都指向别人时，什么责任都不用自己承担，这种体验很舒服、没有压力，就像在天堂里的感觉。关键词是：不用承担责任。

（2）受害者的“悲”。

◎体验活动二：我“命令”，你“服从”

规则：活动由“受害者”和“掌控者”两个角色组成。受害者蹲着，一只手被掌控者牵着。掌控者要求受害者完成三个任务：①走走停停；②原地跳十次；③取一样东西。

◎活动分享：作为受害者，你有什么糟糕的心理体验？

（学生的可能回答：痛苦、愤怒、无助、无力反抗……呈现关键词“失去掌控”。）

◎师总结：作为一个受害者，你只能听凭他人摆布。你无法反抗和改变，慢慢就会

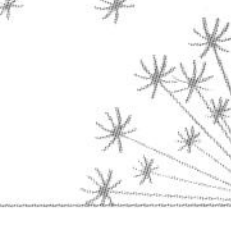

感到很无力、无助。关键词是：失去掌控。

（3）你愿意做“受害者”吗？

提问：你愿意做“受害者”吗？

（学生回答，总结受害者的代价。）

◎师总结：作为受害者，你不用承担责任，但是，同时你会在失去掌控后觉得自己无力反抗和改变。事实上，天堂里的舒适感和安全感只是短暂的。那只是一种心理安慰，逃避你不想看到的事实。而最后的结果是，你只能在无助的受害者世界里继续受害。

◎设计意图

通过两个小活动，让学生体验到作为受害者可能产生的舒服和糟糕体验。在此基础上深入分析受害者的代价，以进一步学会在受害者和掌控者之间做出选择。

3．从“受害者”到“掌控者”

（1）播放视频：《尼克的故事》。

（内容简述：尼克·胡哲出生时就没有四肢，只有一只残缺的左脚，但他没有把自己当成受害者。他能够像常人一样生活，可以游泳、踢足球、打高尔夫，拿到多个学位……他说，他可以选择因没有四肢而愤怒，或是因为有小鸡腿而感恩。小狗欺负他时，他可以用小鸡腿去打它；小朋友害怕他时，他可以去逗他们；游泳时，小鸡腿还能够让他浮起来，也可以让他快速前进，他还可以写字、打字、画画等等。）

（2）思考：他把自己看成受害者吗？面对自己失去四肢，他是如何对待的？

（学生回答）

◎师总结：面对自己失去四肢，尼克很积极乐观。他没有把自己当成受害者去怪罪这个世界，相反，他认为自己“我可以，我能够”做很多事情。“我可以，我能够”这六个字充满力量，它能够让一个人在面临任何问题时都是自己生活的掌控者。

◎设计意图

以尼克乐观面对生活的视频引导学生认识到从“受害者”走向“掌控者”的可能性，并提炼出“我可以，我能够”的方法导向。为下一环节的具体操作做好准备。

4．遇见更好的自己——我可以，我能够

（1）实战演练。

以掌控者的角色去解决前面体验活动一和体验活动二中受害者所面临的学业上的困境。想一想，“我能够”“我可以”做些什么？

（学生讨论，回答）

◎师总结：同样的问题，当我们以受害者的身份去对待时，你什么也做不了，只能抱怨，怪罪你周围的人。而当你以“掌控者”的身份去处理时，你可以，你能够积极地去影响他人，最终让事情变得更好。

（2）自我成长。

在学习过程中，你是否有过受害者心理却没有觉察。现在尝试用“掌控者”身份去解决。

（学生分享）

◎师总结：其实，我们每个人都是在经历错误、失败和挫折中不断成长起来的。在学习中，只有当你能够勇敢地直面自己的问题，选择最好的方式去面对困境，你才能够成长。

◎设计意图

利用“我可以，我能够”的掌控者身份解决课堂导入时两个情境中所面临的问题；最后，通过自我反思，把课堂学到的能力升华运用到实际的学习中。

5. **结语**

师：我们相信：走出受害者的天堂，你将能够掌控自己的学习，遇见更好的自己！

五、 生活充实

（一） 第一课时　成功跨越高中①

【设计理念】

积极心理学主张通过激发每个人自身所固有的某些实际的或潜在的积极品质和积极力量，从而使每个人都能顺利地走向属于自己的幸福彼岸。积极心理学的积极体验是指个体满意地回忆过去、幸福和从容不迫地感受现在并对未来充满希望的一种心理状态。刚刚进入高中生活一段时间的高一学生，其内心最大的冲突就是付出与收获的冲突，一方面，高强度的学习、作业和测验使他们感觉高中生活很累很苦，关注不到付出过程的美好；另一方面，学生设定的目标无法像初中那样在短期内快速地实现，付出与收获落差的增大，使他们看不到收获和希望。这些消极的体验将会使学生背负沉重的心理负担去“熬”高中，本节课的目的就是通过增进高一学生的积极体验，将个人的心境发展成最佳状态，进一步激发学生潜在的动力，让学生过好美好的高中生活。

【教学目标】

认知目标：让学生认识到每个人的关注点不同，高中生活的感受就会不同；

情感目标：激发学生对高中生活的积极情感；

能力目标：让学生学会改变关注点，把关注点放在自己想要的结果和过程的“美好”上，形成积极的心理体验，激发他们的学习动力，从而过好高中。

【教学重点】

使学生学会改变关注点。

---

① 此课程由中山市第一中学林志华设计。

【教学难点】

如何关注高中生活过程中的“美好”。

【教学方法】

游戏体验、情境模拟、音乐回想、小组讨论、案例分析等。

【教学时间】

40 分钟。

【教学对象】

高一学生。

【教学过程】

1. 导入：观看动画故事《高中的日子》

图片启示

◎设计意图

通过让学生观看图片，让学生看到自己高中时期的不同状态，引发共鸣。

结合图片，让学生选择其中一张代表现在的自己，让学生分享自己的高中生活。

思想碰撞：同样的高中，为什么选择不同？

观看图片：消失的五彩色团。

◎小结：关注点不一样，选择就会不一样。

假设小兔的高中生活长期处在 5 的状态下，我想它即使不在树底下睡觉也会跑输给乌龟的。所以同学们，让我们尝试改变自己的关注点，不要让我们的高中输在了起跑线上。

我们应该关注什么？

2. 游戏体验活动：我要的礼物

◎设计意图

通过精心的活动设计，让学生体会不同的关注点会带来不同的结果，并引导学生把关注的焦点放在自己想要的结果上而不是惧怕的结果。

规则：送给学生三份礼物，要求学生打开最后一层时，不管看到什么，都要吃进去。

◎提问要点：

（在学生没有打开礼物前）提问台上、台下的学生，你觉得包装纸里包的是什么，为什么上来（不上去）？

（学生打开礼物后）提问学生是否愿意吃掉？谁愿代替？结果还有转机吗？

小结要点：每个人在做一件事情之前，各自的关注点是不一样的。一类是关注自己想要结果的人，第二类是关注自己惧怕结果的人。只有关注自己想要的结果的人，才会有收获的机会。特别是，当我们在前进的路上遭遇挫折时，当我们看到别人的收获比自己多时，当我们发现自己的所得和想要的结果有差距时，我们更应该由始至终把关注的焦点放在自己想要的结果上，只有这样，我们才不至于放弃、退却，最终一无所获。坚持下去，你会发现你的收获更大。

同学们，高中三年，我们想要的结果是什么？也许有些同学会想，老师我以前初中稳居前五名，现在稳居后五名，科科都好像学不好，我能要什么呢？《灌篮高手》中安西教练曾说过："一个人心都死了，那么比赛就提前结束了。"曾经有个同学，她高中的时候非常想考中大，所有人都认为不可能，因为高一第一学期他的成绩在班里是倒数，到高一结束，他的成绩排到了班里的中等，高二就进入上游，到高三时挤进前五，高考时他以全班第一、年级前十的成绩考上了中大。他是怎么做到的呢？高一开始时，他就为自己设计了一份录取通知书，通知书是这样写的，尊敬的某某同学，我校很荣幸能录取你这样优秀的学生，只要你愿意来我校，专业任你选。中山大学，校长黄达人，盖章。他把它贴在自己桌子的背面，只要一打开就能看到，最终当他拿到真的录取通知书时，他把两张通知书都珍藏了起来，因为他觉得在他人生当中，两张通知书同等重要。

◎活动：设计自己的录取通知书

◎设计意图

通过设计自己的大学录取通知书活动，来引导并帮助学生关注自己想要的结果。

情境模拟：时光飞逝，转眼就到了高考那年……

有句话是这样说的，过去不等于未来，人生没有失败，只有暂时停止的成功。同学们，不管现在的你是怎样的，只要关注自己想要的结果，你就有了努力的方向，你就有了奋斗的目标，你就有了前进的动力，同时，你也就有了成功的希望！带着希望前进，高中的你才能走得更快更远。

我们还要关注什么？

4．后续活动，我要的礼物

◎设计意图

后续的活动让学生体会到高中生活过程的美好，不仅要关注成果，同时也要享受过程。

老师将送出今天最大的礼物，前提是回答以下三个问题：

（1）礼物一共包了几层纸？

（2）每一层纸的颜色？

（3）每一层纸上有什么？

◎提问：为什么我们都回答不出来？

◎小结：我们在关注自己想要的结果同时，更要学会重视过程，关注的过程当中点点滴滴的美好。

5. 观看视频《走过高中的同学眼中的美好》

◎设计意图

通过视频，让学生寻找高中生活中的美好经历。

小组讨论：过程中点滴的“美好”还可以是……

学生分享。

小结学生发言。过程中点滴的“美好”还可以是每一次的小收获、每一个鼓励、每一个微笑、每一点付出、每一份情谊……还可以是什么?

案例分析：进入高一后，我产生了歇一歇的想法，谁知这一歇，成绩也跟着歇一歇，跌到全班的倒数，当时觉得自己的高中就这样提前 over 了……

◎提问：你觉得这算不算过程中的美好?

续案例：后来班主任对我说，你应该感到庆幸，这次倒数发生在高一，而不是在高三，更不是在高考，正是这句话让我决定要重新开始。

我一直都感谢这次倒数，它让我懂得人生任何阶段都一定要把握好现在，才能拥有未来。

◎小结：每一个挫折之后的成长：做题时一个阻力、别人给你的一个压力、老师的一句批评、父母的一句指责、每一次努力后的打击……这些都能使我们从中收获和成长，它们就会成为过程中的美好。曾经有同学说高中最美好的事情就是睡觉，我跟他说，是睡觉令高中变得美好，还是高中令睡觉变成美好，高中犹如一杯香茗，会品之人说：“真香!”无知之人则说：“真苦!”只要你用心体味，任何平凡都会迸发出动人的光彩，因为为了理想而奋斗的过程，本身就是一种莫大的幸福。

6. 击掌活动

◎设计意图

通过小活动，激励学生勇于行动，成功走过高中生活。

◎要点：把自己想要的结果放右手，把过程当中的美好放左手。在高中的路上，当你开始怀疑自己想要的结果是否能得到时，请看看左手过程中的美好，它会让你重拾信心和希望；当你在过程中遭遇坎坷想要退缩时，请看看右手自己想要的结果，梦想希望其实就在不远处等着你。所以，高中的我们要时刻懂得用左手激励右手，用右手激励左手，用自己的双手为自己鼓劲吧，只有这样的双手才能为我们披荆斩棘，使我们奋然前行，创造出我们想要的结果。等到三年后的6月，你会自豪而欣慰地说：“高中，我已成功走过!”

（二）第二课时　明确目标　坚持信念[①]

【设计理念】

由于高中学习内容增多、学习难度提高、教学方式转变等各种学习上的困扰，高中学生需要及时改变原有认知观点，采取积极主动的策略适应高中生活和学习，避免不适应高中学习，产生焦虑紧张的消极情绪。因此，教会学生明确目标和坚定信念就显得尤为重要。本节课的目的就是希望通过各种教学方式，帮助高中学生学会为自己选定一个适合发展的目标，并学会如何向着目标努力前进，保持积极乐观的心态，主动适应高中学习，从而更加健康快乐地度过高中学习生活。

【教学目标】

认知目标：让学生认识到明确的目标对人生成长的重要性。

情感目标：学会坚定信念、培养意志力。

能力目标：学会给自己选定一个适合自己发展的目标，并学会时刻激励自己朝着目标坚持不懈地努力奋斗。

【教学重点】

学生对于目标的选定以及坚信目的能实现的信念的具体行动方法。

【教学难点】

如何做到坚持不懈、不放弃。

【教学方法】

讲授法，活动体验法等。

【教学过程】

1. **戈达德的梦想清单**

◎设计意图

通过戈达德的梦想清单故事，让学生了解树立目标的重要性以及勇往直前去坚持的力量。

有这样一个人，在他15岁那年就写下了《一生的志愿》，洋洋洒洒地一口气列举了127项，当中有的志愿足够让人望而生畏，有的则让人一笑置之，几乎所有人都认为那不过是一个孩子天真的梦想而已，随着时光的流逝，很快就会烟消云散。我们来看看这份梦想的清单。

◎提问：你觉得以上列举的梦想，已经实现的有哪些？哪些也会成为你的梦想？

在他59岁那年，实现了《一生的志愿》中的106个愿望，而现在的他依然在尽其所能坚持不懈地争取实现剩下的21个。历时44年，大半生的时间。毫无疑问，那是一场壮丽的人生跋涉，也是一场异常艰难、简直无法想像地生命之旅，他就是当今著名的探

① 此课程由中山市第一中学林志华设计。

险家戈达德。来看看他说的一段话："我总是让心灵先到达那个地方，随后，周身就有了一股神奇的力量。接下来，就只需沿着心灵的召唤前进。"

◎提问：从他的话语，你领悟到了什么？我们从小也曾许下不少愿望，有多少已经实现了？为什么有些未能实现呢？

◎小结：在他的身上，我们感受到"拥有梦想"的力量，这种力量非常强大，之所以强大，是因为他梦想清单中写的都是一个一个明确的目标，不是模糊不清的，不是说说就算了的。

◎想一想：有同学说自己的高考目标是上重点大学，这个目标能带给他强大的动力吗？

我们来看看：

目标管理的 SMART 原则

S. 目标必须是具体的（Specific）

M. 目标必须是可以衡量的（Measurable）

A. 目标必须是可以达到的（Attainable）

R. 目标必须和其他目标具有相关性（Relevant）

T. 目标必须具有明确的截止期限（Time-based）

◎小结：原则中的五个，戈达德至少达到了两个：具体的和可达到的。而"考重点大学"的目标估计不能给人强大的动力，因为还不够具体，也不知道是否力所能及。

我们再来看他的另一段话：戈达德在回忆自己实现目标的征途中，有过 18 次死里逃生的经历。他说："这些经历教会我，凡是我想到我能做的，我都想试一试。""当我想到最坏的结果不过如此，我还怕什么的时候，就会突然产生惊人的力量和意志力，而过去我做梦也没想到过自己体内竟蕴藏着这样巨大的能力，激励自己奋勇直前。"

◎提问：他一路跋涉，一路坚持，这种不怕苦不怕输（不怕死）的精神力量从何而来？

◎小结：在他的身上，我们还感受到了"勇往直前"的力量。这种力量之所以能让人不怕苦不怕输甚至不怕死去尝试去坚持，是因为他把要达成的目标视为"一生的志愿"，知道实现目标就得付出艰辛的努力并要至死不渝的去坚持，他的这种坚定的信念才使得他在经历了死里逃生后变得无所畏惧。

◎想一想：同学们在面对接二连三的考试失利时，为什么有的人会从此一蹶不振，而有的人会毫不犹豫地重整旗鼓？

◎小结：面对考砸了的成绩，不怕输能坚持的同学是勇往直前的，他们能把考试失利看成是实现目标的必经过程，梦想与目标在他的心目中是坚定的信念，并不会因为一次次的考试失利而动摇。我挑战，我坚持！

2. 我的目标

◎设计意图

通过填写《我的目标　我挑战我坚持》表格，让学生把目标具体化，从而找到前进的方向。

对于我们而言，离我们最近的梦想是什么呢？我的大学梦。要实现这个美丽的梦想，我们首先要有明确的目标。

接下来，我们参考目标管理的SMART原则，结合各所大学近年来的录取情况，给自己确定目标。

（1）完成表格《我的目标　我挑战我坚持》（表5－10）。

表5－10　我的目标　我挑战我坚持

S具体的	我要考上的大学：	
M可衡量的	我要考的分数是：	排名是：
A可达到的	我曾考到最理想的分数是：	最理想的排名是：
R相关的	我的理想职业是：	
T截止时间	年　　月　　日	
我的信念		
实现者（签名）： 同学·同行：	监督者（签名）：	

举例（见表5－11）。

表5－11　我的目标　我挑战我坚持（例表）

S具体的	我要考上的大学：中山大学	
M可衡量的	我要考的分数是：628（638）	排名是：60（50）
A可达到的	我曾考到最理想的分数是：606	最理想的排名是：150
R相关的	我的理想职业是：软件工程师	
T截止时间	2018年6月9日	
我的信念	为了让自己不后悔，再苦再累，挺进中大！我拼了！	
实现者（签名）：李晓东 同学．同行：李晓东　张文浩　吴爱迪	监督者（签名）：张文浩 张思晴　陈俊光	

想一想：

①我离目标究竟有多远？举例：有一个来咨询的高二男生，他说自己做梦也想着考

入中山大学，初三暑假时送表哥回学校，就被中大的校门和校园所吸引，立志要像表哥那样考上中山大学。上高中以来，他未曾动摇过，可总觉得自己离中大还是有差距的，心中很苦恼。他现在的实力大概在150名左右，估计考广州外语外贸大学应该可以，但从广州外语外贸大学到中山大学的跨越，可能吗？

◎小结：一切皆有可能。来看一个真实的例子：从高一期末考的400名，到高二上学期期末考的300名，再到高二下学期期末考的150名，现在到高三统测的100名、80名，实现了从本B到本A，再到重本的跨越，按这种势头有望冲击中山大学，他是高三26班的罗禹昆。罗禹昆在《相信自己》中谈道："高二就是一个非常关键的时期，在这期间，只要努力学习，成绩出现飞跃不无可能！"

②从广州外语外贸大学到中山大学，如何实现跨越？

◎小结：有同学可能觉得要提前113名，谈何容易。我们再来看看分数上的差距，22分，如果把它分解到6门科目上面，需要每科提高4分才行，看来稳扎基础非常重要。运用目标分解法后，是否又觉得一切皆有可能呢？

同样的道理，从中山大学到复旦大学的跨越，需要每科提高6分；从本B电子科大中山学院到本A，需要每科提高6分。对于刚上本A线的同学来说，每科提高5分就能去到阿里巴巴创始人马云的母校杭州师范大学了，每科再提高6分就可以冲上重本线。

所以，我们在完成表格时，要基于自己现有的实力，并在自己力所能及的范围内找到一个"跳一跳能完成"的高一点的目标，激励自己"做最好的自己"。

（2）同学·同行

最后我们进行一个仪式，完成表格的最后一项，同学. 同行，大学梦一样的同学一起打气。"同学，我们是同学，同行，我们一同学习，一同为理想拼搏，也将一同迎战高考！XX大学，我来了！"

3. 坚持的理由

◎设计意图

通过故事分享以及视频播放的方式，激励学生朝着目标前进，坚定信念，不轻言放弃。

有了目标还需要什么呢？去行动，去坚持，不然目标就没有实现的那天。

和大家分享一个真实的故事。2008年北京奥运会开幕前期，一位70岁老人作客杨澜访谈录。他的名字曾因为他1968年马拉松赛的表现，被载入了奥林匹克史册。

播放短片《阿赫瓦里》。

对于这场比赛，他没有获得奖牌，甚至连个名次都没有。但在他跑回到体育馆，全场观众报以热烈的掌声，有位作家为他写了一首歌叫《英雄》。40多年过去了，人们早已忘记当年比赛的冠军是谁，叫什么名字，但却始终记得他是最后一个跑进体育馆的选手阿赫瓦里，还尊称他为"最美的垫底者"。

虽然他没有成为马拉松的冠军，但他以自己的坚韧与执着，锻造出与冠军同样的辉煌。他说："我的祖国把我送到了7 000英里[①]之外，不是为了让我开始比赛，而是为了让我完成比赛。"

提问：他为什么要跑完全程？

◎小结：因为他要完成祖国交给他使命，他要向世界展现坦桑尼亚运动员的体育精神，他要战胜自己，这就是坚持的理由。这种坚持的信念能在人很苦很累甚至想要放弃的时候，给予人力量。

想一想，说一说：我坚持的理由是什么？完成表格"我的信念"一项。

◎小结：来看看过来人坚持的理由，这将带给你启发和内心的触动。

4. **总结升华**

最后送给大家两段话：

> 朝着一定目标走去是"志"，一鼓作气中途绝不停止是"气"，两者合起来就是"志气"。一切事业的成败都取决于此。
>
> 人的一生，总是难免有浮沉。不会永远如旭日东升，也不会永远痛苦潦倒。反复地一浮一沉，对人正是磨炼。因此，浮在上面的，不必骄傲；沉在底下的，不用悲观。必须以率直、谦虚的态度，乐观进取、向前迈进。

（三）第三课时　压力？动力！[②]

【设计理念】

从心理学角度讲，压力是个体面临外在环境的威胁或挑战时所做出的适应和应对过程。对压力的有效应对是个体主动适应社会的重要部分。由于当今社会，无论在哪个领域，社会竞争无处不在且愈演愈烈，那么高中生如何正视竞争带来的压力成为不可回避的问题。

对于高中生而言，他们面临的压力主要来自于学习，而根源在于升学的竞争。面对严峻的考试竞争，每个学生都会有一定的心理压力。我们在现实中发现，有些学生能积极面对这种压力，把压力转化为学习生活的动力；而有不少同学在竞争压力面前显得惊慌失措，迷失了自我，对其主动性和专注力造成很大的影响。因此，高中生学会正视压力，并能自主有效地化压力为动力显得格外重要。

【教学目标】

认知目标：认识到生活中的压力无处不在，而竞争带来的压力可能是前进的阻力，也可以是前进的动力。

行为目标：激发学生直面压力，自主有效地化压力为动力，敢于挑战自我、挑战生活。

情感目标：感受到竞争、生活中的压力可能给自己带来的紧张和焦虑感，同时思索

---

① 7 000英里约为11 265千米。

② 此课程由中山市华侨中学张环设计。

这种体验可能给自己带来的有利影响。

【教学重点】

认识到压力的两重影响，并思考紧张和焦虑感如何给自己带来有利影响。

【教学难点】

能够直面压力，把压力转化为动力，不断去挑战和发展自我。

【教学方式】

小组讨论、讲授、活动体验。

【教学准备】

PPT、视频。

【教学过程】

1. 导入

◎设计意图

通过故事让学生认识到压力躲不了，关键看如何智慧去应对。

两个好朋友在森林中散步，一切都很浪漫，边走边谈人生，非常投机合缘。突然从树林中冲出一只老虎，两个人都急着逃命，正当其中一人拔腿要跑的时候，却看见他的朋友在换跑鞋，他十分不解地问：“现在换什么鞋啊！就算你换上跑鞋也跑不过老虎的！”可是他的朋友边换鞋边回答道：“我为什么要跑过老虎呢？我只要跑得比你快就可以了。”

◎总结：这个幽默中带点残酷的笑话其实透露了生活的现实。现实中处处存在着竞争，如何发挥自主能动性，如何应对竞争压力，是我们急需解决的问题。

2. 谈谈身边的竞争

◎设计意图

通过生活中的例子和数据，让学生明白竞争压力无处不在，无法避免，要学会正视和接受竞争及压力的现实。

当我们每个人刚刚降生的时候，我们就已经进入社会这个大家庭，进入社会就面临竞争，社会中的竞争无处不在。

◎提问：谈谈你所遇到的竞争现象有哪些？

◎总结：从我们校园来看，班干部的选拔就是竞争的最好例子，班主任都会挑选品学兼优的好学生来担任班干部，这从一定程度上促进了竞争。像清华大学、北京大学这样的高校，想进就必须经历竞争，分数高者得，分数低者失。目前的就业问题也明显地体现出竞争，有数据表明：1998 年全国高校的招生人数是 108 万人，2002 年的招生人数为 275 万人，而 2016 年的招生人数达到了 325 万人。这数字无疑给社会增加更多的就业压力，这些学生毕业后的工作将何去何从，有限的工作岗位和无限的就业人员，用人单位也只能用竞争制度来挑选最好的人员。

3. 竞争的动力所在

◎设计意图

通过利弊分析，让学生客观地看到竞争也有积极的一面，引导学生思考如何发挥竞争的积极作用。

有人说竞争就像魔鬼，他给人们裹上冰冷的铁甲，互相隔离开，他又在每人手里塞上一柄刺刀，对人们说：只有刺倒别人，自己才能生存，从此人们受到了魔鬼的诅咒，将一切视为仇敌，用猜忌对待世界，以自我为中心，为达目的不择手段，人与人之间充斥着寒冷彻骨的冰雪，美好的灵魂和道德被扼杀，人间变成了黑漫漫的地狱，魔鬼眼中透出恶毒的冷笑。

有人驳斥说竞争不仅不是魔鬼，反而是上帝，有了竞争，才有了如此高的社会生产力，有了竞争才有了当今现代化的生活。优胜劣汰，自然之理，没有竞争，人类就会像失去天敌的鹿群一样渐渐衰退，没有竞争，就会使世界失去活力，连暴风雨中的霹雳都不会轰鸣，人间将像死一般沉寂，人们都安守于现状，满足于平庸的生活，世界将再无雄奇可言，也再也不会有会当凌绝顶，一览众山小的感觉，那才是魔鬼真正的诅咒，那才是世界末日的到来。

◎分组讨论：根据上面对于竞争的描述，总结竞争带给我们的利弊。

◎总结：

（1）弊。

①在竞争中有些对手会为了取胜往往用一些卑鄙的手段；

②竞争容易使人的心灵变得肮脏；

③竞争使弱势群体失去生活保障与生存信念；

④竞争会使强者吃掉弱者，从人道主义的理论及道德意义上来讲不很合适。

（2）利。

①竞争能激发人的创造精神，它使人体充沛，思维敏捷，反应灵活，想象力丰富；

②科学研究表明，通常情况下人只能发挥自身潜能的百分之二十到百分之三十，而在竞争过程中，人处于紧张的情绪状态，这种情绪有利于个体潜力的发挥；

③竞争中的成功者增强了信心，树立了更高的奋斗目标；

④竞争中的失败者通过总结经验，调整目标与行动方式，为进一步取胜打好基础。

（3）在竞争中进步。

两个充分发挥竞争“利”作用的例子：

事例一：可口可乐公司与百事可乐公司这两个竞争对手在双方激烈的竞争中都死死盯着对方，只要对方一有新动作，另一方肯定也会有新花样。可口可乐早在20世纪20年代便在古巴用飞机在空中喷出烟雾，画出“COCA－COLA”字样，可惜因为缺少经验而失败。百事可乐在1940年更是一下租了8架飞机，飞了14.5万公里，在东西两海岸城市，以机尾喷雾，写下百事可乐的广告。可口可乐当然要及时反击，为强化国民第一饮料的形象，可口可乐赞助了1939年的纽约世界博览会，并请名人啜饮，将其照片刊在杂志封面。但相比之下，百事可乐的宣传广告方式更有创意。他们专门设计了一套卡通片，而且还创作了一首看似极普通却风靡全美的广告歌曲。两大巨头在竞争中可谓不遗余力，使出浑身解数来击败对手，但结果却是二者都有了长久的发展。可见，只有不断的竞争，才会有生机和活力，才能不断地克服困难，一直向前。

事例二：沃尔玛的竞争对手斯特林商店开始采用金属货架代替木制货架后，沃尔玛创始人山姆·沃尔顿先生立刻请人制作了更漂亮的金属货架，并成为全美第一家百分之百使用金属货架的杂货店。沃尔玛的另一家竞争对手经营店实施自助销售时，山姆·沃尔顿先生连夜乘坐长途汽车到该店所在的明尼苏达州去考察，回来后开设了自助销售店，当时是全美第三家。经过40多年的争斗搏杀，沃尔玛从美国中部阿肯色州的本顿维尔小城崛起，到目前为止，沃尔玛商店总数达到4 000多家，年收入2 400多亿美元，列全球500强，创造了一个又一个神话。

◎讨论：成功应对竞争的他们是怎样做到的？给你什么启发？

◎总结：以积极正面的心态看待竞争及其带来的挫折与压力。面对竞争不逃避，不抱怨，不损人利己，不危害社会，立足自身发展优势，顶住压力迎接挑战，通过自立自强、自信自律，自主有效应对竞争才是可取的态度。

4. **竞争的团队力量**

◎设计意图

通过活动，让学生体验到竞争带来的压力，同时感受到团队合作是应对竞争的有利方式。

◎活动：同舟共济

◎规则：（1）在地上放二张全部打开并列放好的报纸，并说明此报纸代表的是汪洋中的一条船，成员是船上的人，无论用什么方式，每个人都要尽可能站在报纸上，否则就算溺死。时间1分钟。

（2）由小组成员合作完成任务后，再将报纸对折，要求成员再站在报纸上，时间50秒。

（3）之后，再将报纸对折，下达同样命令，如此反复直到报纸上只能站一个成员为止。每次时间30秒。

（4）分享团队合作的感受。

◎总结：团队的凝聚与信任，有利于个体有效应对竞争压力。

5. **在竞争中成长**

◎设计意图

通过视频激发学生思考什么是正确的竞争观，如何在竞争中获得成长。

观看电影《三傻大闹宝莱坞》视频剪辑：兰乔质疑学校的教育方式，校长一怒之下把他揪到教室让他上课，兰乔无奈之下端起一本书，在黑板上写下两个词，让大家在30秒内定义这两个术语，看看谁最快，谁最慢。只见所有同学包括校长都手忙脚乱，急于从书本上找到这两个词。30秒过去了，没有人找到答案。兰乔提出发人深省的问题："请大家将生活倒退一分钟，当问题提出来的时候，你们有对问题本身产生兴趣吗？没有，你们都陷入比赛当中，就算是拿到了第一，这种方式又有什么用？你的知识会增长吗？不会，增长的只有压力！"

◎提问：谈谈观看视频后的感受以及如何树立正确的竞争观？

◎总结：首先，有竞争，就会有成功者和失败者。关键是正确对待失败，要有不甘落后的进取精神。其次，对自己要有一个客观的恰如其分的评估，缩小自己理想和现实的差距。脚踏实地一步一个脚印去做、去努力，只有这样才能在最终将心中的理想变为现实。再次，在竞争中要学会审时度势，扬长避短。如果能从失败中悟出道理，或者在竞争中学到更多的知识，增长了自己的才干，那么这种失败也是一笔不小的收获，或许它将成为你成功的一个新起点。最后，我们不应为了竞争而竞争，这样徒增的是压力与烦恼，应该在竞争的面前增长知识与技能，让自己变得越来越强大，让自己成长，这样才能适应社会，充实生活，才能在社会中更好的生存与发展。

6. **结语**

塞缪斯说：压力来临时，我们正好是待发的箭。适当的压力刚好是前进的动力。在压力面前，应该把自己锻造成一只百折不挠的利箭，在那惊天的一刻，绽放出利箭的光芒。

让我们化压力为动力，在竞争中成长！

六、 生活自主

（一） 第一课时 我是人生的主人[①]

【设计理念】

有不少学生对未来毫无展望，过一天算一天；也有不少学生只知道今天的付出全然为了高考，而现实的繁重学业和不理想的成绩排名又使得他们心力交瘁。缺少动力和觉得压力山大的学生不在少数，他们打心里抱怨日复一日的辛劳，有的还厌恶甚至惧怕学

① 此课程由中山市第一中学许映霞设计。

习和考试。本课的设计旨在唤醒学生对自己未来人生的责任与展望，学会自主结合自身实际，把学业与人生愿景联系起来进行规划，激发其对自己这辈子负起责任、无悔青春的积极情感，开启新的学业征程。

【教学目标】

认知目标：引导学生正视自己现在的所为是在为未来做奠基，唤醒学生对自己未来人生的责任与展望。

情感目标：激发学生对自己这辈子负起责任、无悔青春的积极情感。

能力目标：学会结合自身实际，自主把学业与人生愿景联系起来进行规划，开启新的学业征程。

【教学重点】

引导学生对自己的现在与未来负责，学会结合学业与人生愿景进行自我规划。

【教学难点】

激发学生对自己这辈子负起责任、无悔青春。

【教学过程】

1. 导入：我最想做的事

◎设计意图

通过采访资料和电视广告引发学生思考人生的方向与选择。

今天我们来聊一聊这个话题，这个话题在 3 年前颇受关注。

（1）播放视频：2012 年传闻中的世界末日前夕，人们对“我最想做的事”的回答。有积极也有消极的，都基于自己的现实需要和考虑，无好坏对错。

（2）让学生自由到黑板上写，我最想做的事有哪些？

◎提问：如果在我最想做的事，前面加上“这辈子”，还是这些答案吗？

◎小结：这辈子，让我们重新思考、重新选择，更加谨慎更加深远。

（3）分享广告语：身未动，心已远。

旅游卫视的广告语里有这么一句：身未动，心已远。意思是说在身体行动之前早已在心中规划好了行程。而对于人生而言，有多少人能做到呢？

我们今天一起来从心规划，开始新的征程。

2. 向死而生的力量

◎设计意图

通过墓志铭与临终遗憾引发学生思考人生的价值所在，激发其内驱力。

（1）内德·兰赛姆的墓志铭。

有一个人的墓志铭是这样写的：假如人生可以重来，世上将有一半的人成为伟人。

这个人是谁？是法国里昂最著名的牧师内德·兰赛姆。为什么他能悟出这句话呢？这跟他的职业有关，他见证了太多的人在临终时的遗言，并写下了《最后的遗言》这本书，想以此告诫世人人生的意义所在。兰赛姆发现，这似乎成了生命终结前的常态，不少人会留下类似的话：现在生命快要结束了，一生庸碌，我感到非常遗憾，到另一个世界里，绝不会再做这样的傻事，请求上帝宽恕，再给我一次机会。

◎提问：怎样理解向死而生？

◎小结：向死而生，当人走向死亡的边缘，重新唤醒内心对自己人生的审视，悟出要珍惜自己的生命，活出自己的价值。

（2）临终的25个遗憾。

在日本有个负责临终关怀的护士，她记录了1 000个即将走向生命终点的人说出的遗憾，她把这些遗憾做了统计和归类，发现有25个遗憾出现频率最高（如图5－4）。

临终遗言的25个遗憾

- 做过对不起良心的事。
- 被感情左右度过一生。
- 没有尽力帮助过别人。
- 过于相信自己。
- 没有妥善安置财产。
- 没有考虑过身后事。
- 没有回故乡。
- 没有享受过美食。
- 没有做自己想做的事。
- 没有去想去的地方旅行。
- 没有和想见的人见面。
- 大部分时间都用来工作。
- 没有实现梦想。
- 没能谈一场永存记忆的恋爱。
- 一辈子都没有结婚。
- 没有生育孩子。
- 没有看到孩子结婚。
- 没有注意身体健康。
- 没有戒烟。
- 没有表明自己的真实意愿。
- 没有认清活着的意义。
- 没有留下自己生存过的证据。
- 没有看透生死。
- 没有信仰。
- 没有对深爱的人说“谢谢”。

图5－4　25个遗憾

◎体验：接下来我们用演绎的方式体验一下这些遗憾。让学生开火车读出来，并找出排名前三的遗憾是哪几个。

◎小结：没有做最想做的事，没有实现梦想，没有和深爱的人说谢谢。所以人要及时表达感恩，人要尽力实现自我价值。

3. 活动：撕纸人生

◎设计意图

通过撕纸游戏，让学生认识到生命的可贵与短暂，懂得人在有限的生命里为自己想做的事付出的时间与代价的比例。

也许你会说：我还年轻，身体也健康，现在想这个问题有点早吧?！那究竟现在来想是否有必要呢？我们来体验一个活动：

（1）我的岁月纸条。

发纸条，每个学生拿到一张长条形的纸条。

规则：折成10格，每个格子代表10年。

在16岁的位置撕下来，写上过去的我。

在 60 岁的位置撕下来，写上我的晚年生活。

剩余的中间部分横向折成三等分，一部分代表睡眠，一部分代表生活中琐碎的吃饭、休闲、玩耍、陪家人的时光，一部分代表学习和工作的时间。把 1/3 撕下来。

左手拿着 1/3 纸条，右手拿着 2/3 和我的晚年生活。

（2）提问：哪一部分是在为我们的人生奠基？你最想做的事会位于哪个部分？你要在人生奠基的这部分付出多少、收获多少，达到什么样的状态，才可能支撑保证你想要的生活质量呢？你想过怎样的人生，是独立自主还是受制于人？

◎小结：我们每一个人为自己的人生做奠基的时间其实很有限；把握有限的时间与精力去完成自己最想做的事是需要规划的；做规划时要思考目标与付出的关系，光想着美好的人生愿景而不愿意付出是没有意义的。

相信在座的每一位同学都想拥有独立自主的人生。自主，就是自觉、主动，遇事有主见，对自己的行为负责，能自律。就如世界上许许多多的人能站在喜马拉雅山脚仰望山顶，但仅有少数人能克服重重困难站在山顶俯瞰大地，当人能发挥自主性，愿意付出敢于挑战，站的高度不一样，收获当然也不一样。高中三年如爬山，如果你想能在最后站在较为优势的位置，你就必然要从此刻起自觉主动、脚踏实地做很多准备。

4. **我的生命线**

◎设计意图

结合自身实际制定目标，自主把学业与人生愿景联系起来进行规划，开启新的学业征程。

现在让我们回到刚开始的问题，问问自己的内心：这辈子我最想做的事有哪些？

生命是一条延续的线，从今天到明天再到未来是连接着的。连接我的现在与未来的是什么？是职业与大学，离我们最近的就是大学。还有人的连接，从现在走向未来，志同道合，志是方向、目标、理想，道是价值观，往往目标相同，价值观一致的人能走在一起。

◎思考与分享：你的理想职业是什么？你要读的大学是哪所？有哪些人和你一路同学同行呢？

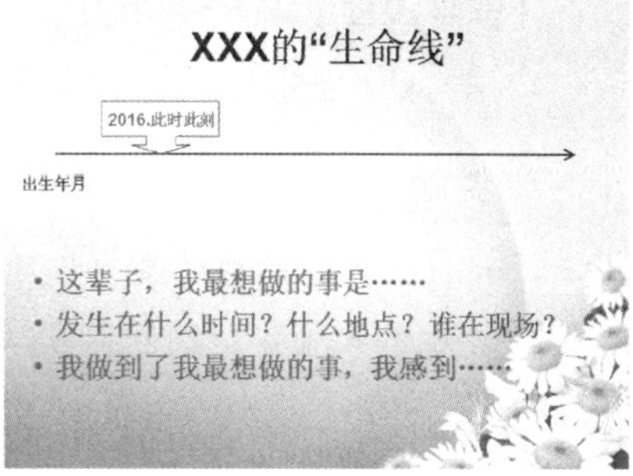

图 5－5　岁月纸条

◎总结：

当我们把人定义为“两足直立行走的高等灵长类动物”的时候，人类有 600 万年的历史；当把人定义为“会制造工具的高等灵长类动物”的时候，人类有 200 万年；而一个人真正的历史从什么时候开始？从“觉醒”之后有意识地探求自己的人生目标开始，从有自己的人生规划开始。

你作为人，你真正的历史开始了吗？祝愿每一位同学从此刻起成为自己人生的主人，自主开启自己的历史、规划自己的人生！

5. **课后作业**

让我们把以上的答案写在岁月纸条上，然后张贴在A4白纸，标题写上“XXX的‘生命线’”（如图5－5）。

（二）第二课时　我是学习的主人①

【设计理念】

不少学生刚上高一对什么都感兴趣有热情，可是随着每天单调苦累的学习生活重复上演后，这股热情也慢慢减退，不由自主地越来越想偷懒不想动。本课程通过故事和活动让学生体验寻找持续燃起学习生活自主性和动力的方法，培养学生保持积极奋进的心态应对困难与挫折，克服懒散和诱惑，以规律而高效的学习生活状态最终迎来高中美好的明天。

【教学目标】

认知目标：认识到自主自律的人会为将来的长远发展做出选择，而非只顾眼前的舒适。

能力目标：学会持续燃起学习生活动力，保持其自主性的三个方法。

情感目标：激发学生主动专注、自主自律应对高中学习生活的积极情感。

【教学重点】

学会持续燃起学习生活动力，保持其自主性的三个方法。

【教学难点】

激发学生主动专注、自主自律应对高中学习生活的积极情感。

【教学过程】

1. **导入：自主性，都去哪了**

◎设计意图

通过心理学经典实验，引出克服当前困难情境力求获得长远利益的能力即自律，引发学生思考消磨人的自主自律都有哪些原因。

有不少同学跟我说，老师，我刚上高一对什么都感兴趣有热情，可是随着每天“教室—饭堂—宿舍”这种单调苦累的学习生活重复上演后，这股热情也慢慢减退，不由自主地越来越想偷懒不想动。在座的你们是这样的吗？

来看一个著名的心理学实验（视频：延时满足）。实验过程大致如下：实验者发给4岁被试儿童每人一颗好吃的软糖，同时告诉孩子们：如果马上吃，只能吃一颗；如果等20分钟后再吃，就给吃两颗。有的孩子急不可待，把糖马上吃掉了；而另一些孩子则耐住性子、闭上眼睛或头枕双臂做睡觉状，也有的孩子用自言自语或唱歌来转移注意消磨

① 此课程由中山市第一中学许映霞设计。

时光以克制自己的欲望，从而获得了更丰厚的报酬。在美味的奶糖面前，任何孩子都将经受考验。

研究人员在十几年以后再考察当年那些孩子现在的表现，发现那些能够为获得更多的软糖而等待得更久的孩子要比那些缺乏耐心的孩子更容易获得成功，他们的学习成绩要相对好一些。在后来的几十年的跟踪观察中，发现有耐心的孩子在事业上的表现也较为出色。选择即刻吃糖不愿等待，还是选择更多软糖愿意等待，不同选择不同结果。后者是一种克服当前的困难情境而力求获得长远利益的能力，也是自主自律的能力。

有句名言，成功不是因为能力而是因为选择。如果是你，又将如何选择呢？实验当中的软糖，在现实生活中象征着什么？（更多软糖象征更理想的结果，吃糖意味着抵不住诱惑。）

◎想一想：对于我们而言，更理想的结果有哪些？抵不住的诱惑又有哪些？是什么导致我们不由自主想偷懒？如何增进我们对学习生活的自主性呢？

◎小结：自主自律的人会为将来的长远发展做出选择，而非只顾眼前的舒适。相信在座的每一个同学都希望自己能保持积极奋进的心态应对困难与挫折，克服懒散和诱惑，以规律而高效的学习生活状态最终迎来高中美好的明天。

接下来，我们来找找持续燃起学习生活自主性和动力的方法都有哪些。

2. 故事：沙漠与星空

◎设计意图

通过塞尔玛的故事引出积极心态能助人走出困境、活出自我。

我们来听一个故事：一位年轻的美国女人塞尔玛陪丈夫到沙漠腹地参加军事演习，每天她孤零零一个人留守在一间集装箱一样的铁皮小屋里，炎热难耐的周围只有墨西哥人与印第安人。他们不懂英语，无法进行交流。塞尔玛寂寞难耐，烦躁不安，她开始抱怨环境恶劣和内心的痛苦，于是写信给她的父母，说要尽早离开这个鬼地方。父亲的回信只有一张纸，纸的一面画着一个人低着头只看到地上的泥土；纸的另一面画着一个人抬起头看到满天的繁星。塞尔玛看着信，想想自己的处境。

（1）提问：如果你是她，你读懂父亲信中的含义是什么？你决定怎么做，是走还是留下来？

塞尔玛的想法和你一样，于是她决定留下来寻找“繁星”。她一改往日的消沉，积极面对每天的生活。她开始主动和周围的人交往，学习他们的语言。她付出了热情，人们也回报她热情，慢慢地她和他们成了朋友；她对他们的纺织品、陶器表示兴趣，他们就把最喜欢但舍不得卖给观光客人的纺织品和陶器送给了她；她研究沙漠中的仙人掌和各种沙漠植物，一边研究，一边做笔记，没想到那仙人掌是那样的千姿百态，那样的引人入迷；她欣赏沙漠上的日落日出，感受沙漠中的海市蜃楼，赞叹沙漠的星空原来无比灿烂；她为自己发现新生活而兴奋不已，她随即拿起了笔写了一本书，名为《快乐的城堡》。书出版了。她在书中谈到，“就这样，我把原先认为极其恶劣的生活，变为一生中最有意义的冒险。”

（2）提问：是什么让塞尔玛有如此大的变化？

◎小结：是她的内心，她的心态从消极变为积极，一念之间，痛苦与沉寂没有了，取而代之的是幸福和愉悦。美国成功学学者拿破仑·希尔曾有这样生动的描述：每个人身上都佩戴有一张护身符，护身符的正面刻着 PMA（积极的心态），反面刻着 NMA（消极的心态），而你把哪一面朝向自己，全然由你自己决定。积极心态助人走出困境、活出自我；消极心态让我为苦所困、迷失自我。

在你被学习中的各种挫折搅得心神不宁、感到身心疲惫时，积极心态不仅能让你的心灵温暖起来，而且能燃起你克服困难的信心与对美好未来的希望，鼓舞你站在新的起点重新开始，做最好的自己。

塞尔玛除了心态上转变为积极的，还有什么转变呢？她躲在铁房子里去寻找繁星么？她主动走出铁房子，对周围的人付出了热情，对周围的事物也付出了热情，正是因为她行动上的转变，她有付出，她收获了不少意想不到的惊喜。

3. 活动：掌声响起来

◎设计意图

通过 1 分钟鼓掌的挑战，让学生感受到为自己制定目标，用心付出与坚持就能收获意想不到的进步。

（1）我们来挑战一个活动：掌声响起来，请大家伸出双手，看看这双陪伴我们迎接过无数次挑战的手，今天这双手将挑战 1 分钟鼓掌。请大家先估算一下自己 1 分钟鼓掌的次数，把数字写在纸上。当我喊开始，大家就以最快的速度鼓掌，边鼓掌边数下自己鼓掌的次数。准备好了吗？1 分钟鼓掌挑战，3、2、1 开始，……，停，把实际鼓掌次数写下来，与估计次数相比，结果如何。

◎提问：看似简单的 1 分钟鼓掌，累吗？（累，手都酸了软了，但我们依然坚持到最后一刻，请给自己热烈的掌声。）找出我们班鼓掌次数最多的那个人，你是怎样做到的？（全情投入，不怕累坚持到最后。）

（2）来看看这个人的鼓掌（视频：1 分钟鼓掌吉尼斯纪录），大家是否留意到他的神情怎么样？很欢快、很享受，他乐在其中，正因为他乐于学习研究鼓掌，以鼓掌为乐，枯燥的鼓掌成了有趣味的事儿，最后他创下了鼓掌的吉尼斯纪录，1 分钟 721 次。这是 2006 年的记录，在 2013 年以每分钟 820 次刷新纪录。古人有句名言："知之者不如好之者，好之者不如乐之者。"全情投入、乐在其中的付出与坚持，能让你更关注学习生活的过程、让单调苦累的学习生活变得生动有趣。

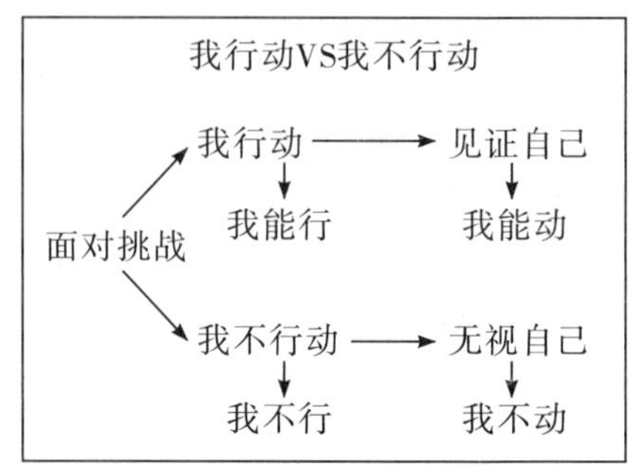

图 5－6　行动 VS 不行动

（3）接下来，我们在总结第一次鼓掌经验后为自己制定目标，并发起挑战，与第一次相比，结果如何。当你定下目标全情投入发起挑战时，结果往往比你预想的还要好。

◎小结：在大家鼓掌过程中，我留意到，有的同学很投入，尽力以自己最快的速度鼓掌，而有的没那么投入，只想随便应付几下。就如平时的学习，有认真投入付出的，也有随意应付的，更有不想动干脆不动的。这种行动与不行动对心态会起什么影响呢？

我不行动，就错过了见证自己实力的机会，其实是无视自己，而因为不知道自己行不行，于是怀疑自己不行，干脆赖着不动，之后继续不行动，恶性循环。我行动，能见证自己实力，于是相信自己能行，相信自己能发挥主观能动性做得更好，之后继续行动，良性循环可见，行为与心态是相互影响的，积极行为能促进积极心态（如图 5 –6 所示）。

4. 放松冥想：大学梦

◎设计意图

通过冥想让学生体验目标视觉化，增进自我认识和坚定大学目标。

最后，我们来体验想象的力量。（配放松音乐）现在用你最舒服的姿势坐着。请把眼睛闭上，你就开始放松了。

注意你的呼吸，慢慢地把空气吸进来，再慢慢地把空气吐出去，一吸一呼，一吸一呼，有规律地深呼吸。你发现你的内心变得很平静，把一切干扰都暂且放下，只跟着我的指令开启一次美妙的想象之旅。此时的你眼前有一团柔和的白光，你走进一看，原来是白光隧道，你慢步往前走，有一些光照在你的身上和脸上，暖洋洋的，很舒服。就这样，你往前走，走呀走呀，你心里知道，前面是 2017 年 7 月里的一天。这一天你刚睡醒，在床上伸了个大大的懒腰，听见有人敲门，你下床向门口走去。打开门，原来是快递员递上一个大信封。你小心翼翼，但仍按捺不住内心的激动，拆开信封，是一张粉红色的纸，上面赫然印着几个大字，录取通知书。你逐个字逐个字地看，你的名字端正地印在上面，你抚摸着上面的每一个字，从头到尾，到了最后落款处，大学的名称和红红的圆印是那样的清晰、那样的完美。一股暖流由体内涌上心头，你扬起嘴角笑了，对自己说："对，这就是我想要的！看来这三年，没有白过！"好，现在，我们即将结束这次的旅程。当我从三数到一，你将会睁开眼睛，回到现在。三、二、一，睁开双眼，你完全清醒了。活动一下手脚，我们回到此时此刻。

我们刚刚通过想象穿越到了 2017 年去看看，看到了什么？录取通知书。

◎分享：录取通知书中有两个名字是什么名字？一个是自己的名字，一个是大学的名字。谁来和我们分享看到了什么？大学名字相同者互相击掌鼓励。

◎小结：其实刚刚的想象之旅是让我们的目标视觉化，心理学研究表明，当你经常在脑海中想象你达成目标时的情景，情景越生动逼真，你越能体验到成功的喜悦，这就越能激发你追求成功的热情。

记得有个同学，高中的时候非常想考中山大学，所有人都认为不可能，因为高一第一学期他的成绩在班里是倒数几名。可是到了高一结束，他的成绩排到了班里的中等，高二结束时他进入班里前十名，到了高考他以全班第一，全校前二十的成绩考上了他的理想大学，中山大学。他是怎么做到的呢，原来高一开始时，他就为自己设计了一份录取通知书，通知书是这样写的，尊敬的某某同学，鉴于你积极乐观、勤奋好学，篮球打得好，并坚定以我校为升学目标，我校决定录取你，只要你愿意来我校，专业任你选。中山大学，盖章。他把它贴在自己桌子的背面，只要一打开就能看到，最终当他拿到真的录取通知书时，他把两张通知书都珍藏了起来，因为他觉得在他人生当中这两张通知书一样珍贵。

◎总结：积极心态，用心付出和坚定目标这三者之间其实有着妙不可言的关系，当你的心态积极了，你就愿意用心付出；你用心付出时，你就更坚定自己的目标；而有坚定目标的你，心态更积极了。反过来同样可行，坚定目标的你，愿意用心付出；你愿意用心付出，心态是积极的；你的心态积极了，你就更坚定自己的目标。让我们每一个同学成为学习的主人，自觉主动朝着理想努力、奋发有为，最终赢取自己想要的未来！

（三）第三课时　我是时间的主人①

【设计理念】

彼得·德鲁克说："不能管理时间便什么都不能管理。"善于管理时间的人其能力强、学习成绩优秀、事业有成，倾向于做更积极的自我评价、自尊心强、自我价值感强以及对生活感到幸福满意。在个体成熟的过程中，对时间的认识和管理是一个不断增强的过程。青少年的时间管理倾向与自我价值感的研究表明，科学管理时间对于个体的心理健康维护有着积极作用。而且青少年的可塑性比较强，若青少年能在中学阶段就得到了时间管理的指导，加强其时间管理的自主意识和能力，就能促使其更好自主而从容地学习与生活，提高其幸福满意度。

学习是高中生的主要任务，由于高中阶段课程数量和难度的增加，许多学生开始困惑于时间的不够用，以至于长期陷入"今天的事情明天做"的恶性循环之中，有些学生觉得自己总在跟时间赛跑很累，而有的就觉得忙了一天下来却好像什么事也没做成。究其原因，不是学生缺乏对时间价值的认识，而是他们对时间管理的认识还不到位，不重视单位时间的利用率，不懂得高效率利用管理时间的方法，如完成学习任务不注重计划性和持续性等。本课针对此现状加以设计和施教。

【教学目标】

认知目标：意识到学会时间管理的重要性，日常能自觉主动管理时间；

能力目标：掌握时间管理的基本方法，并在学习生活中自主、合理、有效利用支配时间；

情感目标：体验到自主管理时间带来自主从容生活的积极情感，提高幸福满意度。

【教学重点】

掌握时间管理的基本方法。

【教学难点】

能自觉主动管理时间。

【辅导形式】

谜语、时间管理表、小组讨论、游戏等。

---

① 此课程由中山市东区中学谢桂娴、中山市第一中学许映霞设计。

【教学准备】

课前根据平时的分组，全班分成6小组；时间管理表。

【教学过程】

1. **导入：猜谜语**

◎设计意图

通过谜语增进课程导入的趣味性，并揭示时间的特性。

（1）假设你有一个账号，这个账号每天进账 \$86 400，每年进账 \$31 536 000，每晚12点后进账消失，每年元旦后结算扣除。

（2）著名法国思想家伏尔泰出的谜："世界上哪样东西最长又是最短的，是最快又是最慢的，最能分割又是最广大的，最不受重视又是最值得惋惜的；没有它，什么事情都做不成；它使一切渺小的东西归于消灭，使一切伟大的东西生命不绝。"这是什么？

谜底：时间

◎小结：时间是重要资源，大家平时利用得怎样呢？据调查发现，不少同学抱怨不够用，抱怨有做不完的功课，抱怨没时间做自己想做的事，抱怨赶时间让人很累，忙了一整天又没收获等等。

时间对每个人来说都是公平的。为什么有的人能自主从容应对每一天的挑战，而有的人却为时间所累？今天我们一起来聊聊时间管理这个话题。

2. **我的时间管理现状**

◎设计意图

学生结合自身实际分析现状，通过与他人的对比发现各人在时间安排上的不同，进而反思自身在时间管理上的不合理及其原因，激发其改进的自觉主动性。

（1）我的过去24小时。

发放时间管理表，只调查学生昨天是如何度过的，如表5－12所示。

表5－12　时间管理表

睡觉	小时	学习	小时
个人卫生	小时	吃东西	小时
跟人闲谈	小时	打电话	小时
找东西	小时	玩耍	小时
发呆	小时	运动	小时
看书报	小时	其他	小时

学生按照以上时间分配画出自己的时间馅饼图。

（2）相互展示时间馅饼图（图5－7）。

小组讨论：结合自己的时间利用情况进行反思，看看自己的时间管理情况和其他同学有什么不同？为什么？

◎小结：同学们，我们实际的学习时间多吗？其实比想象中要少很多，尤其是自学的时间。我们发现事实远不是我们以为的那样，有很多的时间不知道怎么就浪费掉了。

假如现在让你对自己的时间利用情况打个分，满分 10 分，你会打几分？为什么？你觉得哪些地方不是很满意？

请将上表中的时间按照比例画在时间馅饼上

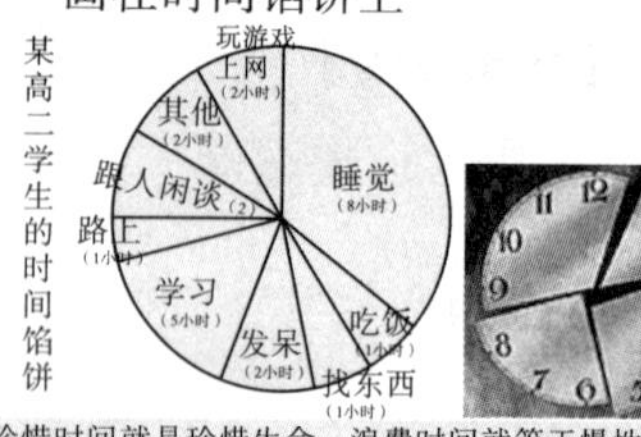

珍惜时间就是珍惜生命，浪费时间就等于慢性自杀。

图 5 –7　时间馅饼图

（3）生命的时间清单。

一个 72 岁美国人的一生

睡觉 21 年，
工作 14 年，
个人卫生 7 年，
吃饭 6 年，
旅行 6 年，
排队 5 年，
学习 4 年，
开会 3 年，
打电话 2 年，
找东西 1 年，
其他 3 年。

◎提问：你看到了什么？

◎小结：可见只有这么少的时间在学习和工作上，不好好地计划利用，任其流逝，将会大大降低生活质量。

其中学习时间只有 4 年，而他已经算是比较勤奋的人了。因为按照每天学习 8 小时计算，历时 12 年才完成。而我们从小学一年级到高中三年级刚好 12 年，或者从初中三年到读研两年也刚好 12 年，但其实平均算下来每天也没有完整的 8 小时学习时间。据心理学家统计，15 ~18 岁的高中生可使注意力稳定 40 分钟，但同学们在上课时分心、走神的现象还是较为普遍的。

请好好审视一下自己花在学习上的时间到底多还是少，自己的时间利用情况是否合理呢？

（4）时间都去哪儿了。

◎小组讨论：我们为什么会浪费时间？

◎小结：办事拖拉；缺乏优先顺序；做事有头无尾；缺乏条理性；不会拒绝别人的请求；盲目行动；懒惰……

◎小结：浪费时间通常有两种表现，一是因为对生命没有紧迫感，对时间不够重视，没有养成遇事马上做，日清日新的好习惯，总把今天的事情推到明天去做，以至于“明日复明日，明日何其多；我生待明日，万事成蹉跎。世间苦被明日累，春去秋来老将至。”殊不知，昨天是期票，明天是支票，今天才是现金，万事等明天就形成懒惰、拖沓，虚度年华，闲白了少年头；二是没有科学管理时间的方法与技巧，低效率重复劳动，最终事倍功半。

时间是我们最宝贵的财富，每个人的时间和精力都是有限的，这就需要我们学会自觉主动管理时间，有效地利用时间。

3. 学习时间管理策略

◎设计意图

通过讨论，找出管理时间的科学方法，教师在此基础上进行补充与提高，使学生了解掌握时间管理的有效策略。

（1）学会制订计划，合理利用最佳时间。

制订学习计划

计划要具体，不能笼统。

根据自己的学习方式和能力恰当选择内容，合理安排时间。

适当休息，劳逸结合。

适当给自己一些奖励。

言出必行！

合理利用大块学习时间，充分利用最佳学习时间。

有的同学也懂得珍惜时间的意义，但有拖拉习惯，原本1小时能做完的作业却拖了2小时。以下是“个人学习效率手册”的建议，供大家参考：

①看、听、读交替进行，不同学科作业交替做；

②按生物节律安排学习内容：精神好时完成学习难度大的内容，轻微疲劳时完成学习难度小的内容；

③按遗忘规律间隔学习：遗忘规律是先快后慢，所以要不同学科内容间隔复习；

④过度学习：复习量达到150%时，记忆效果最好；

⑤善于借用外力，及时向他人请教。

（2）分清轻重缓急，确立优先顺序（图5-8）。

◎讲故事：“大石头”理论。

在课堂上，管理学教授拿出一个广口瓶，将一堆鸽子蛋大小的石头一块一块地放进去，直到装不下为止。然后问大家：“瓶子装满了吗？”大家回答说：“满了。”教授又拿出一小桶黄豆大小的小石子，一边往瓶子里装一边摇晃瓶子，小石子从大石头缝隙中都挤进去了。教授又问：“瓶子满了吗？”这次大家提高了警惕，有的说：“瓶子可能没有满吧？”教授这时又拿出一小桶细沙子，又是边倒边摇晃瓶子，细沙全流进大小石头之间的缝隙中去了。教授又问：“瓶子满了吗?”这次大家齐声回答说:“没有满。”教授笑着说:“很好。”说着又拿出一小桶水倒进瓶子里,直到水从瓶口溢出为止。教授又问大家:“这个实验说明了什么?”多数人回答说:“说明不管你的计划安排得多么满,只要再努一把力就可以多塞些东西。”教授说:“你们的回答不是完全没有道理,但不是我要表述的。这个实验告诉我们:如果不首先把大石头放进瓶子里,瓶子的空间被其他小东西占满以后,你再努力也放不进去大石头了!你生活中的‘大石头’是什么呢?不管是什么时候,请记住,一定首先放进‘大石头’,就是说一定要首先做好最重要的工作。”

办事的优先次序。

①用计划“超越”时间

我们的原则是:首先考虑做好重要而紧迫的事情,其次安排好重要但不紧迫的事情,然后做好紧迫但不重要的事情,最后才考虑不重要又不紧急的事情。

②请学生对以下四个事情进行排序,确立优先顺序

a. 按照计划,你今天下午要背英语单词;

b. 有同学约你下午去打篮球;

c. 明天要考数学,而你的数学还没有复习好;

d. 你想和同学出去买衣服。

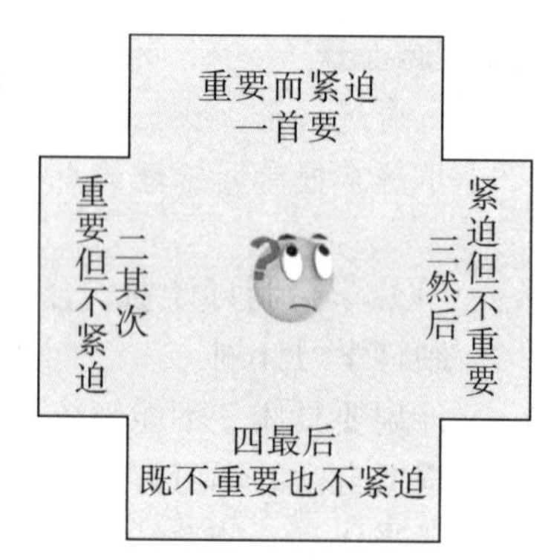

图 5-8 分清顺序

◎小结:建议的排序方式:c→a→b→d。每时每刻的时间利用都要以事情的重要性为原则。别让一些“紧急不重要”的事情过多的打搅你。做事情要有明确的开始和结束的时间,督促自己。

(3)善用零碎时间。

大段时间固然应该珍惜,零星时间也不能浪费。零碎时间最好做些简易作业,如背诵、记忆单词、默公式等。

①学生讨论:五分钟可以做什么?

②教师小结:五分钟可以做一道数学题,背一首古诗,背 5 个英语单词或概念、公式,朗读一篇课文。每天抓住两个 5 分钟,一年就是 61 个小时,计算题就可以做 730 道,英语单词就可以背 3 650 个!尽管五分钟能做的事情还是极其有限,但是如果我们珍惜每一个五分钟,善于利用零碎的时间,那五分钟就能干出很多伟大的事情。

(4)遇事马上做,不要往后拖。

一个人其实只有三天,那就是昨天,今天和明天。昨天已逝不可追,明日可望而不可即,真正能够把握的只有今天。今日的事今日毕,现在的事马上做。

(5)化整为零,循序渐进

学习需要一个渐进的过程。学会分解目标,不管多远的路,只要你设定好了速度,哪怕是小步走,只要不停步,你也会如期到达终点的。

◎教师寄语:同学们,当你自觉主动把握自己的时间,你才自主地把握自己的命运。昨天的 24 小时匆匆而过,给我们留下了很多的遗憾;今天的 24 小时正在进行着,但也

即将过去，而未来的24小时又是我们通过今天的把握而把握的。珍惜了今天，才有可能拥有可爱的明天，管理好了今天才能管理好明天。祝愿同学们都能管理好今天的时间财富，做时间的主人，让生活更幸福更满意！

附：每天找一个固定时间，检查时间的利用和管理情况

（1）今天有哪些事情是在适当时间内完成的？

（2）今天有哪些事情是在不适当的时间内做的？

（3）今天效率最高的是哪一段时间？为什么在这段时间效率最高？

（4）今天效率最低的是哪一段时间？为什么在这段时间效率最低？

（5）今天的时间利用过程中最大的干扰是什么？

（6）今天做了哪些不必要做的事？

（7）今天花了多少时间做不重要的事？

（8）今天有没有由于安排不合理而浪费的时间？

（9）哪些方面明天要改进？

后　记

2009 年，塞里格曼等提出了积极教育（positive education）的理念，这一理念明确提出教育不仅要给学生传授传统的知识技能，同时还应该教授学生获得幸福的能力。随着积极教育理念的传播，青少年学生的幸福逐渐成为幸福感研究的一个热点问题。与此同时，国内的心理学者也开始介绍、推广积极教育的理念，呼吁关注并促进中国学生的幸福。

2012 年开始，我们开始在学校心理健康教育领域关注青少年学生的幸福，全国教育科学“十二五”规划 2012 年度教育部重点课题“青少年学校幸福感提升的实验研究”更是促进我们聚焦于中小学生的幸福教育。作为学校教育，培养青少年快乐、幸福的心态，提高其对各生活领域的满意度，令其体验到更多的积极的心理状态，这无疑会对改善和提高青少年的生活质量，塑造良好的心理素质，促进身心的健康成长具有积极的影响作用。

幸福是有价值意义的追求。一个人，追寻人生意义，实质上就是实现生命的价值。帮助学生感受幸福和培养学生获得幸福的能力，对学生终身发展和生命成长的影响极为重大。正是满怀对青少年学生的关爱，“青少年学校幸福感提升的实验研究”课题研究组既关注到幸福研究的新发展，即心理学的研究者们对幸福的概念界定已逐渐放弃了单一取向（如主观幸福感取向或心理幸福感取向），逐渐采纳多元整合的取向去界定幸福；同时又充分考虑到不同文化可能会塑造了不同的幸福的观念，进而影响人们获取幸福的途径。考虑到目前国内对青少年学生幸福概念的结构成分研究的比较少，而国外已有的幸福多元模型也未必适用于中国的青少年学生，不能直接将现有的幸福多元理论模型套在青少年学生身上。因此，课题组认同幸福是一个由多个成分组成的概念，且事先不预设学生幸福这一多元概念的结构成分，通过开放式问卷调查，借由质性的分析方法构建其结构成分，并以质性研究结果为基础，编制适用于我国学生的幸福感来源结构问卷。

根据研究中探求到的小学生、初中生、高中生幸福感多元结构，从学生幸福感结构中的各个因子出发，构建不同类型学校从不同因子着力的幸福感提升主题课程是我们研究的重点，也是我们重要的研究成果。我们通过汲取国内外学者在青少年幸福教育上的卓有成效的探索成果，同时也充分发挥中山市中小学校心理学教师的积极性和创造性，设计主题课程，建设课程微课和微电影等课程资源，集全市专业心理学教师的力量一起构建青少年幸福教育课程体系，并通过实验学校的实施验证课程的科学性和有效性，去粗存精形成了极具本土特色的青少年幸福教育体系。这个体系，以满足学生的身心需要为基础，从培养和提升学生的幸福感入手，以培养学生内在的积极心理品质、完善的人格和积极的幸福感为终极目标。既可以成为学校心理健康教育课程的一个重要组成部分，也可以独立成为感提升幸福感的特色课程。

将近五年的研究与实践，我作为课题主持人，是研究的思考者、设计者和组织者，由我负责本书的框架构建和全书的统稿和润色，参与我们课题组和实验学校的教师更能体会个中的艰辛，他们扎扎实实、一丝不苟地按照实验设计进行研究数据采集和分析，充分珍惜、认认真真地上好每一节的实验课，我们的幸福教育课程凝聚了他们的智慧和辛勤劳动。本书第一、二章由梁剑玲负责，第三章由刘秋英、黎琼珠、刘秀银、马先敏、雷小云、龙雅姿、杨静宇、任婷婷负责，第四章由王盈盈、赖舒旋、罗丹、邹丽琼、雷静婷负责，第五章由陈晓新、张环、林志华、王晓芹、李闻、许映霞负责文稿的修正和完善。刘秋英、陈淑群、雷小云、龙雅姿、杨静宇、任婷婷、苏艳波、刘晓婷、王盈盈、赖舒旋、卢桂泉、胡淑兰、王玲玲、朱兰兰、黄翠媚、朱雨晴、邓秀平参与了幸福课程的推广工作。特别感谢张均华在幸福感多元结构探索中做出的贡献。整个团队在实验和本书的完善过程中进行了多次充分而有成效的讨论，整本书是团队协同创新的结果。

需要特别指出的是，尽管我们已经很努力地进行青少年幸福教育的探索，由于研究能力的限制，我们现有的成果仍然很粗糙，权当抛砖引玉，以此书引发国内教育者和同行对青少年幸福教育的讨论和关注。

书稿整理完毕时，正是炎炎夏日，映日荷花别样红，我心欣然。

梁剑玲
2017 年 7 月 12 日
于伟人故里中山市